源晋姓氏与寻根

张海瀛 张晨 著

山西出版传媒集团 山西人民出版社

图书在版编目（CIP）数据

源晋姓氏与寻根／张海瀛，张晨著．—太原：山西人民出版社，2017.6
ISBN 978 - 7 - 203 - 09896 - 6

Ⅰ.①源… Ⅱ.①张… ②张… Ⅲ.①姓氏 - 研究 - 山西 Ⅳ.①K810.2

中国版本图书馆 CIP 数据核字（2017）第 058069 号

源晋姓氏与寻根

著　　　者：	张海瀛　张　晨
责任编辑：	李　鑫
复　　审：	贾　娟
终　　审：	蒙莉莉
装帧设计：	谢　成

出 版 者：	山西出版传媒集团·山西人民出版社
地　　址：	太原市建设南路 21 号
邮　　编：	030012
发行营销：	0351—4922220　4955996　4956039　4922127（传真）
天猫官网：	http://sxrmcbs.tmall.com　电话：0351—4922159
E — mail：	sxskcb@163.com　发行部
	sxskcb@126.com　总编室
网　　址：	www.sxskcb.com

经 销 者：	山西出版传媒集团·山西人民出版社
承 印 者：	山西出版传媒集团·山西新华印业有限公司

开　　本：	720mm×1010mm　　1/16
印　　张：	15.5
字　　数：	245 千字
印　　数：	1—3000 册
版　　次：	2017 年 6 月　第 1 版
印　　次：	2017 年 6 月　第 1 次印刷
书　　号：	ISBN 978 - 7 - 203 - 09896 - 6
定　　价：	39.00 元

如有印装质量问题请与本社联系调换

自　序

　　山西地处黄土高原东部，北出长城与阴山、大漠相连；南以黄河、中条山与河南为界；西隔奔腾千里的黄河大峡谷与陕西相望；东面以连绵不断的太行山与河北、河南接壤。山西境内，山岭峪谷，纵横交错。中部从东北向西南分布着一系列连珠式的盆地，它们依次是：大同盆地、忻定盆地、太原盆地、临汾盆地和运城盆地。由于山西地势北高南低，这些盆地略呈阶梯状。发源于管涔山的汾河，像一条彩条，流经太原、临汾两大盆地，注入黄河。在山西这块黄土高原上，从南到北，既有盆地和平原，又有草原和牧地，既适于农耕，又适于放牧，地理环境十分优越。这种优越的地理环境，不仅使山西成为许多汉族姓氏的起源地、根之所在地、始迁祖集结地和迁出地、许多郡望所在地，而且也是许多少数民族姓氏的起源地、根之所在地和郡望所在地。夏、商、周以来的历史，特别是从晋国分封到北魏孝文帝推行汉化改革的历史，就是山西汉族姓氏与少数民族姓氏相互碰撞、融合和发展的历史。到了明代初期，洪洞大槐树又成为山西许多姓氏徙居其他省、府、州、县的集结地和出发地。山西作为晋国所在地、洪洞大槐树坐落地和北魏发祥地，在中国多民族姓氏的形成和发展的历史上，占有独一无二重要的地位。正是这种独特的历史地位，使山西率先成为海外赤子"寻根谒祖"的圣地。

　　在我国古代史上，人们将记述氏族世系的史籍称曰谱牒。谱牒的使用源远流长。早在西周时代，已经广泛流行。记载上自黄帝下讫春秋时帝王、公侯、卿大夫世系的《世本》，号称谱牒之祖。其后，谱牒的编修随着历史的发展，也在不断地演变、丰富和发展。著名的谱学大家罗香林教授，在香港大学长期从事中国族谱课程的教学与研究，他在代表作《中国族谱研究》一书中，根据记载范围和编修体例，将谱牒分为族谱和年谱两大类别，并分别进行了专题研究。按此分类法，本书亦将族谱与年谱分别记述。这里仅就族谱与姓氏的关系作些探讨。

族谱和姓氏是紧密联系在一起的，它们都是家族、宗族和血缘关系的载体。这种血缘关系，是斩不断、改不掉、批不倒的。这种血缘关系的文化内涵，极其丰富，极其深刻。逢年过节，常回家看看，孝敬父母，敬拜宗长，祭祀先祖，上坟扫墓，都是这种文化内涵在日常生活中的具体表现。这些源于血缘亲情的尊祖行为，对于促进家庭和睦、社会和谐以及尊老爱幼社会风尚的形成，都是至关重要的。1894年中日甲午战争后，清朝政府将台湾割让给日本，日本曾强迫台湾同胞改用日本姓氏，但到1945年台湾光复后，台湾同胞又都扬眉吐气地恢复了原来的姓氏。历史表明，中华民族的传统姓氏是与热爱祖国、热爱家乡紧密联系在一起的，是用强迫命令改变不了的。我们党的十一届三中全会后，在广大农村推行了家庭联产承包责任制，迅速改变了农业生产的落后面貌。为何会出现这样的奇迹呢？就是因为家庭联产承包责任制，是建立在世代相传的血缘亲情和朝夕相处的深厚感情基础之上的，因而为农业生产的恢复和发展带来了巨大的生机和活力，所以出现了前所未有的新气象。

我国的方志出现较早，但方志学之创建，则是从清代章学诚开始的。章学诚，字实斋，浙江会稽人。他二十七岁时就随父纂修《天门县志》。此后，他又陆续纂修《和州志》、《永清县志》、《亳州志》、《大名县志》、《麻城县志》、《石首县志》、《常德府志》、《荆州府志》、《广济县志》、《湖北通志》等，并撰写了《方志辨体》、《方志立三书议》、《记与戴东原论修志》、《修志十议》等修志研究专论。他在长期的修志以及修志研究的实践中，对方志的源流、利弊得失以及方志的性质、含义、范围、要领、体例、章法、文辞等，都进行了深入研究，从而创立了方志学的理论体系，使方志学成为一门完整的独立学科。

章学诚在编修方志过程中，特别重视族谱与修志的关系。章学诚编修的《永清县志》，就创立有《士族表》一目，规定"生员以上之族始入录"。章学诚的这一主张，是仿照欧阳修《新唐书·宰相世系表》而来的。在方志中只著录生员以上的士族，显然有很大的局限性。随后，方志学家余绍宋编修的《龙游县志》，就力矫此弊。余绍宋在《龙游县志》中所收录的族谱，不论是记载范围还是内容，都较章学诚的《永清县志》扩大和充实了。接下来，方志学家吴汝纶编修的《深州风土记》中，又创立了人谱一例，进而将族谱与修志的关系提到了一个新的高度。著名方志学家瞿宣颖在他编撰的《方志考稿》中，对人谱的创立，评价很高。他从人口迁徙与文化传播的相互关系入手，阐述了研究族谱对于编修方志的极端重要性。他说，通过族谱研究，如若把自汉以来，北方强宗巨族迁徙、分合、盛衰的历史与文化传播、升降的关系研究清楚，那将是对编修方志的一大贡献。在当代，新修的省志、市志和县志中，绝大部分都立有专门记述族谱的章、节或目。将族谱收藏、简介、编修等情况列入方志记载范围，已成为方志学界的共识。

多年来，笔者为新修族谱与方志，撰写了许多序言和评论，这些序言和评论都是新修族谱和编修方志的有机组成部分，所以单独收录为一章。

本书是在笔者长期对源晋姓氏与"寻根谒祖"研究以及在家谱中心从事为"寻根谒祖"提供咨询服务和族谱整理与研究的基础上写成的。该书通过为"寻根谒祖"提供咨询服务，继承并发扬了中华民族"以孝育人"的优秀传统，对于创建和谐社会是十分有利的。

附录，收录了两封海外来信和两份《会议纪要》，供读者参阅。

山西社科院　张海瀛　张晨
于 2015 年 12 月 6 日

目　录

第一章 姓氏的起源与山西姓氏

早在 180 万年以前，我们的祖先就劳动、生息、繁衍在山西这块古老的黄土地上了。"尧都平阳"、"舜都蒲坂"、"禹都安邑"，都在山西。后稷教民稼穑于稷山，嫘祖养蚕于夏县，亦在山西。其后，很多姓氏又起源于山西，很多郡望也出自山西。考察山西姓氏与寻根的关系，对于认识中华民族的向心力和凝聚力，对于了解中华传统文化的丰富内涵，具有十分重要的意义。

第一节 姓氏起源与中华姓氏的始祖

姓氏的由来和演变

姓与氏，皆有族号、宗号、家号之含义，同为维系血缘关系之目的而存在。姓起源于图腾，氏则由姓分衍而成。随着历史的发展，姓与氏又合而为一，成为家或族之志号，以区别于其他家或族。

在原始社会里，人们相信每个氏族都与某种动物、植物或无生物有着亲属或其他特殊关系，这种动物、植物或无生物便成为该氏族的图腾，亦即该氏族的保护者和象征。随着族外婚制的广泛推行，作为氏族之标志的图腾，引起了各个氏族的关注，这就是最原始的"姓"，亦即姓之由来和起源。其时，人们只知道生身母亲，血缘关系只能由母亲来确认。所以每个母系氏族，都是由同一个老祖母流传下来的。这时，"姓"作为氏族的标志或徽号，其功能就在于维持这一"姓"的全体成员的共同世系，借以把不同的族群区别开来。由原始社会的图腾演变为姓族组织，这是姓的首次演变，亦即姓的产生。从此，姓即成为血统世系所系之中心。

到了父系氏族社会，随着对偶婚制的确立，男子逐渐成为氏族的主宰，于是又出现了"氏"。"氏"字的本意为木本，即植物的根。用于姓氏的氏，取木之根本之意。氏，由姓分衍而来，但氏又与地缘有着密不可分的关系。随着时间的推移和姓族的膨胀，姓族中又形成许多分支。这些分居于各地的族属，若无族号标志，则无以维系其族属。在男子居于主导地位的对偶婚制度下，氏族便应运而生。随着父权制的确立和氏族的形成，母系氏族遂被父系氏族所取代，所有的血缘亲属关系，均由父系来确认。所以，姓族之解体和氏族的兴起，成为姓氏演变过程中的又一个重要的里程碑。

我国远古时代的氏族社会，以农业的出现与发展为契机，完成了从"野蛮"到"文明"的进化，步入了阶级社会，这样便把远古时代的氏族组织和氏族习俗带入了阶级社会。血缘氏族制度衍化为宗族和宗法制度，氏族习俗则被提取、转化、升华为系统化、理论化的文化形态。

在父系制度下，若干具有相近血缘关系的家庭，组成为家族；若干出于同一男性祖先的家族，又成为宗族。《尔雅·释亲》解释，由同一个高祖父传下来的四代（或四代以上）子孙，称为"宗族"。在宗族中，所谓的"四世同堂"，成为一种典范形式。远古父系氏族社会中的族长制亦称家长制，进入阶级社会后，演变为夏、商、西周时期的宗法制度，这是一个巨大而深刻的变化。

宗法制度是以宗族的亲缘关系为基础而形成的，其要点是：第一、在历史上，崇敬共同的祖先，以维系血统亲情；第二、在家族内部，区分尊卑长幼，规定宗族成员的不同地位；第三、规定继承者的次序；第四、规定宗族成员的权利与义务。

《说文解字》云："宗，尊祖庙也。"宗的本义就是祭祀祖先的场所——祖庙，亦称宗庙。在夏代，同一宗族的标记就是姓氏。同姓者，则有共同的宗庙，祭祀共同的祖先，死后葬于共同的墓地。嫡长子继承制是宗法制度的核心。"兄终弟及"的传位制，在商代后期已被废除。商代最后的四代帝王，即武乙、文丁、帝乙、帝辛，都是父死子继。帝乙的长子微子启，因生母为妾，以庶出之故不能继承正位，遂由较微子启岁数小但系正妻所生的帝辛继承王位。由此可见，以区别嫡庶为核心的宗法制度，在殷商末期已经形成。

商王对其祖先的祭祀记录，反映了商朝奴隶主贵族中的宗法制度的发展过程。根据甲骨卜辞，早在武丁时期的祭祀，便以自身所出的直系先王为

"大示"，以旁系先王为"小示"。合祭大示的宗庙称为"大宗"，合祭小示的宗庙称为"小宗"，此即宗法制度中"大宗"与"小宗"的起源。

由祭祀仪式形成的宗法制度，推而广之，也运用于商王与各级同姓贵族之间的关系。商王为"大宗"，各级同姓贵族相对商王而言，则为"小宗"。在各级同姓贵族中，又以同样的方法，来划分各自的"大宗"和"小宗"。在商代的甲骨卜辞中，常用"王族"、"多子族"等名称。"多子族"就是王族的同姓分支。在王族和贵族专有的青铜器上，往往铸有族徽铭文，称为"族铭"，这就是商代的姓氏。已发现的殷商族铭，共有六百多个。

公元前十一世纪，周武王灭商以后，沿袭并完善了商代的宗法制度。西周至春秋时的宗法制度的主要特点是：第一、严格区分嫡系与庶出，确立嫡长子继承制，彻底杜绝了殷商时代的"兄终弟及"现象；第二、在贵族内部，层层分封"大宗"、"小宗"。

在周代，由嫡长子继承君位，守祖庙。非嫡长子都奉"嫡长子"为大宗，自己称小宗。这些小宗称为"别子"，分出去另立支系，即所谓"别子为祖"。这些另立支系的别子，同样实行嫡长子继承制。别子的嫡长子继承别祖之位，非嫡长子和庶出子，被封为下一级的卿大夫，领有封地采邑，得到氏的称号，一般多以封邑的地名为氏。他们的嫡长子又奉他们为始祖，继承他们的封邑与氏号，被尊为"大宗"，而孙辈中的非嫡长子、庶出子，又相对地称为"小宗"。这些小宗又要分出去另立新系，受封为再下下级的士大夫，获得新的氏号。一般说来，国君的儿子称为"公子"，非嫡长子的公子，可封为卿大夫；公子的儿子称为"公孙"，非嫡长子的公孙可封为士大夫。公孙的儿子，就不一定能够得到封邑和官职，于是他们便以其祖父或王父的"名"或"字"为氏了，此即以名为氏和以字为氏之由来。

在夏、商两代虽然已经出现了一些"姓"和"氏"，但数量并不很多，一直流传下来的就更少了。西周初期的大分封，是我国姓氏大量衍生的时期。周初的大分封，史称"封邦建国"，周公和其后的成王，在其征服的广大地区，先后建置了七十一个新的领地，称为"七十一国"。例如，武王弟管叔鲜，封于管国（今河南郑州），为管氏始祖；蔡叔度，封于蔡（今河南上蔡），为蔡氏始祖；曹叔振铎，封于曹（山东曹县），为曹氏始祖；霍叔处，封于霍（山西霍州），为霍氏始祖等等。周王室的同姓封国，共得四十八氏，亦即四十八个姓的起源。此外，周王室还封了许多异姓封国。例如，封夏禹的后裔东楼公于雍丘（河南杞县），建立姒姓杞国；封虞舜的后裔胡公满于陈，建立妫姓陈国；封姜子牙于齐（山东淄博），建立姜姓齐国，等等；由异姓封国而得氏者，约六十个，此即约六十个姓之起源。由此可见，周初大分封，实为我国姓氏发展过程中极为重要的一个时期。

从夏代到春秋，姓和氏都为奴隶主贵族所专有。一般女子称姓，男子称氏。姓用以别婚姻，氏用以别贵贱。郑樵《通志·序》云："生民之本，在于姓氏。男子称氏，所以别贵贱。女子称姓，所以别婚姻。"春秋战国之交，随着奴隶制的瓦解和分封制的废止，氏便失去了用以别贵贱的作用。在新兴的封建制度下，原来的奴隶和贱民都取得了人的地位，也有了获得姓氏的权利，姓与氏的区别日益模糊起来。到西汉时，出现了"姓"即"氏"，"氏"即"姓"的状况。所以司马迁写《史记》时，便把"姓"与"氏"混而为一，都具有姓的含义。从此，姓名遂成为我国历史上每个社会成员的一个最为重要的识别符号。

在我国的汉字姓中，不只有单字姓，而且有双字姓、三字姓、四字姓。这些都是在姓氏演变过程中出现的。春秋时，各诸侯国在分封命氏过程中，原来使用的单音字氏号，出现了重复、混乱等情况，为了克服这种弊端，于是出现了双字姓。诸如：公冶氏、南宫氏、司马氏、公孙氏、叔仲氏，等等。我国是一个版图辽阔的多民族国家，各民族之间不断地交融汇合，相互影响。许多兄弟民族的姓氏，音译为汉字，又出现了大批的双字姓、三字姓、四字姓。北魏孝文帝在推行改革的过程中，下令将各部落的双字姓和多字姓改为近音的单字姓，例如改皇族拓跋氏为元氏，改达奚氏为奚氏，改贺兰氏为贺氏，改独孤氏为刘氏，改丘穆陵氏为穆氏，改步六孤氏为陆氏，等等。这样，双字姓和多字姓大大减少。姓氏单音化趋向，是同汉语本身的节律习惯相吻合的。中国人称呼姓名，通常都用两个字或三个字，偶尔也用四个字。除掉名字外，姓氏往往就取一个字了。所以明朝初年，政府曾明令将双字姓改为单字姓，从此，单字姓遂成为我国姓氏的主体部分。

中华姓氏始祖——炎、黄二帝

在中华民族发展史上，中华儿女都以炎黄子孙自称，都把炎、黄二帝视为自己的姓氏始祖。绵延五千多年的中华姓氏，就是把炎、黄二帝与每一个中华儿女联系起来的桥梁和纽带，炎、黄二帝就是中华姓氏之始祖。

相传炎帝号神农氏，是我国上古时代农业的发明者、创立者，是姜姓部落的始祖，生于姜水，长于姜水，故以"姜"为姓。《新唐书·宰相世系表》云："姜姓本炎帝，生于姜水，因以为姓。其后子孙变易他姓。"姜姓是我国最古老的姓氏之一，相传少典娶有蟜氏女，游华阳，感生炎帝。《帝王世纪》云："神农氏，姜姓也。母曰任姒，有蟜氏女，登为少典妃，游华阳，有神龙首，感生炎帝。人身牛首，长于姜水。有圣德，以火德王，故号炎帝。""人身牛首"表明，炎帝所在的姜姓部落是以牛为图腾的，而牛又与农耕紧密相连，这与炎帝教民耕作是完全一致的。相传，炎帝族的一支名曰烈山氏，就在今湖北随州一带种植谷物和蔬菜。然而，在姓氏发展演变的历史长河中，由于种种原因，炎帝的子孙许多都改用了其他姓氏。因此，所有出自姜姓的其他姓氏，应该都是炎帝的后裔。

《世本·氏姓篇》曰："炎帝，姜姓。许、州、向、申，姜姓也，炎帝后。"许、州、向、申，是西周初年周武王分封的四个姜姓侯国。

许姓

许姓，出自姜姓，以国为氏，为炎帝后裔。《新唐书·宰相世系表》载：许氏出自姜姓。"炎帝裔孙伯夷之后，周武王封其裔孙文叔于许，后以为太岳之嗣，至元公结为楚所灭，迁于容城，子孙分散，以国为氏。"许氏乃是伯夷的后裔。周武王以伯夷裔孙文叔为太岳后裔，将他封于许地（今河南省许昌），建立许国，为侯爵，世称许侯。春秋时为郑、楚等国所逼，于前576年，许灵公被迫南迁到叶地（今河南叶县西南），成为楚国的附庸；前534年，许悼公又被迫迁到城父（今安徽亳县东南）；前538年，再迁于荆山（今属湖北）；前506年，再迁至容城（今河南鲁山东南）。春秋战国之际，许国终于被楚国所灭。原许国君臣后裔，散居各地，以原国名为姓，是为许氏。

州姓

州姓，出自姜姓。据史游《急就篇》、邓名世《古今姓氏书辩证》记载，周武王分邦建国时，将州邑（故址在今山东安丘东北之淳于城）封给淳于公，建一小国，称州国。《世本》载："州国，姜姓。"其后州国子孙以国为氏，是为州姓。

向姓

向姓，出自姜姓。据史游《急就篇》记载，春秋时，姜姓裔孙建有向国，故址在今山东莒县南。向国灭亡后，王公贵族及其族人以国为姓，是为向姓。

申姓

申姓，出自姜姓，其始祖为炎帝后裔伯夷。伯夷曾佐尧掌礼，又佐禹治水有功，其子孙被封于申，建立申国，封为伯爵，史称申伯。《通志·氏族略》云："姜姓，炎帝之裔，申伯以周宣王舅受封于谢。"又曰："申，伯爵，姜姓，炎帝四岳之后，封于申，号申伯，周宣王元舅也。"申伯因是周宣王的元舅而被视为股肱之臣，宣王为了加强对南方的控制，特将古谢国地封给申伯，并派召公到谢地为申伯营建新都，还赏赐申伯车马、圭璧、笏板等象征身份地位的器物。周宣王亲自到离都城五六十里以外的眉（今陕西眉县）为他送行，宰辅大臣尹吉甫为此特作《崧高》一首，后被收入《诗经·大雅》中。从此，徙居新都的申伯，就成了周王朝统率南方诸国的方伯大员和捍卫王室的屏障。不仅如此，申伯还嫁女于宣王之子幽王，生有太子宜臼。后来，幽王改立宠妃褒姒之子伯服为太子，宜臼被废，宜臼遂投奔舅父申侯求救。申侯联合缯侯、犬戎，攻入京城，杀幽王于骊山之下，拥立宜臼登基，是为平王。平王并迁都洛邑，史称东周。申侯以拥戴之功，受到平王奖赏，国势达于鼎盛。其后，楚国兴起，申国被楚国所灭。原申国臣民以国为姓，是为申姓。

除以上许、州、向、申四个封国外，出自姜姓的姓氏还有很多，诸如：

吕氏

吕氏，出自姜姓，其始祖与申姓一样，也是炎帝后裔伯夷。伯夷被封于吕，建立吕国，称为吕侯。《新唐书·宰相世系表》云："吕者，膂也，谓能为股肱心膂也。"膂，脊梁骨；股，大腿；肱，手臂。股肱，比喻辅佐的大臣，有赞誉褒奖之义。吕国历夏、商，世有其国，至周穆王时，吕侯入为司寇。周宣王时所说的"甫"，指的就是"吕"，或曰宣王称"吕"曰"甫"。《元和姓纂》注，吕为"今南阳宛县西吕亭"，即古"吕"所在地。春秋初，吕被楚国所灭。《古今姓氏书辩证》注，"吕"地为"蔡州新蔡"。据学者考证，周代确实有一个吕国，就在今河南新蔡，是南阳吕国分出的一支，史称东吕，春秋初为宋国所并（又说被蔡国所并），其地后来为蔡平侯所居。《史记·齐太公世家》云："太公望吕尚者，东海上人。其先祖尝为四岳，佐禹平水土甚有功，虞夏之际封于吕，或封于申，姓姜氏。夏商之时，申、吕或封枝庶子孙，或为庶人，尚其后苗裔也。本姓姜氏，从其封姓，故曰吕尚。"吕尚，亦说字子牙，因周文王得之渭滨，云"吾太公望子久矣"，故号太公望。盖子牙是字，尚是其名，后被封于齐，为齐国始祖。齐国第二代国君是吕尚之子吕伋，以后世代相传，十九世康公贷，于公元前391年被田和迁于海上，姜姓齐国被田氏所取代。原南阳吕国、新蔡吕国相继灭亡后，子孙以国为氏，成为吕姓的两大来源，再加上姜姓齐国灭亡后吕尚后裔中以吕为姓的一支，这样就构成了吕姓的三大来源。南阳吕国灭亡后，部分遗民被迁至今湖北蕲春；新蔡吕国亡国后，遗民主要分布于今河南南部及安徽北部；齐国吕氏在康公失国前已散居韩、魏、齐、鲁之间（今河南、山东境）。齐康公七世孙吕礼，于秦昭襄王十九年自齐奔秦，后任柱国、少宰，封北平侯，其子孙主要分布在今陕西、甘肃境内。两汉时期，吕氏族人已遍布今河北、山西、内蒙古各地。

齐姓

齐姓，《新唐书·宰相世系表》载："齐氏出自姜姓。炎帝裔孙吕尚后封于齐，因以为氏。"吕尚，本姓姜，因封于齐，是为齐国始祖，子孙以国为姓，是为齐姓。

甫姓

甫姓，《国语·郑语》载，周宣王改"吕邑"为"甫邑"，建立甫国，为侯爵，伯夷之后，遂称甫侯。春秋时，甫国为楚国所灭，子孙后代以国为姓，是为甫姓。

卢姓

卢姓，出自姜姓，炎帝后裔。春秋初期，齐太公之后齐文公之子高，高之孙傒任齐国正卿，因迎立齐桓公有功，被封于卢地（今山东长清区西南），子孙以邑为氏，是为卢氏。《新唐书·宰相世系表》载："卢氏出自姜姓。齐文公子高，高孙傒为齐正卿，谥曰敬宗，食采于卢，济北卢县是也，其后因以为氏。"此时齐国任用管仲进行改革，国力富强，成为霸主，疆土扩张到今山东东部。春秋末年，齐国君权逐渐为大臣田氏所夺。卢氏后裔遂逃离齐国，散居于燕、秦之间，主要公布于今陕西、河北、山西等省境内。秦代有博士卢敖，曾避难于卢山，子孙家于涿水之上，遂为范阳涿人。范阳卢氏裔孙卢植，东汉时历任九江太守、庐江太守、北中郎将、尚书。其子卢毓，三国时任魏司空，封容城侯。另据《通志·氏族略》记载，以"卢蒲"为姓的一支，亦出自姜姓。卢蒲传自"九合诸侯，一匡天下"的齐桓公时，改为单字卢姓，居住在今河北大兴一带，后来发展为扬名天下的范阳卢氏。

崔姓

崔姓，出自西周时姜姓齐国。吕尚的儿子名伋，是齐国的第二代国君，周成王时为朝廷重臣，康王时为顾命大臣，死后谥曰丁公。丁公的嫡子叫季子，本应继承君位，但却让位给弟弟叔乙（即乙公得），而自己则食采于崔邑（今山东章丘市西北），后以邑为氏，是为崔氏。《新唐书·宰相世系表》云："崔氏出自姜姓。齐丁公伋嫡子季子让国叔乙，食采于崔，遂为崔氏。济南东朝阳县西北有崔氏城是也。"季子的后代一直是齐国的卿大夫，其九世孙崔杼，为齐正卿，一度执掌国政。其后，崔氏在争权斗争中失利，崔杼幼子崔子明逃奔鲁国，生子曰良。十五世孙崔意如，为秦朝大夫，有二子：伯基、仲牟，此后分支繁衍，人丁兴旺。崔氏自汉至宋，官宦不绝。崔伯基为西汉东莱侯，居清河东武城（今河北清河县东北），其八世孙崔殷有七子：长子崔双，为东祖；次子崔邯，为西祖；三子崔寓，为南祖，亦号中祖。崔寓四世孙崔林，官魏司空，为安阳孝侯；曾孙崔悦，为前赵司徒、左长史、关内侯，有三子：浑、潜、湛。崔湛子凯，后魏平东府咨议参军，生蔚，自宋奔后魏，居荥阳（今属河南），号郑州崔氏。崔伯基的后代还有鄢陵（今属河南）、南祖、清河大房、清河小房、清河青州房等支派；崔意如次子崔仲牟，居博陵安平（今属河北），其后代又分为博陵安平房、博陵大房、博陵第二房、博陵第三房。魏晋至唐初，按士族门第排姓氏，或称"崔、卢、王、谢"，或称"崔、卢、李、郑"，均把崔氏列为一等大姓。《唐贞观八年条举氏族事件》称，贝州清河郡七姓之首为崔氏。《新集天下姓望氏族谱》称，定州博陵郡五姓之首为崔氏。所以，宋代的《广韵》说崔氏"出清河、博陵二望"。此外，东汉末年，战乱不止，平州刺史崔毖率族人千余避乱入朝鲜，后发展成为朝鲜大姓；西晋至唐代，崔氏遍及今江西、浙江、江苏、广西、安徽、陕西、甘肃等地。宋代以后，特别是明清时期，崔氏族人不断移居海外，特别是东南亚一些国家。

丁姓

丁姓，出自姜姓，是以谥号为姓的姓氏。齐国的第二代国君伋，周成王时为朝廷重臣，康王时为顾命大臣，伋死后谥号丁公，子孙以谥号为氏。是为丁氏，这支丁氏被奉为丁氏正宗。

此外，还有雷、方、井、山、丘等许多姓氏，也都出自姜姓，此不赘述。凡是出自姜姓的姓氏，他们都是炎帝的后裔。

在绵延数千年的中华姓氏中，除出自炎帝的姓氏外，其余的姓氏主要出自黄帝。我国的史学名著《史记》就是以黄帝开篇写起的，司马迁的这种谋篇部局充分说明黄帝在中华文明史上的重要地位，姓氏文化也不例外。据《史记·五帝本纪》记载，黄帝，少典之子，生于寿丘，长于姬水，因以为姓，是为姬姓。黄帝居轩辕之丘，因以为名，又以为号。国于有熊（今河南新郑），故亦称有熊氏。相传黄帝曾在阪泉打败炎帝，又在涿鹿之野击杀蚩尤，得到各部落的拥戴，由部落首领而成为部落联盟首领，被诸侯尊为天子，以代神农氏，因有土德之瑞，土色黄，故称黄帝。相传黄帝时，发明舟车衣服，建筑宫室房屋，制造弓矢杵臼，用玉（硬石）作兵器，嫘祖（黄帝之妻）养蚕，仓颉造字，等等。就是说，黄帝在农业发展的基础上发明创造或制造了人们生活所必需的房屋、衣服、食物、舟车等各种器物、用具以及文字等，极大地改善了人们的生存条件和生活条件，促进了人类的文明和进步。所以，轩辕黄帝被尊为文明始祖。不仅如此，轩辕黄帝时期随着氏族制度的瓦解，"胙土命氏"现象，日益频繁，因而涌现出了大批的"氏"。《国语·晋语》云："黄帝之子二十五宗，其得姓者十四人，为十二姓，姬、酉、祁、己、滕、箴、任、荀、僖、姞、儇、依是也。"黄帝这得了十二姓的十四个儿子，又直接或间接地衍生出许许多多的姓氏。据《大戴礼记·帝系》《世本·氏姓篇》《史记·五帝本纪》记载，不论是尧、舜、禹，还是夏、商、周王朝的开国统治者，他们都是黄帝的后裔，而尧、舜、禹以及夏、商、周统治者，他们又都分别派生出许多个姓氏，这样，出自黄帝的姓氏，犹如滚雪球一样，越滚越大，越来越多。

综上所述，中华儿女的姓氏，追根溯源，全部出自炎、黄二帝。可以说，中华姓氏出自炎帝的最早，出自黄帝的最多，炎、黄二帝就是中华姓氏之始祖。

第二节　山西姓氏的起源和发展

自夏商周以来，特别是春秋战国以来，山西的历史就是农耕文明与游牧文明相互碰撞、融合和发展的历史。同时也是汉族姓氏与少数民族姓氏相互碰撞、融合、形成和发展的历史。

山西姓氏的起源

山西是中华民族的发祥地之一，姓氏起源很早。相传尧是黄帝一族的嫡系，属黄帝子十二姓中之祁姓。而舜在当天子以前，尧把两个女儿嫁给他，并让他居住在妫水旁，其子孙以水名为姓，是为妫姓。妫姓是起源于山西永济的最古老的姓氏，是上古八大姓之一，山西永济就是妫姓的发祥地。

舜裔十姓，即舜的子孙后代所取的十个姓氏：虞、姚、胡、陈、田、袁、孙、车、陆、王，不论得姓于何时，也不论得姓于何地，追根溯源，他们都是舜的后裔，他们的祖根都在山西。

又如，起源于太原的张氏，其始祖挥公，就是黄帝之子。《新唐书·宰相世系表》云："张氏出自姬姓。黄帝子少昊青阳氏第五子挥为弓正，始制弓矢，子孙赐姓张氏。"

相传，禹王建夏后，就把舜的后代封于蒲邑（今山西永济），舜的后代以封地为姓，是为蒲姓。

在商代，高祖武丁时，有起源于平陆傅岩（今平陆圣人涧）的傅姓；帝乙时，有起于太原郝乡（今太原郝庄）的郝姓。

到了西周时期，起源于山西的姓氏就相当多了。诸如，起源于山西尹城（今山西隰县东北）的尹氏，起源于解邑（今山西解州镇）的解氏，起源于赵城（今洪洞北）的赵氏，起源于杨侯国（今洪洞县东南范村一带）的杨氏，起源于郇国（今山西临猗）的荀氏，起源于太原的王氏，起源于霍国（今霍州西南）的霍氏，起源于邬邑（今介休一带）的邬氏，起源于裴乡（今山西闻喜）的裴氏，起源于令狐（今山西临猗西）的令狐氏，等等。

到了春秋战国时期，起源于山西的姓氏就更多了。诸如，起源于山西阳曲（今太原阳曲）的郭氏，起源于晋国贾地（今临汾贾乡）的贾氏，起源于晋国阁乡（今平陆县平陆城）的阁氏，起源于晋国祁邑（今祁县）的祁氏，起源于晋国潞地（今山西潞城）的路氏，起源于晋国冀邑（今山西河津）的冀氏，起源于晋国耿地（今山西龙门南）的耿氏，起源于晋国临邑（今山西临县）的临氏，起源于晋国曲沃（今山西曲沃）的曲氏，起源于晋国清邑（今山西稷山东南）的清氏，起源于晋国壶邑（今山西壶关）的壶氏，起源于晋国鄂邑（今乡宁鄂城）的鄂氏，等等。此外，晋国大夫后裔，以字为姓和以名为姓的还有很多。诸如，晋国大夫嘉父之后裔，以字为氏，是为嘉姓；晋国大夫胥臣之后裔，以字为氏，是为胥姓；晋靖侯孙名季夙，其后裔以名为姓，是为季夙姓；晋穆侯之庶子名楼季，其后裔以名为姓，是为楼季姓，等等。

纵观山西姓氏起源的历史，汉族姓氏主要起源于先秦时期，就地域而言，主要集中在山西中部和南部。

山西多民族姓氏的融合和发展

晋国初封之时，就处于戎、狄包围之中，就像汪洋大海中的一个孤岛。《左传·昭公十五年》载："晋居深山，戎狄之与邻，而远于王室。王灵不及，拜戎不暇。"说明晋国地居深山，与戎狄为邻，周王的威势鞭长莫及，只得与戎、狄和平相处。

晋国与周围之戎狄有着长久而频繁的婚姻关系。晋献公的后宫中就有四个戎族之女，且生育了后代：娶于犬戎的狐姬生重耳，娶于小戎的小戎子生夷吾，伐骊戎时，又从骊戎娶二女，骊姬生奚齐，其妹生卓子。重耳出奔狄部落后，狄人赐给他二女：叔隗、季隗。重耳娶季隗为妻。随从重耳的赵衰娶叔隗为妻，生子即赵盾。重耳即位，是为晋文公，将其舅父狐偃重用为心腹大臣，而狐偃出于白狄。起用戎狄之人为大臣，就在用人方面打破了民族界线，极大地推动了民族融合的发展。正是在这样的历史条件下，赵衰与叔隗所生的赵盾，才可能登上晋国执政卿的宝座。

赵盾生在狄国，他的童年和少年时代也都是在狄国渡过的。僖公十六年，赵盾不满十岁时，赵衰随重耳离开狄国，踏上了更为艰辛的流亡旅途。叔隗和赵盾母子也饱尝了分别的寂寥和痛苦。直到僖公二十四年，在赵衰原妻赵姬的恳求下，叔隗和赵盾母子才回到晋国。赵姬认为赵盾有才，是继承父位的最好人选，就一再恳求赵衰，改立赵盾为嫡子，将自己所生的三个儿子，均置于赵盾之下。后来的历史证明，赵姬果然是一位罕见的自谦贤惠、品德高尚、唯才是举、远见卓识的夫人。

值得注意的是，在晋国历史上真正把"和戎"奉为国策并取得显著成效的时期，是晋悼公时代。其时，晋悼认为"戎狄无亲而贪，不如伐之"。晋悼公四年，魏绛则从当时的全局出发，深刻分析了伐戎的严重危害，他说："诸侯刚刚顺服，陈国新来媾和，都在观察我们的行动。我们有德，就亲近我们；不这样，就背离我们。在戎人那里动用军队讨伐，楚国攻打陈国，我们就一定不能去救援，这样就会丢弃陈国。中原诸国就一定背叛我们。得到戎人而失去中原，未免得不偿失了吧！"接着，魏绛又陈述了跟戎人讲和的五种好处：戎狄逐水草而居，重财货而轻土地，他们的土地可以收买，此其一；边境不再有所担心，百姓安心在田野里耕作，收割五谷的人可以完成任务，此其二；戎狄事奉晋国，四边的邻国震动，诸侯因为我们的威严而慑服，此其三；用德行安抚戎人，将士不辛劳，武器不损坏，此其四；有鉴于后羿的教训，利用道德法度，远国前来而近国安心，此其五。（《左传·襄公四年》）

魏绛说服了晋悼公，晋悼公遂派他去"和戎"。魏绛接受"和戎"的重任后，亲自奔赴各地实践"和戎"之策，他结盟各支戎狄部落，最终使各支戎狄先后朝晋，归属于晋国，从而扩大了晋国的版图，增强了晋国的国力，使晋国再度成为强国。晋悼公看到"和戎"给晋国带来的巨大好处，便将郑国进贡的乐师、乐器、女乐赐给魏绛一半，并说："你教寡人同各部落戎狄讲和以整顿中原诸国，八年中间九次会合诸侯，好像音乐的和谐，没有地方不协调，请和你一起享用他们。"魏绛辞谢说："同戎狄讲和，这是国家的福命；八年中间九次会合诸侯，诸侯没有变心，这是由于君王的威势，也是由于其他几位的辛劳。下臣有什么力量？"（《左传·襄公十一年》）

如若没有晋悼公以来的"和戎"历史，没有与戎狄平等相处、相互融合的历史，狄人之女所生的赵盾，是根本不可能立为嫡子的，更不可能成为晋国的执政卿。

赵简子作为赵衰家族的后裔，在选择自己的继承人方面，又进一步打破了嫡长子继承制。原先按嫡长子继承制，伯鲁是当然的太子。但有一次，赵简子对几个儿子说，他把宝藏藏在常山（今河北曲阳西北）上，谁先得到有赏。几个儿子都去常山寻宝，结果一无所获。唯独赵无恤回答，他已得到。他说：从常山居高临下攻代国，可以吞并代国，这就是宝。赵简子认为赵无恤有"雄图大略"，遂废太子伯鲁为庶人，另立赵无恤为太子，然而赵无恤却是赵简子与侍妾所生的庶子。废嫡立庶、废长立幼，引发了一场轩然大波，但赵简子毫不动摇，因为他是从赵氏的基业出发选定继承人的。后来，赵无恤也如实地兑现了他蓄谋已久的"雄图大略"——吞并代国。正是由于赵简子家族具有兼容戎狄风俗的传统，赵简子的后裔赵武灵王，才有可能推行"胡服骑射"的军事改革，从而使赵国成为战国初期的强国。

赵武灵王是战国时期赵国的第六代国君，当时赵国是个二三流的国家，常受强国欺凌。魏、齐、秦三国都打败过赵国。赵国的军队主要是步兵和车兵，穿着宽大的服装，戴着笨重的盔甲，行动极不方便。赵武灵王为了提高军队的战斗力，决心效法胡人，作战时都穿短衣，骑马射箭。他要求赵国军队作战时，一律改穿胡人的短衣，还要求尽快建立一支骑马射箭的骑兵，此即"胡服骑射"改革。这一改革的成功，表明胡人的风俗得到了汉人的仿效和推广，从而极大地淡化了"华优夷劣"的传统观念。

十六国和北朝时期，是山西历史上汉族与少数民族交叉杂居、相互影响、相互融合的时期。在十六国政权中，汉族政权只有四个，其余十二个都是由匈奴、鲜卑、羯、氐、羌建立的。这种格局，有力地推动了民族融合的迅速发展。北魏统一北方，孝文帝推行改革，正是民族大融合的产物和结晶。中国是一个多民族的国家，在中国历史上，伴随民族大融合而来的，就是姓氏的大融合、大发展、大统一。十六国北朝时期的山西历史，就是胡汉姓氏大融合、大发展、大统一的历史。

例如，刘渊建立"汉国"及其汉化改革。刘渊原本是匈奴人，但他却以汉室兄弟自居，声称起兵反晋是为了恢复汉室政权，故自称姓刘，建国号曰"汉"，定都平阳，并祭祀汉高祖等诸帝，他还自认他的家族与汉皇室同宗。在他当政期间，推行了一系列的汉化改革，有力地推动了匈奴与汉族的融合和发展。

再如，北魏建立与孝文帝改革。原先鲜卑拓跋部本无姓氏，他们以部落为号，因以为氏。就是说，一个部落就是一个姓氏，有多少部落，就有多少姓氏。鲜卑拓跋珪，建立北魏后，定都平城（今大同）。其后，孝文帝又迁都洛阳，推行彻底的汉化改革，从上到下将原来活动于代郡、定襄、云中（今山西北端）一带的拓跋姓氏，一律改为汉姓，这是胡汉姓氏相互融合的集中表现，也是山西多民族姓氏融合和发展的伟大成果。

总之，从晋国分封到北魏孝文帝改革的历史，就是汉族姓氏与少数民族姓氏相互碰撞、融合和发展的历史。山西作为晋国所在地和北魏发祥地，在中华姓氏形成和发展史上，占有极其重要的历史地位。

山西姓氏现状

今天的山西姓氏，是历史上山西姓氏的继续和发展。追溯山西许多姓氏的形成发展，都可以找到多民族姓氏相互融合的痕迹。现在的山西姓氏多、双字姓氏多，就是山西多民族姓氏相互融合的具体反映。

当今山西姓氏现状，本应用 2010 年第六次全省人口普查数据说明，但因缺乏这方面的统计数据，所以拙著只好用 1990 年第四次全省人口普查统计数据，具体加以说明。

根据 1990 年第四次全国人口普查统计，山西全省当前使用的汉字姓共有 2363 个。其中单字姓 2281 个，双字姓 82 个。全省十二个地（市）使用的姓氏，都在 600 个以上。使用姓氏最多的太原市，达 1424 个；临汾地区，达 1285 个。从各个姓氏人口总数统计来看，达 30 万人以上的姓氏 19 个，计有：王、张、李、刘、赵、杨、郭、陈、高、马、任、韩、孙、武、贾、郝、阎、冯、梁；达 20 万至 30 万人的姓氏 12 个，计有：宋、吴、白、薛、崔、周、曹、侯、田、杜、董、胡；达 10 万至 20 万人的姓氏 24 个，计有：牛、段、秦、郑、史、程、范、吕、徐、常、乔、许、贺、樊、朱、魏、石、姚、苏、孟、卫、申、黄、康。以上 55 个姓氏人口总计 2349 万人，占全省人口总数 2876 万的 81.7%。此外，姓氏人口总数在 1 万至 10 万之间的，有 129 个姓氏；1 千至 1 万之间的，计有 210 个姓氏；千人以下的计有 1969 个姓氏。其中仅有 1 个人的姓氏，有 481 个（见《山西人口姓氏大全》）。

据第四次全国人口普查，山西全省按姓氏人口统计，达 100 人以上者，有如下表：

山西省姓氏人口数

序号	姓氏	人数	序号	姓氏	人数	序号	姓氏	人数
1	王	2927402	26	曹	230171	51	孟	126993
2	张	2818765	27	侯	225647	52	卫	118289
3	李	2645270	28	田	222145	53	申	116747
4	刘	1484231	29	杜	221025	54	黄	113870
5	赵	1077586	30	董	205038	55	康	101220
6	杨	942784	31	胡	204357	56	温	95716
7	郭	901023	32	牛	193123	57	安	94121
8	陈	544073	33	段	187715	58	靳	86632
9	高	518694	34	秦	179622	59	何	84588
10	马	443488	35	郑	174406	60	原	82822
11	任	357040	36	史	174340	61	邢	79226
12	韩	351940	37	程	172558	62	柴	78763
13	孙	334862	38	范	167219	63	袁	77986
14	武	328295	39	吕	167044	64	于	77311
15	贾	318163	40	徐	159789	65	焦	76634
16	郝	308295	41	常	156013	66	裴	75683
17	阎	307781	42	乔	152134	67	丁	75424
18	冯	302181	43	许	143496	68	岳	74750
19	梁	301649	44	贺	138398	69	翟	74371
20	宋	298817	45	樊	136104	70	卢	74363
21	吴	266585	46	朱	134932	71	霍	72154
22	白	262453	47	魏	131850	72	谢	71260
23	薛	244490	48	石	129643	73	傅	71055
24	崔	238603	49	姚	129230	74	雷	68255
25	周	230634	50	苏	128266	75	成	66102

序号	姓氏	人数	序号	姓氏	人数	序号	姓氏	人数
76	尹	64482	101	祁	35128	126	殷	20625
77	苗	59617	102	席	34427	127	燕	20458
78	潘	56621	103	穆	34026	128	谷	20325
79	罗	56456	104	唐	31921	129	南	20024
80	景	55811	105	毕	31573	130	金	19737
81	庞	55160	106	连	31183	131	余	19680
82	邓	54997	107	邵	30489	132	党	19350
83	尚	51635	108	左	28688	133	蔚	19017
84	师	49394	109	林	27586	134	屈	18906
85	孔	48370	110	柳	27500	135	廉	18746
86	姜	47484	111	文	27435	136	郎	18684
87	耿	47192	112	荆	33314	137	畅	18256
88	关	46884	113	米	26226	138	和	18236
89	宁	46196	114	姬	26163	139	谭	17847
90	路	44401	115	栗	24945	140	叶	17172
91	冀	41980	116	巩	23755	141	严	17163
92	解	41378	117	戴	23057	142	郜	17009
93	吉	40565	118	晋	22142	143	夏	16571
94	彭	39909	119	弓	22011	144	仝	16509
95	齐	39515	120	边	21959	145	曲	16232
96	毛	39417	121	车	21849	146	方	15915
97	蔡	38187	122	萧	21295	147	亢	15857
98	葛	36679	123	司	20917	148	兰	15515
99	聂	36572	124	蒋	20835	149	窦	15479
100	辛	35482	125	沈	20761	150	鲁	15281

序号	姓氏	人数	序号	姓氏	人数	序号	姓氏	人数
151	桑	14799	176	索	10670	201	倪	8176
152	寇	14407	177	薄	10668	202	昝	8128
153	阴	14214	178	甄	10585	203	母	7993
154	续	14149	179	纪	10578	204	池	7970
155	肖	13884	180	管	10315	205	潭	7922
156	蓝	13829	181	渠	10161	206	上官	7815
157	褚	13746	182	钟	10150	207	游	7775
158	陶	13574	183	要	10030	208	丰	7773
159	江	13571	184	邸	10021	209	汪	7764
160	鲍	13212	185	芦	9807	210	暴	7152
161	陆	13057	186	戎	9637	211	雒	7137
162	尉	13020	187	元	9635	212	仇	6911
163	智	12935	188	烛	9610	213	荀	6902
164	荣	12656	189	龚	9451	214	熊	6781
165	万	12541	190	郗	9396	215	延	6637
166	蔺	12478	191	钱	9179	216	邹	6609
167	麻	12432	192	狄	9164	217	龙	6569
168	宫	12321	193	卜	9156	218	权	6569
169	茹	11747	194	尤	9092	219	盖	6527
170	曾	11688	195	施	9023	220	臧	6521
171	邱	11587	196	顾	8938	221	韦	6482
172	平	11583	197	支	8905	222	伊	6350
173	房	11233	198	单	8519	223	强	6279
174	时	10892	199	古	8395	224	阮	6172
175	逯	10790	200	相	8225	225	来	6093

序号	姓氏	人数	序号	姓氏	人数	序号	姓氏	人数
226	班	6044	251	向	4519	276	禹	3324
227	季	6030	252	鹿	4495	277	艾	3210
228	呼	5942	253	降	4334	278	银	3189
229	祝	5886	254	汤	4256	279	郁	3152
230	柏	5883	255	邬	4210	280	康	3149
231	符	5862	256	娄	4208	281	颜	3092
232	苑	5838	257	付	4206	282	廖	3089
233	宿	5784	258	梅	4132	283	帅	3084
234	皇甫	5529	259	钮	4102	284	门	3076
235	费	5422	260	商	4094	285	庄	3042
236	宗	5272	261	章	4023	286	华	3016
237	籍	5223	262	封	3993	287	蒙	3008
238	闻	5113	263	行	3990	288	滑	2975
239	丘	5108	264	光	3961	289	向	2891
240	刁	5040	265	巨	3915	290	负	2878
241	药	4914	266	代	3897	291	冉	2853
242	陕	4876	267	明	3887	292	亓	2837
243	洪	4740	268	詹	3748	293	邰	2774
244	都	4724	269	粟	3738	294	卞	2707
245	逯	4713	270	盛	3738	295	花	2695
246	惠	4698	271	加	3548	296	仪	2686
247	晃	4686	272	项	3505	297	毋	2644
248	令狐	4652	273	宣	3493	298	栾	2614
249	凌	4637	274	琚	3449	299	童	2610
250	弁	4532	275	靖	3400	300	莫	2551

序号	姓氏	人数	序号	姓氏	人数	序号	姓氏	人数
301	赫	2530	326	郅	1975	351	井	1557
302	宇文	2473	327	家	1974	352	沙	1554
303	富	2447	328	伍	1961	353	易	1516
304	公	2361	329	岑	1941	354	勾	1484
305	闻	2354	330	力	1922	355	奥	1473
306	楚	2339	331	介	1905	356	化	1464
307	云	2335	332	淮	1887	357	折	1450
308	檀	2255	333	颉	1882	358	同	1414
309	营	2213	334	蒲	1853	359	牟	1405
310	桂	2192	335	戈	1846	360	余	1362
311	那	2163	336	刺	1786	361	国	1342
312	慕	2129	337	缑	1785	362	宰	1329
313	滕	2123	338	落	1783	363	计	1327
314	苟	2114	339	戚	1738	364	句	1320
315	胥	2101	340	睢	1730	365	黎	1316
316	璩	2054	341	郄	1692	366	鱼	1312
317	钭	2035	342	展	1684	367	卓	1279
318	海	2003	343	罩	1669	368	项	1277
319	酒	2003	344	澹台	1645	369	祖	1244
320	俞	2001	345	舒	1630	370	买	1217
321	甘	1995	346	幸	1627	371	贡	1204
322	包	1993	347	衡	1615	372	郤	1196
323	双	1991	348	佟	1609	373	谈	1188
324	骆	1986	349	全	1593	374	骈	1182
325	翁	1984	350	眭	1563	375	午	1171

序号	姓氏	人数	序号	姓氏	人数	序号	姓氏	人数
376	柯	1156	401	仲	900	426	稽	743
377	悦	1154	402	普	898	427	湛	736
378	义	1152	403	韵	890	428	縻	735
379	狐	1117	404	仁	884	429	习	727
380	欧	1115	405	敬	877	430	铁	727
381	郇	1108	406	孛	871	431	麹	718
382	宇	1086	407	皮	860	432	独	704
383	竹	1085	408	攸	851	433	欧阳	704
384	杭	1083	409	扈	848	434	岂	704
385	乐	1081	410	柔	841	435	寻	692
386	黑	1080	411	楞	838	436	虞	692
387	鞠	1067	412	随	835	437	嘉	690
388	次	1065	413	隋	830	438	迪	677
389	帖	1044	141	冷	823	439	芮	649
390	水	1025	415	居	811	440	员	614
391	信	1021	416	宜	808	441	洛	612
392	赖	1014	417	鄯	802	442	厍	612
393	庚	1012	418	剧	788	443	台	601
394	俎	998	419	踞	777	444	迟	590
395	布	993	420	蒯	768	445	豆	579
396	由	969	421	仵	762	446	善	579
397	斛	952	422	啜	754	447	底	574
398	瞿	941	423	拜	751	448	弟	574
399	戈	938	424	达	749	449	剡	568
400	呼延	935	425	满	744	450	皇	564

序号	姓氏	人数	序号	姓氏	人数	序号	姓氏	人数
451	查	558	476	晏	450	501	秘	367
452	仙	556	477	涂	448	502	衣	365
453	奚	554	478	土	446	503	隆	359
454	阚	550	479	骞	441	504	年	359
455	饶	547	480	丛	439	505	兀	345
456	渎	534	481	缪	438	506	伦	341
457	巴	532	482	库	436	507	丹	340
458	简	528	483	咸	433	508	凤	339
459	蒿	528	484	幺	431	509	拓	337
460	訾	512	485	京	424	510	初	336
461	弯	510	486	赤	423	511	镡	336
462	萧	509	487	巢	420	512	鹤	333
463	歧	506	488	瓮	409	513	未	332
464	禾	503	489	喻	407	514	岱	328
465	闪	499	490	敖	405	515	昌	326
466	闫	496	491	广	403	516	战	321
467	瞧	495	492	撒	401	517	让	320
468	闵	495	493	宓	398	518	院	316
469	应	493	494	曳	396	519	阳	312
470	储	484	495	宛	395	520	相里	309
471	侣	483	496	伏	391	521	厉	308
472	纽	479	497	步	389	522	牧	306
473	依	468	498	赫连	381	523	公冶	302
474	屠	457	499	藏	379	524	印	302
475	尉迟	451	500	刑	368	525	练	297

序号	姓氏	人数	序号	姓氏	人数	序号	姓氏	人数
526	司马	297	551	虎	242	576	裘	200
527	英	297	552	鄢	242	577	仇	200
528	诸	294	553	慎	236	578	敦	199
529	东	292	554	愈	232	579	菜	197
530	陷	291	555	青	232	580	默	197
531	越	289	556	匡	229	581	钞	192
532	自	289	557	遽	226	582	咎	187
533	哈	284	558	於	225	583	集	185
534	回	275	559	法	223	584	塔	181
535	占	275	560	才	221	585	鄂	181
536	修	271	561	名	221	586	浦	180
537	因	269	562	户	219	587	鲜	180
538	官	264	563	摄	217	588	劣	177
539	多	263	564	松	216	589	冶	174
540	佐	261	565	巫	215	590	涉	171
541	果	258	566	太	215	591	秋	171
542	泰	257	567	种	215	592	麦	166
543	怀	255	568	峇	214	593	恩	165
544	格	254	569	侍	213	594	朴	165
545	针	252	570	从	212	595	禄	164
546	补	247	571	油	212	596	潜	164
547	忽	247	572	洒	206	597	芶	162
548	票	246	573	西	204	598	干	161
549	木	246	574	雪	204	599	斗	159
550	雍	243	575	弥	200	600	督	153

序号	姓氏	人数	序号	姓氏	人数	序号	姓氏	人数
601	农	152	618	直	127	635	过	108
602	苍	150	619	远	127	636	寿	108
603	律	150	620	冠	126	637	绳	108
604	芭	148	621	蹇	126	638	汲	107
605	玄	148	622	山	125	639	合	107
606	四	145	623	进	122	640	矫	107
607	湾	143	624	睦	122	641	况	106
608	脱	141	625	第	121	642	廷	106
609	日	140	626	阿	121	643	乜	104
610	朝	140	627	韶	119	644	及	104
611	经	140	628	类	118	645	竺	104
612	缠	137	629	危	118	646	摆	103
613	墨	137	630	侣	115	647	宦	103
614	凡	134	631	逢	113	648	继	103
615	轩	133	632	运	112	649	卿	101
616	散	132	633	楼	110	650	庐	100
617	奕	131	634	漆	110			

注:此表引自秦耀普主编的《山西人口姓氏大全》,山西经济出版社 1991 年版

山西全省姓氏统计,人口总数达 30 万以上的 19 个姓氏,其地理分布如下表:

山西省 30 万人以上姓氏的地理分布

单位:人

地区别	姓 氏								
	王	张	李	刘	赵	杨	郭	陈	高
总 计	2927402	2818765	2645270	1484231	1077586	942784	901023	544073	518694
太原市	278839	277526	232836	142444	105159	76446	82378	53198	48288
大同市	123858	116392	121257	80426	45370	44471	30269	27186	21739
阳泉市	148584	106100	112435	61501	64196	33485	30541	14620	25121
长治市	326665	245939	330684	108981	105618	101739	128594	56957	21224
晋城市	208652	188503	203057	67509	84913	49818	79271	40492	8804
朔州市	64309	52044	64840	41825	31138	16132	16497	12418	14405
雁北地区	192229	187176	171629	128873	67747	66900	43374	34432	31536
忻州地区	261215	308073	215025	166128	115644	92633	83772	47528	61356
吕梁地区	286532	289819	267050	227430	81391	67567	103334	38939	135531
晋中地区	292956	273716	248222	121285	137281	83827	94108	51572	39717
临汾地区	313133	355987	318198	187874	97508	122865	127937	73304	58517
运城地区	430430	417490	360037	149955	141621	186901	80948	93427	52456

地区别	姓 氏									
	马	任	韩	孙	武	贾	郝	阎	冯	梁
总 计	443488	357040	351949	334862	328295	318163	308295	307718	302181	301649
太原市	42726	28799	36513	32811	49042	28594	40561	46389	22979	29390
大同市	26693	13021	14793	18434	14854	12145	9713	9788	12274	8899
阳泉市	11727	11680	24334	9728	13701	17621	16005	8368	15229	25803
长治市	51117	24817	44568	28811	23170	31085	31177	17564	35209	18996
晋城市	28582	11907	23916	12374	8524	15991	8822	20283	21156	12939
朔州市	10484	5398	7149	7106	7632	10194	4945	8577	4535	6368
雁北地区	37264	20655	22651	36751	19642	16234	16188	14350	17019	12165
忻州地区	29382	24029	38081	27554	27798	38257	38873	31868	21748	27115
吕梁地区	52620	85298	33945	29087	71871	23023	43424	39900	44136	38655
晋中地区	34956	44806	36141	24668	47834	27223	57166	45494	18511	48894
临汾地区	52057	35305	35249	41119	21441	56615	20413	33732	44174	40083
运城地区	65880	51325	34609	66419	22786	41181	21044	31468	45211	32342

注：此表引自秦耀普主编《山西人口姓氏大全》，山西经济出版社 1991 年版

第二章 起源于山西的姓氏

第一节 起源于山西的十大姓氏

在姓氏形成过程中，有很多姓氏起源于山西。据 1990 年全国第四次人口普查统计，山西全省使用的汉字姓共有 2363 个，其中单字姓 2281 个，双字姓 82 个。按姓氏人口数统计，20 万以上的大姓计有：王、张、李、刘、赵、杨、郭、陈、高、马、任、韩、孙、武、贾、郝、阎、冯、梁、宋、吴、白、薛、崔、周、曹、侯、田、杜、董、胡，共 31 个。其中，起源于山西的有：王、张、赵、杨、郭、韩、贾、郝、阎、董，共 10 个，约占三分之一。人口总数在 20 万以下的姓氏，起源于山西的还有：魏、荀、裴、霍、傅、尹、耿、路、冀、解、祁、晋、南、万、唐、籍、侯、黎、邬、蒲、虞、芮、尧、令狐、尉迟，等等。源于代北复姓的姓氏以及根在山西的姓氏还有许许多多。兹仅就人口总数在 20 万以上起源于山西的十个大姓，简述如下：

王姓

按姓氏人口统计，山西全省王姓人口总数为 2 927 402 人，居全省第一。王氏为姓，意指"王家之后"或"帝王之裔"。帝舜、殷商、西周诸王的后裔很多都以王氏为姓。其后，入主中原的少数民族亦有改姓为王者，这样就形成了王姓起源的多元性。宋代郑樵在《通志》中把出自"帝王之裔"的王氏，归纳为三大类：其一是出自舜帝后裔的妫姓王氏，其二是出自殷商王子比干后裔的子姓王氏，其三是出自周文王后裔的姬姓王氏。

在出自周文王后裔的姬姓王氏中，又分为三支，一支是出自毕公高后裔之王氏，另一支是出自周考王弟揭之王氏，第三支是出自周灵王太子晋之王氏，这支王氏又称为太原王氏，是所有王氏中人数最多、分布最广、影响最大的一支。王姓人口中十之七八都属于这一支，侨居海外异国他乡的王氏后裔，绝大多数也属于这一支。这里，仅就太原王氏的起源与始祖、播迁与衍派以及海外"寻根谒祖"等情况，简述如下。

太原王氏，始祖是周灵王的太子，他名晋，字子乔，亦称王乔，在《国语》、《逸周书》、《潜夫论》、《新唐书》等史籍中都有记载。史称，太子晋，幼有成德，聪明博达，温恭敦敏。其时王权旁落，年仅十五岁的王子乔便以太子的身份辅佐朝政。灵王器重，诸侯宾服。据说，晋平公派叔向入周觐见，太子晋能言善辩，令叔向感到吃惊。叔向回到晋国后对晋平公说："太子才十五岁，竟如此厉害，我和他辩论，竟被他问得哑口无言。我们还是及早归还先前侵占的周王室的土地吧，不然，我们就会大祸临头。"在一旁的师旷听后很不服气，他要求亲自到周廷去同太子晋辩论。师旷是一位主张"民为邦本"的思想家。师旷问太子君子之德，太子侃侃而谈，师旷听后连连称是，赞不绝口。

周灵王二十二年，谷、洛二水泛滥，危及王宫。灵王决定以壅堵洪。太子进谏曰："不可。自古为民之长者，不堕高山，不填湖泽，不泄水源。天地自然有其生生制约之道。"他提出用聚土、疏川等办法，来疏导洪水。他还以"壅堵治水"的鲧为例指出，如果借"壅堵洪水"之机而修饰王宫，"皆亡王之所为也"。他又以周王室的历史，追述厉王暴虐而流亡，幽王昏乱而西周亡，平王不修内政而衰微为殷鉴，指出这些都是君主自己所为而致。这些祸害还没有完全消除，现在又来彰祸，必将祸及子孙。太子晋的直谏，触怒了周灵王。太子很快便被废为庶人。从此，太子晋忧心忡忡，又二年而卒，年仅十七岁。

太子晋卒后两年，灵王驾崩。太子晋的弟弟贵嗣位，是为景王。再后来，太子晋的儿子宗敬官至司徒，看到周室衰微，天下将乱，便请求致仕，避居太原，时人呼之为"王家"，遂以王为氏，此即太原王氏之起源，太子晋被尊为系姓始祖。《新唐书·宰相世系表》曰："王氏出自姬姓，周灵王太子晋以直谏废为庶人，其子宗敬为司徒，时人号曰'王家'，因以为氏。"周灵王太子晋之子名曰宗敬，官至司徒，死后就葬于晋阳城北，墓地称"司徒冢"。后来，太原王氏后裔徙居各地，从而形成许多支源于太原王氏之衍派。宗敬之裔孙王翦，自幼喜爱兵战之事，成年后为秦国将军。他作战勇敢，攻无不克，威震四海。在秦统一六国的过程中，他征燕国，平楚地，下百越，战功十分显赫。秦始皇论功行赏时，王翦与大将蒙恬共执牛耳。王姓与蒙姓同居天下之先。王翦之子王贲亦为秦国将军，曾败楚军，平魏地，征辽东，屡立战功。王贲子王离，字子明。秦二世夺大将蒙恬兵权，任用王离为大将军。巨鹿之战，王离败于项羽而亡。王离有二子，长曰王元，次曰王威。王元为避乱，徙居山东琅琊，是为琅琊王氏之祖。王元四世孙王吉，为东汉时谏议大夫，开创了琅琊王氏显贵的先河。王威仍居晋阳，西汉时任扬州刺史，其后子孙散居各地。王威九世孙王霸，又重返故里，定居太原。王霸生于东汉，屡聘不仕，隐居读书。王霸有二子：长子曰殷，东汉中山太守，食邑祁县，是为祁县王氏之祖，传至其五世孙王允，官至司徒，名声大震；次子曰咸，随父居晋阳，其后裔称晋阳支，传至王柔、王泽兄弟，便成为魏晋盛门，迎来了晋阳王氏的黄金时代。北魏孝文帝特定"太原王氏"为天下四大姓之一。唐太宗时修订的《氏族志》，"太原王氏"又被列为天下五大姓之一。

据世传家谱和近人研究统计，北朝、隋唐时期的京兆万年王氏、河东蒲州王氏、武威姑臧王氏、乐陵王氏、河内（又称怀州温县）王氏、汾州王氏、同州下邽王氏、河中王氏、绛州龙门王氏等都出自太原王氏。隋唐以后，太原王氏各派后人或因出外居官，或因躲避北方战乱，纷纷南迁，支派传遍南国。据族谱记载，安徽婺源（今江西）王氏、武口王氏、武溪王氏、丰洛王氏、碧溪王氏、藤溪王氏、海川王氏等，皆属太原王氏祁县支派的后裔。后来，这些支派的后代，有的又迁居江苏常州、湖北荆门以及浙江等地。

据《皖桐太原王氏谱》记载，安徽绩溪王氏，系太原王氏晋阳支派大房之后。这一支王氏，于元末避乱南迁安徽绩溪、婺源等地，后来又徙居桐城、古塘等地，故被称为桐城王氏或古塘王氏等。桐城王氏中还有一支是从鄱阳迁来的，史称东楼王氏或龙眠王氏，而东楼王氏或龙眠王氏也是太原王氏的支派。

三槐王氏是以"堂号"闻名的王氏家族。据三槐王氏始祖王祜的正宗后裔编修的《王氏三沙全谱》记载，三槐王氏出自太原祁县王氏，三槐王氏始祖王祜，是祁县王氏文中子王通的裔孙。这是自宋以后，太原王氏诸多衍派中影响极大、历时很久的一支。

据《洞庭王氏家谱》记载，洞庭王氏也出自太原王氏。洞庭王氏是以王鳌而闻名的。王鳌，字济之，洞庭（江苏苏州）人，明代成化进士，正德元年，进户部尚书兼文渊阁大学士。谢世后，谥曰文恪。

在浙江东阳一带，王姓多有家谱，根据这些家谱记载，这里的王氏家族，分别出自琅琊、太原两大郡望。其中，属于太原者有四支：一曰厚里王氏。据《太原郡东阳厚里王氏宗谱》载，该支王姓人家，于唐德宗时迁东阳玉峰之南里，后又迁石塘、厚里，最终定居于此，称厚里王氏。宋沿江制置副使王霆和明山西道观察御史王乾章，皆出自厚里王氏。二曰青口王氏。谱载，太原衍派世居山西祁县，遇五代之乱，后裔王彦超自祁县迁绍兴，后迁义乌青口。二十七世孙王世德，于明万历初年再迁东阳十七都和尚岩，称义乌青口王氏东阳分支。三曰画溪王氏。《太原郡东阳画溪王氏宗谱》载，太原王氏裔孙王安，五代时出镇东阳金华，病卒于任所，长子王望为随军监军，遂定居画溪。清嘉庆进士王铁、总兵王国斌等人，皆是其后裔。四曰鹤州王氏。《东阳鹤州王氏宗谱》载，王氏出河汾，乃太原分支。晋室南移，随晋室择括苍而居。裔孙王宏，唐懿宗时，游学东阳合浦，既而居之，遂为鹤州王氏开基祖。唐浦江县丞王章，即其族人。

在江西吉安，有一支奉宋庆历进士王该为祖先的王姓族人，也是当年太原王氏后裔。王该，字蕴之，官邓城令，与王安石友善，常以诗章相唱酬，出自太原王氏。其后裔王辅泰曾讲学于湖南岳麓书院，誉满三湘，后来卜居湘潭南乡泉冲，是为吉安王氏入湘始祖。其子孙繁衍于湖北、广东、福建、贵州等地。这支王氏家族，人才辈出，享有盛誉，其裔孙王仲厚，诗书传家，兼习时务，后徙居新加坡，成为新加坡久负盛名的王氏家族。

在福建晋江市沙塘，有沙塘王氏。他们奉元末诗人王翰为始祖，王翰曾任潮州路总管，其先自太原迁灵武，亦是太原王氏传人。其子王偁，明初参与修撰《永乐大典》，定居福建晋江沙塘，子孙繁衍于闽南，其祠堂及裔孙房舍皆悬挂"太原衍派"匾额。其后裔出海谋生者，有很多人侨居菲律宾、印尼等地。

琼崖王氏出自三槐，琼崖王氏的始祖王悦是三槐王氏始祖王祐的后裔。王悦父瑞，为王祐的四世孙，广西桂林府临桂县令，迁礼部尚书，卒，赠太保。王悦，字习之，又名居正。绍兴十一年升礼部尚书，十四年选授观文殿大学士、同平章事，拜丞相，兼枢密院。王悦因抨击宰相秦桧奸佞，累遭迫害，绍兴十五年被贬，出任海南琼州府同知护理太守，遂落籍琼崖，是为王氏琼崖祖，其子孙后代又远播新加坡、马来西亚、泰国等地，成为海外太原王氏中影响巨大的一支。

在王氏播迁与发展的过程中，名人辈出，世家大族此起彼伏，形成了许多郡望。据《广韵》记载，王氏郡望有：太原、琅琊、北海、东海、高平、京兆、天水、东平、新蔡、新野、山阳、中山、陈留、章武、东莱、河东、金城、海汉、长沙、堂邑、河南，共二十一望。而太原为众多的郡望之首。早在秦代，太原王氏就与蒙氏并列为显赫之家。北魏孝文帝划定天下显姓时，"太原王氏"被列为天下四大姓之一。唐太宗时修订《氏族志》时，"太原王氏"又与清河崔氏、范阳卢氏、陇西李氏、荥阳郑氏并列五大望族，并有"钑镂之家"的美称。在唐代，王姓宰相共有十三人，而出自太原王氏者就达七人，占了一半多。再加上太原王氏历史悠久，名声显赫，又是帝王之胄，所以王氏家族中原本属于其他支系的王氏后裔，或者由于无法考证自己先辈的世系，或者出于其他原因，也都先后将自己的家族归并到了太原王氏名下。这样，随着时间的推移，太原王氏家族中的新成员又不断增加，许多地方甚至占到王氏家族的十之八九，以致形成"天下王氏出太原"之说。

20 世纪 80 年代，人们对太原王氏的关注是从两封海外来信引起的。1985 年 6 月 1 日，"缅甸太原王氏家族会"致函太原市王茂林市长，要求帮助查找开族始祖王子乔及开闽王氏的有关资料。1986 年 5 月 21 日，泰国王氏宗亲会又通过一家旅行社给我国国务院侨办来函说，他们的祖籍有南京说和太原说两种，不知道哪一说正确，要求太原和南京帮助查证落实。这两封来信引起了山西省和太原市领导的重视。1986 年 7 月，太原市在南郊区组建了"太原王氏研究会"，围绕两封海外来信，收集资料，进行考证。为了更好地回答海外来信提出的问题，1987 年 2 月，省侨办牵头，组织了"太原王氏调查组"，南下到南京、福建、广东等地进行调查。通过调查，特别是对旅居泰国的王氏祖籍宗派——福建南靖"珩坑王氏"的调查，弄清了泰国"河内王氏"的祖籍是太原，而不是南京。调查组根据族谱记载和调查结果给海外王氏回信后，1988 年 11 月 26 日，以王济达为团长的泰国王氏宗亲总会一行十九人，便回到太原"寻根谒祖"，从而拉开了海外王氏宗亲社团回太原"寻根谒祖"的序幕。其后，省、市领导决定在晋祠"晋溪书院"内修建供海外王氏祭祖的子乔祠，还成立了负责接待的"后援会"。1992 年 8 月，召开了"海外太原王氏联谊筹备会"。1993 年 6 月，又举行了"太原王氏恳亲联谊暨经贸洽谈会"，来自泰国、新加坡、马来西亚、缅甸、菲律宾等五个国家的十二个王氏社团，共二〇三人出席了会议。泰国王氏宗亲总会副理事长王继智先生代表王氏社团动情地说："月是故乡明，人是故乡亲。海外王氏家族与太原王氏，是枝相连、气相通、血脉相贯的一家人。遍布海内外的王氏宗亲，都是根连祖籍，情系太原的。"菲律宾王氏宗亲总会理事长王赐荣先生，是一位资深的教育家兼实业家。王先生颇感欣慰地说："我们的学院创办五十三年来，培养了数万名华侨学生。"在王先生的倡导下，该校始终坚持一日一堂华文课。这在菲律宾乃至东南亚都是独一无二的。作为教育家，王赐荣先生毕生致力于民族文化的传播。作为实业家，王赐荣先生对中、菲经济交流充满了热望。他介绍说，菲律宾华人大部分是福建、广东、海南等地迁徙过去的。现在菲律宾的华人占到工商界人士的 65%左右，在菲律宾经济领域中起着举足轻重的作用。他们都想为家乡建设出一份力，都想和内地特别是太原工商界的朋友建立联系，都愿为家乡建设办一些实事。王继智先生和王赐荣先生的言行，生动地展现了海外王氏"寻根谒祖"的血缘情，思念和建设发祥地的桑梓情和爱国情。这正是血浓于水的亲情与亲和力的真实写照，是中华文化认同感和凝聚力的具体表现。

张姓

据 1990 年第四次全国人口普查统计，山西省按姓氏人口计，张姓总人数为 2 818 765 人，仅次于王姓，位居第二。关于张姓起源，唐朝谱牒学家林宝的《元和姓纂》载："黄帝第五子少昊青阳生挥，为弓正，观弧星，始制弓矢，主祀弧星，因姓张氏。"

欧阳修、宋祁的《新唐书·宰相世系表》载："张氏出自姬姓。黄帝子少昊青阳氏第五子挥为弓正，始制弓矢，子孙赐姓张氏。"

欧阳修是著名的谱牒学家，他和苏洵创立的编写族谱的体例，被尊为"欧苏体例"，广为后世修谱所效法。张挥为张氏开宗立姓之始祖说，伴随着私修族谱的盛行，便广泛流传开来。现存的张氏族谱，绝大多数是明清两代编修的。明代嘉靖年间，张宪、张阳辉主编的《张氏统宗世谱》（以下简称

《统宗世谱》）之《本源纪》载：

"尹城派，始祖挥公，受封之国在山西太原府属之地。挥生昧，为玄冥师。昧生台骀，能业其官，宣汾洮，障大泽，以处太原，帝用嘉之，封诸汾川，掌水旱属疠之职，即山川之神也，世飨其祀。今太原县有庙存焉。"

"鲁国派，在山东兖州府曲阜县所属之地。周武王封周公旦于鲁国，晋改国为郡，隋改曲阜县。周宣王时召公辅政，逢逸民仲山甫荐仲公于朝，王以为卿，公不愿仕，隐居曲阜之防山，派出尹城。"

"曲沃派，在山西平阳府城南一百二十里，古冀州之域。春秋时，晋平公即位之初，中军司马张君臣改服修官蒸于曲沃。汉改河东郡，后魏复置曲沃县。派出鲁国。"

"廪延派，在河南开封府城西北九十里，春秋时属郑之廪延，战国时韩王建都之地。秦置酸枣县，汉属陈留郡，梁属开封府，宋改延津县。韩相开地居之。派出曲沃。"

上述《本源纪》表明，山西太原尹城即为张氏始祖张挥受封之地，故曰"尹城派"。鲁国派源于尹城派，曲沃派又源于鲁国派，廪延派则源于曲沃派。它们的渊源关系如下：

尹城派→鲁国派→曲沃派→廪延派

不仅如此，《本源纪》卷一，还记载了由尹城派到廪延派的世系传承关系：

太原尹城始祖挥—昧—台骀—伊源（仲公之祖）

鲁国派：仲—逸—伯谦—信明—寔—禹城—玄驭—叔元—奉义（为晋大夫徙居曲沃）

曲沃派：奉义—高陵—武宣—侯—老—君臣—趯—骼—进明—孟谈（迁廪延）

廪延派：孟谈—抑朔—开地—平—良（迁陈留）

接下来，《统宗世谱》又以张良为一世祖，记载了历代世系。这样就具体说明了起源于太原尹城的张氏，是怎样一代又一代地传承下来的。

清嘉庆二十一年编修的《张氏合修家谱·宗庙》亦载："始赐姓张挥公庙在山西太原府太原县尹城里。"乾隆《清河张氏宗谱·古今世表图》载："挥，封国尹城。在山西太原府。"这些记载，都说明张氏起源于太原尹城，也就是说，太原尹城就是张氏的起源地。

其实，这里所说的尹城指的就是古晋阳城。古晋阳城称尹城，来源于晋阳城西门外的尹公祠。清道光《太原县志》卷二载："尹公祠在县城西门外，祀赵简子之臣尹铎，知县金砺建，岁以六月二十八日祭。"可见，尹公祠乃是为纪念春秋时人尹铎而修建的。春秋末，晋国出现了智伯、赵、韩、魏、范氏、中行氏"六卿专政"格局。范氏、中行氏与赵简子相互火并时，赵简子从邯郸退到晋阳，并令其家臣董安于修筑晋阳城。这是周敬王二十三年之事，是我国历史上有文字记载的较早的筑城记载。董安于筑城之后，赵简子又令另一家臣尹铎再次加固。尹铎从实战出发，增筑壁垒，聚积粮食，使晋阳城成为十分坚固的堡垒。其时，智伯掌握了晋国大权，势力最强。智伯恃其强盛，向韩、魏要领地，韩、魏都答应了，又向赵襄子（赵简子之子）要领地，襄子不给，智伯就联合韩、魏攻打赵襄子。赵襄子退守晋阳，智伯与韩、魏联军，久攻不下，围困晋阳城长达一年有余，于是便"决水灌城"，淹城水面将近城墙之高，但晋阳城依然屹立如初。在此危急关头，赵襄子密派张孟谈连夜出城，说服韩康子、魏桓子，订立赵、韩、魏联合反击智伯同盟。赵襄子杀了智伯守堤官兵，韩、魏立即响应，活捉智伯，大败智伯军，接着赵、韩、魏三分智伯领地，形成三足鼎立之势。后人回顾赵襄子固守晋阳转败为胜时，无不赞许尹铎固城足食之功，遂将晋阳城称为尹城，即坚固之意，并建尹公祠，以资纪念。此即古晋阳被称为尹城之由来。

明万历《太原府志》卷八载："台骀泽，一名晋泽，太原县南十里。晋水下流，汇而为泽，中产蒲、鱼，民人利之。泽广二十里，今为汾水所没，尽为民田。其傍有昌宁公庙，即台骀神也。"

台骀，早在先秦时代就被神化了。据成书于战国时期的《左传·昭公元年》记载："昔金天氏有裔子曰昧，为玄冥师，生允格、台骀。台骀能业其官，宣汾洮，障大泽，以处大原。帝用嘉之，封汾川……台骀，汾神也。"

传说，台骀为治洪水，南北奔波。他率领人民疏导洪水时，奋战在灵石山头，日夜施工，挖山不止。终于打开灵石口，将汾水导入黄河，空出了晋阳湖。此即山西世代相传的——"打开灵石口，空出晋阳湖"之由来。

据《世本》云，金天氏即少昊青阳氏。少昊，身号；金天氏，代号也。"大原"即指"太原"。古"大"与"太"通用。大而高平之地谓之太原。这里所说的太原并不是专用地名。正如今人杨伯峻《春秋左传注》所说："此太原非地名，乃指汾水流域一带高平之地。"《左传》杜注曰："太原，晋阳也，台骀之所居。"先秦时代的所谓"太原"，就是指台骀居住的高平之地。战国以后，太原才变成特定的地名称谓。太原之得名即出自台骀所居的高平之地。正如台骀神庙楹联所曰："能业其官障泽宣汾昭亘古，永垂厥德平汾静浪到于今。"清道光《太原县志》卷三记载："汾水川祠即台骀神庙。在晋泽南王郭村。节度卢钧改今名。晋封昌宁公，宋封灵感元应公，赐额曰宣济庙。有掌禹锡所撰碑记。"

节度卢钧，字子和，范阳人。元和进士，唐宪宗时曾从裴度为太原观察支使。唐宣宗大中六年为太原尹、河东节度使。他改台骀神庙为汾水川祠，当是大中年间之事。掌禹锡，字唐卿，许州郾城人，进士，并州通判。宋英宗时以工部侍郎致仕。好储书，所记极博。他撰写的《重修昌宁公庙碑记》原碑立于王郭村昌宁公庙内，今无存。但碑文在雍正《太原县志》中全文保留了下来。据邑人王锡寿考证，在唐代，王郭村的昌宁公庙已有很大的规模。其时庙宇高大宏伟，占地面积近三十亩。遗憾的是这样一座好端端的庙宇已被毁——北宋太平兴国四年五月十八日，宋王朝火烧晋阳城，次年四月又引汾河和晋水水灌晋阳城。其后，宋代又重修，明初再次重修。但规模已大不如前。清顺治六年，汾阳义军与清军激战时，重修之庙宇又毁于战火。嘉庆十七年汾河水涨，劫余殿堂全部倒塌。道光十九年重建，但仅建正殿三间，东西厢房各五间。由于年久失修，人为损坏，庙宇倾倒，树木被伐，庙院荒芜。但明朝洪武年间彩塑的台骀神像，至今依然完整地保留了下来。

王郭村作为张氏开宗立姓之地，至今仍有一些痕迹。诸如，在王郭村西南五华里处有以青阳氏命名的青阳河村，现在这个村里还居住着一百多户人家；村旁有以青阳氏命名的青阳河，从古至今，川流不息；为纪念青阳氏，在青阳河畔还建有青阳庙，据道光《太原县志》卷三记载："青阳庙在县西十五里，今废。"但其遗址依然存在。以青阳氏命名的青阳沟，从古至今，代代相传，妇孺皆知。青阳沟南是张家坟，赵国谋臣张孟谈之墓，就在这里。王郭村有条街叫张家巷，这里仍有十几处张家宅院。其布局都是正院附偏院，偏院套花园。现存的一处花园中还有望月楼，是用明矾和生铁修筑的，特别坚固，是明代建筑。外院中还有供骑马用的上马石。相传，旧时张家媳妇乘车、骑马都必须从外院起步。张家乃是王郭村的名门望族。王郭村的得名，并不是因为该村姓王的民户多，"王郭"，乃系指帝王城郭之意，王郭在晋阳的历史上曾有过很高的地位。

张宪、张阳辉主编的《张氏统宗世谱》不仅记述了张姓起源于太原尹城，而且记载了直接或间接源于太原尹城的衍派达一百一十七个之多。其中列为《内纪》之首的曰"元会"，共有十八派。其后就是按地域分布记载的衍派。从分布地域来看，主要集中于江西和南直隶两地。其中江西四十四支，南直隶五十二支。而江西又集中于饶州府，计有四十三支，广信府只有一支。南直隶五十二支，其分布是：徽州府四十支，宁国府六支，松江府二支，苏州府、池州府、凤阳府、徐州各一支；此外，北直隶顺德府、顺天府、大名府、保定府各一支；浙江金华府、绍兴府各一支；四川眉州、成都、汉州各一支；湖广襄阳府、荆州府各一支；山东东昌府、广东韶州府各一支；陕西西安府二支，共计一百一十七支。这种状况的出现，自然与修纂者的籍贯是分不开的。《张氏统宗世谱》主修二人，即张宪、张阳辉，都是徽州府祁邑人；同修三十二人，其中徽州府二十一人，饶州府十人，宁国府一人。这就不难理解为何该谱以记载徽州和饶州为主了。但它同时也告诉人们，这里所记载的只是张氏衍派中的一部分，还有许多张氏衍派没有列入。

明嘉靖《统宗世谱》问世后，又经过三百四十年，到了清光绪四年，张廷辉主修了《清河张氏宗谱》。该谱以张成业为一世祖。张成业，名绍祖，唐宪宗元和进士，官江东提刑，居婺州即金华府，后因唐亡弃官迁居衢州府开化县之音铿，是为音铿张氏始祖。浙江钱塘武林张氏、处州丽水张氏、婺州金华张氏以及衢州开化张氏，都是唐相张柬之后裔。该谱是衢州开化音铿张氏宗谱，只是张柬之后裔中的一支。该谱之所以取名《清河张氏宗谱》，旨在说明开化音铿张氏乃是清河始祖张岱的后裔，该谱的世系图表都是这样记述的。该谱《张氏古今通派分迁地舆图考》部分，在"山西通派"一栏下记载道：

"尹城派：始祖挥公受封之国，昧公居之，在今太原府太原县。夏朝钦若公之祖，此天下通派之祖也。

曲沃派：奉义公居之，在今平阳府曲沃县。周卿士仲公之后，髓公之祖也，派出鲁国……"

在山西通派之后，分别记载了：山东通派、河南通派、陕西通派、北京通派、广东通派、四川通派、湖广通派、福建通派、江南通派、江西通派、浙江通派，所记衍派达二百三十个之多，较之明嘉靖时编修的《张氏统宗世谱》记载的一百一十七派，增加了将近一倍。但不论这些衍派增加了多少，追根溯源，它们都出自太原尹城派，都是开宗立姓始祖——张挥的后裔。

综上所述，张挥就是张姓开宗立姓之始祖，太原尹城就是张姓开宗立姓之处，今太原市晋源区王郭村残存的昌宁公庙，就是极其古老的张氏祖庙。明清两代编修的山西地方志和张氏统宗世谱，就是这样记载的。

近年来，张氏起源于太原说，受到海内外学者的极大关注。1992 年 7 月，香港谱学大家罗香林的高足张伟国教授专程来到太原进行考察。张伟国教授在山西省社会科学院家谱资料研究中心查阅了记载张氏起源的几部明清时期编修的家谱后，又亲临太原市晋源区王郭村，对残存的台骀庙进行了实地考察。临别时，张伟国教授说："太原之行，收获很大。看来，张氏起源于太原说是有充分根据的。"1992 年 10 月，广东的张武缅一行三人，亦来到山西省社会科学院家谱资料研究中心查阅并复制了有关张氏起源的资料，又到太原市晋源区王郭村对残存的台骀庙进行了实地考察。张武缅等人回去后，将张氏起源于太原的相关资料及残存的台骀庙情况，如实地记入了 1993 年编修的广东河婆汕尾《张氏统宗世谱》，并受到族人的充分肯定和高度赞扬。1993年以后，来到太原晋源区王郭村台骀庙"寻根访祖"的张氏后裔逐年增多。其中，规模较大的是 1997 年 9 月 7 日回来的马来西亚"寻根谒祖"旅行团。该团由张玉光任团长，共五十四位成员。团长张玉光的儿子张畯翔，是从加拿大特意赶到太原寻根祭祖的。祭祀结束后，团长张玉光将六千五百五十元人民币交给王郭村张氏祖庙修复委员会代表张佗寿，并说："这点钱是代表我们心意的，它表明我们愿为修复祖庙尽一点宗亲的微薄之力。"通过这次祭祀活动和实地考察，张玉光本人和代表团认为，太原就是张氏的起源地，王郭村的台骀庙就是张氏的祖庙。所以，1999 年 9 月，张玉光第二次率领马来西亚寻根祭祖团，回到王郭村台骀庙，举行了极其隆重而肃穆的祭祖活动。

赵姓

按姓氏人口统计，全省赵姓总数为 1 077 586 人，名列第五位。赵姓出自嬴姓，起源于山西赵城，其先祖是伯益，开宗立姓始祖为造父。《新唐书》云："赵氏出自嬴姓，颛顼裔孙伯益，帝舜赐以嬴姓。十三世孙造父，周穆王封于赵城，因以为氏。"

颛顼，号高阳氏，是传说中的五帝之一，其裔孙伯益在舜时为东夷部落首领，因帮助禹治水有功，又为舜驯服鸟兽，遂得到舜的信任，被赐为嬴姓。十三世孙造父，是西周时驾驭车马的能手。他在桃林得到八匹骏马，调驯好以后，献给了周穆王，周穆王遂让造父为他驾驭车马。从此，周穆王经常让造父驾驭车马外出远行。有一次，周穆王西行至昆仑见到西王母，乐而忘归。这时传来东方徐国（今江苏境内）徐偃王造反的消息，周穆王心急如焚。造父驭车日行千里，周穆王迅速回到镐京，及时平息了徐偃王的叛乱。由于造父驭车立了大功，周穆王遂将赵城（今山西洪洞县北）赐给他，从此，造父家族遂以封地为氏，是为赵氏。周代的赵城，东汉时为永安县地，隋为霍邑县地，故址在今山西洪洞县赵城镇一带。

造父下传六世至奄父，号公仲，为周宣王近御。宣王三十九年，宣王下令攻伐姜戎，奄父认为条件尚不成熟，劝阻出兵，宣王不听。结果战于千亩（今山西介休南），王师大败，宣王圣驾亦被打翻，在千钧一发之际，奄父护驾宣王突出重围、死里逃生。事后，宣王为感谢奄父的救命之恩，对其委以重任。从此，赵氏家族受到周王室的青睐，成为当朝重臣。

周宣王四十六年，宣王死，幽王继位。周幽王昏庸残暴，任用奸诈、狡猾的虢石父为卿，排挤、打击朝中的正直大臣，奸佞横行，是非颠倒。奄父有一儿子叫叔带，针对周幽王的暴政进行规劝，周幽王不但不听，反而下令免去了叔带的官职，并将其放逐田野。叔带见周幽王昏庸到如此地步，遂举家离开，投奔晋国。叔带投奔晋国后，受到重用，很快便站稳了脚跟。《史记》云："自叔带以下，赵宗益兴，五世而至赵夙。"晋献公时，赵夙官至将军。其时晋国已成为当时相当强大的诸侯国。献公十六年，为扩张领土，晋国发动了对周边三个小国：耿（今山西河津境内）、霍（今山西霍州境内）、魏（今山西芮城境内）的战争。在战争中，晋献公统领上军，太子申生统领下军，赵夙为大将。在攻伐霍国的战斗中，赵夙一马当先，所向披靡，霍国部队闻风丧胆，国主逃奔齐国，霍国灭亡，晋国取得了完全的胜利。其时，耿国和魏国，亦先后被晋国消灭。晋献公为了表彰赵夙的战功，就把原来的耿国地（故址在今山西河津市南）作为封邑，封给了赵夙。从此，赵夙便在晋国建立了赵氏家族的根据地和大本营。

赵夙之孙赵衰，字子余，随重耳出亡十九年，终于将重耳扶上晋侯之位，是为晋文公。晋文公赐赵衰原伯地（故址在今山西沁水县西北），封为原大夫，任国政。赵衰谢世前两年，赵衰子赵盾（即赵宣子，谥号宣孟，亦称赵孟）已接任国政，成为晋国正卿。

赵氏家族的显赫以及赵盾的长期独揽朝政，引起晋国一些大夫和大臣的嫉恨，终于导致了屠岸贾策划的灭绝赵氏家族的"下宫之役"。幸好在义士程婴和公孙杵臼的护卫下，保住了赵氏孤儿——赵武的一条性命。晋景公为赵氏家族平反昭雪后，又恢复了赵氏的爵位和田产，并重新起用赵武，这样，赵氏家族才又登上政治舞台。晋平公十二年，赵武担任正卿主持国政。晋平公十七年，赵武死，谥号文子。赵武子名景叔，景叔之子名鞅，又名志父，号简子，官至晋国执政。赵简子执政时期，赵氏家族步入了鼎盛时期。赵简子谢世后，其子无恤继位，是为赵襄子。赵襄子退守晋阳期间，联合韩、魏，建立反击智伯同盟，大败智伯军，三分智伯领地，不久建立了独立的赵国，成为战国七雄之一。

公元前 325 年，三家分晋后赵国的第五代国君——肃侯赵语卒，其子赵雍即位，是为赵武灵王。公元前 325 年至公元前 299 年，赵武灵王在位，他执政了二十七年。在此期间，他通过推行震惊诸侯的"胡服骑射"，使原本很弱的赵国，一跃而为战国时期的一流强国。后来，他处理继承人不当，导致长子赵章与次子赵何的内讧——赵武灵王亦在内讧中被困而死，但赵武灵王仍不失为一代英才，近代著名的历史学家梁启超称赵武灵王是"黄帝以后第一伟人"。

自赵武灵王改革后，赵国的兵力和国力都有了飞跃性发展。赵惠文王全盘继承了赵武灵王的改革成果，并重用赵奢、廉颇、蔺相如、赵胜等精忠报国之士，在兼并战争中，屡屡获胜。惠文王十一年，赵国与齐、燕、韩、魏五国联合攻秦，迫使秦昭王将以前侵占的赵国土地归还赵国。惠文王十六年，蔺相如智斗秦昭王，"完璧归赵"，挫败了秦欲以十五座城换取赵国和氏璧的骗局。惠文王三十年，秦伐韩后，北上包围了赵国的阏与（今山西和顺西），并向南逼近赵国都城邯郸。赵国派赵奢率军御敌。赵奢统率军队到达距邯郸三十里的地方，驻扎下来，按兵不动，进而又坚壁增垒，展现出一种畏敌久驻的意思。等到秦军麻痹松懈之时，赵奢突然纵兵长驱直入，一举夺得秦赵阏与大战的胜利，秦军损兵折将，受到致命打击。赵奢以"阏与大战"功勋卓著，被封为马服君，与蔺相如、廉颇一起，被列为东方六国的八大名将之一。

赵孝成王四年，秦军伐取韩国野王（今河南沁阳），断绝韩上党郡与韩本国的通路，迫使韩国献出上党。上党郡守冯亭不愿降秦，以全郡十七座城献给赵国。赵孝成王发兵接受了上党郡，并派廉颇驻守长平（今山西高平西），声援上党，防御秦军。次年，秦军攻取上党，随即以优势兵力向长平发动进攻。面对来势汹涌的秦军，廉颇以逸待劳，坚壁拒战，以守为攻，不理秦军一而再、再而三的挑衅，秦军一筹莫展。秦国丞相范雎遂用反间计，以重金贿赂赵孝成王身边的亲信，散布谣言说，廉颇怯弱无能，并指名道姓地说，秦军最怕赵括，他若统帅赵军，定能取胜。赵孝成王信以为真，遂下令以赵括接替廉颇，抵御秦军。赵括，赵奢之子，他从小熟读兵书，再加上他的口才极好，每当辩论军事，就连身经百战的父亲也是他的舌下败将。但是，赵奢并不认为自己的儿子会打仗，他曾说："我看今后赵国不用他为将则已，如果用他为将，败赵军的必定是他。"果然赵军在赵括的统率下一败涂地，秦将白起将俘获的四十万赵兵，全部坑杀。从此，赵国一蹶不振。公元前228年，秦军长驱直入包围邯郸，赵王迁被迫向秦国投降。赵王迁的兄长赵嘉，率宗族数百人逃到代地，在宗族和大臣的拥立下，称代王。代王嘉六年，秦将王贲的军队在俘获燕王喜之后，又进攻代国，将代王赵嘉掳至秦国国都咸阳，赵国从此灭亡。

秦灭赵以后，赵姓分为天水和涿郡两大支。秦任用赵衰后裔赵公辅主西戎，号曰赵王，世居陇西天水县。赵公辅十二世孙赵融，字长，后汉历官右扶风、大鸿胪。赵融七世孙赵瑶，为后魏河北太守。赵瑶五世孙赵仁本，为唐高宗时宰相，赵氏成为天水望族。自赵公辅及其子孙崛起于陇西天水，其家族后人有许多因机缘所属而迁往各地，成为名门望族。据当今学者张书学先生统计，在涿郡赵氏得天下之前，天水赵氏之裔在当地已繁衍成名门望族的计有：新安（今河南新安）赵肃家族，京兆奉天（今陕西乾县）赵植家族，武川镇（今内蒙古武川西）赵仁家族，洛阳（今河南洛阳）赵刚家族，南郑（今陕西汉中）赵文表家族，代县（今属山西）赵永昶家族，中山下曲阳（今河北曲阳西）赵不器家族，南阳穰县（今河南邓州市）赵宗儒家族，陈州（今河南淮阳）赵叔文家族等数十家。

徙居涿郡之赵姓，至西汉时赵广汉任京兆尹，京兆大治，政绩卓越，晋爵为关内侯，赵姓成为涿郡望族。赵广汉孙赵贡，亦为汉朝京兆尹，位同宰相。其后代在晋朝时，有一代名士赵至。在隋代，有赵世模和赵元淑父子。世模随隋文帝建国，战死疆场，其子元淑袭承父官，授骠骑将军，后因功进位柱国，拜德州刺史寻转颍川太守，后为司农卿，深受隋炀帝赏识。隋炀帝初征高丽，领将军，典宿卫，加授光禄大夫，封葛公。隋炀帝再征高丽时，以赵元淑镇守临渝，适逢杨玄感起兵，其弟杨玄纵路经临渝时，赵元淑好酒款待，为人告发。及杨玄感兵败，隋炀帝责怪其罪，斩于涿郡，并籍没其家。从此，涿郡之赵氏，一蹶不振。经过唐代二百多年的恢复发展，传到赵匡胤的高祖赵朓时，才官至唐末的县令；赵匡胤之祖父赵敬，累官至御史中丞。赵匡胤之父赵弘殷，官至北周左骁骑卫上将军，其后又升为检校司徒，与赵匡胤分典禁兵。公元960年，陈桥驿兵变，赵匡胤黄袍加身，建立宋朝，涿郡赵姓遂成为天下之第一显姓。

北宋灭亡后，赵构在应天府（今河南商丘南）称帝，建立南宋。不久又迁都临安（今浙江杭州）。随着赵宋政治重心的南移，赵姓族人亦随之大举南迁。

在元代，赵氏家族中最突出的有两家，其一是怀仁赵璧家族，其二是湖州赵孟頫家族。赵璧（1220—1276），字宝臣，金大同府怀仁（今山西怀仁）人。他以接对精敏、懂得蒙语，受到元世祖忽必烈的重用，官至中书省平章政事，成为显赫异常的官宦之家。湖州（今浙江吴兴）赵氏家族是宋太祖末子秦王赵德芳的后裔。南宋高宗时，赵德芳裔孙赵伯琮被选入宫，后继位为孝宗。他的胞兄赵伯珪，官至开府仪同三司。孝宗死后，光宗以其为少师、太保，进而又拜为太师，赐第于湖州。从此，赵伯珪的后裔便在湖州生息繁衍起来，并转为注重教育的书香门第之家。赵伯珪的裔孙赵孟頫，以才学出众，为元世祖忽必烈所重用。从元世祖起，赵孟頫历经成宗、武宗、仁宗、英宗，"荣际五朝，名满四海"，其崇高的声望和地位使湖州赵氏家族成为仅次于皇室的望族。英宗至元二年，赵孟頫谢世，谥号"文敏"。其子孙以书画名世。

杨姓

按姓氏人口统计，杨姓居全省第六位，总数为942 784人。杨，西周时姬姓侯国，其地在山西洪洞县东南范村一带。春秋初被晋国兼并，子孙便以原国名为氏，是为杨姓。

许多史籍和杨氏族谱都是以伯侨为始祖记载杨氏世系的。《新唐书·宰相世系表》载："晋武公子伯侨生文，文生突，羊舌大夫也。又云晋之公族食邑于羊舌，凡三县：一曰铜鞮，二曰杨氏，三曰平阳。突生职，职五子：赤、肸、鲋、虎、季夙。赤字伯华，为铜鞮大夫，生子容。肸字叔向，亦曰叔誉。鲋字叔鱼。虎字叔羆，号'羊舌四族'。叔向，晋太傅，食采杨氏，其地平阳杨氏县是也。"杨伯侨，又名文实，晋武公之子，献公之弟。周襄王念其先人功勋，遂封伯侨于杨，为杨侯，承继乃祖爵位，谥贤敬。伯侨长子名文，又名逊，袭侯爵。文生子名突，官拜羊舌大夫，食邑于羊舌，故又称羊舌突，辖铜鞮、杨氏、平阳三邑。晋悼公时，叔向以知识渊博，被任命为太子彪之傅，太子彪即位，是为晋平公，叔向以上大夫为太傅。此后，叔向一直活跃在晋国政坛及各诸侯国之间，是春秋时期颇有见识并受到尊敬的政治家。叔向子名伯石，字食我，号曰杨石，任晋国上卿，因得罪晋贵族而遭迫害，子孙隐居华山仙谷避难，后居华阴，此即弘农杨氏之由来。

弘农，郡名，西汉元鼎四年置，辖境相当于今河南黄河以南、宜阳以西的洛、伊、淅川等流域和陕西洛水、社川河上游，丹江流域。晋以后，弘农郡的辖境逐渐缩小，但从陕西华山到河南三门峡一线，始终是弘农郡令人瞩目的地区，因为这里是天下杨姓第一望族——弘农杨氏的发源地，杨震被尊为弘农杨氏之始祖。

杨震，字伯起，弘农华阴人，历东汉章帝、和帝、安帝三朝。其父杨宝，习《欧阳尚书》颇有造诣，隐居不仕，专门教授生徒。东汉光武帝对他的清高气节，十分佩服。杨震自幼继承家学，攻读《欧阳尚书》，时称经学世家。杨震出名后，长期客居河南湖城县，在家教授生徒达二十年之久，五十岁才开始做官，四迁至荆州刺史、东莱太守。当杨震做东莱太守路经昌邑时，以前他在荆州刺史任内举茂才时由他举荐的王密，正担任昌邑令。王密为报答举荐之恩，于深夜拿了十斤黄金去拜见杨震，结果被杨震毅然拒绝。王密说："暮夜无知者。"杨震则说："天知，神知，我知，子知，何谓无知！"王密只好羞惭地离开。此即杨氏"四知堂"之由来。安帝延光二年，杨震继刘恺为太尉，成为最高军事长官。他在同以外戚、宦官为代表的邪恶势力的斗争中，一身正气，从不屈服，直至被迫自杀。顺帝即位后，才为杨震平反昭雪。杨震的感人事迹，赢得了朝野的普遍赞颂，弘农杨氏亦以杨震的辉煌业绩而扬名天下。

杨震子杨秉，字叔节，少传父业，博通群经，常隐居教授。四十余岁出仕，汉桓帝延熹五年十一月，由太常拜太尉，成为三公之首。他为官清正廉洁，敢于直言进谏，为东汉名臣。杨秉之子杨赐，字伯献，少传家学，隐居教授门徒，汉灵帝时官拜太尉、司空，成为杨家在汉代的第三位太尉和三公。杨赐之子杨彪，字文先，少传家学，初举孝廉，州举茂才。熹平中，杨彪以博习旧闻被公车征拜为议郎，迁侍中、京兆尹。中平六年九月，杨彪由太中大夫拜司空，同年十二月，迁司徒。

从西汉末的杨宝，经杨震、杨秉、杨赐，到东汉末的杨彪，五代家学相传，门徒遍及关、洛。从杨震到杨彪，弘农杨氏一门"四世太尉，德业相继"，成为弘农望族。杨震裔孙杨骏、杨珧、杨济兄弟三人，辅佐西晋开国君主武帝司马炎，共掌军国大权，势倾天下，时人有"西晋三杨"之称。其后，杨震长子杨牧裔孙杨坚，取代北周，建立隋朝，完成统一大业，杨氏家族的权势和声望，达于鼎盛。

据《新唐书》记载，有唐一代，杨伯侨之后裔任宰相者十一人，其间既有开国兴旺之喜，亦有亡国衰败之忧；既有名臣贤相之誉，又有专权误国之毁。特别是唐玄宗时期，杨家对朝政的影响是至关重要的。五代十国时期，吴国开创者杨行密角逐江淮，有力地推动了杨氏家族的南迁。在宋代，满门忠烈的杨家将，又为杨氏家族谱写了光辉的一页。

郭姓

按姓氏人口统计，郭姓居全省第七位，总数为 901 023 人。《新唐书·宰相世系表》载："郭氏出自姬姓。周武王封文王弟虢叔于西虢，封虢仲于东虢。西虢地在虞、郑之间，平王东迁，夺虢叔之地与郑武公，楚庄王起陆浑之师伐周，责王灭虢。于是平王求虢叔裔孙序，封于阳曲，号曰郭公。'虢'谓之'郭'，声之转也，因以为氏。"这段关于郭氏起源的论述说明，虢序受封于阳曲，由"虢"转声为"郭"，就是郭氏的起源。其实，类似的说法早在唐代就已出现，颜真卿撰写的《郭公庙碑记》，有力地说明了这一点。

唐代宗广德二年十二月，当朝宰相汾阳王郭子仪为其父郭敬之修建家庙时，请刑部尚书颜真卿为其撰写了《郭公庙碑记》。该庙碑记云："溯其先，盖出周之虢叔，虢或为郭，因而氏焉。代为太原著姓。"（《全唐文》卷三三九）这一记载说明，郭氏得姓，盖出自周代的虢叔。而虢叔原先被周武王封于西虢，平王东迁时夺虢叔之地给了郑武公，后来遭到楚庄王起陆浑之师伐周，周王不得已将虢叔裔孙序，封于阳曲，才平息了这场风波。虢或为郭，因而氏焉。刑部尚书颜真卿在为当朝宰相汾阳王郭子仪之父撰写《郭公庙碑记》时，每一句话都是经过再三推敲的。其中关于追溯郭氏起源的记述，很可能是按照郭子仪及其家族的意见书写的，至少也是经过郭子仪及其家族审阅并同意的。否则，就不会把这通碑立在郭公家庙里，传留至今。现在这通碑依然保存在西安碑林博物馆。

北宋时，欧阳修和宋祁在《新唐书·宰相世系表》中关于郭氏起源的记载，实际上就是对唐代以来业已流行说法的肯定和具体化。正因为如此，《新唐书·宰相世系表》的记载，才能在郭氏族人中世代相传，并为历代编修郭氏族谱所采纳。

郭氏在阳曲得姓之后，阳曲当然就是郭氏族人最早的聚居地。魏晋南北朝时期闻名于世的"太原郭氏"，就是由阳曲郭氏发展而来的。《新唐书·宰相世系表》载："后汉末，大司农郭全代居阳曲，生蕴。"就是说，后汉末年，大司农郭全代居阳曲，生子郭蕴。据《三国志·魏书》卷二六注记载："淮祖全，大司农，父蕴，雁门太守。"也就是说，郭淮乃是郭蕴之子，郭全之孙。又载："郭淮，字伯济，太原阳曲人也。"郭淮是为曹魏政权作出重要贡献的重臣。由于郭淮功勋卓著，魏嘉平二年，被封为阳曲侯。正元二年郭淮谢世，其子郭统袭爵阳曲侯，官至荆州刺史。郭统死后，其子郭正袭其爵。魏咸熙年间，为重奖郭淮的功绩，改封郭淮之孙郭正为汾阳子（《三国志·魏书》卷二六）。

从郭全、郭蕴、郭淮、郭统到郭正，历代都世居阳曲；郭淮又被封为阳曲侯，其子郭统、孙郭正又都袭爵阳曲侯。而这支世居阳曲又被封为阳曲侯的郭氏，就是闻名于魏晋南北朝时期的太原郭氏。由此可见，这里所说的太原郭氏，实际上指的就是阳曲郭氏。这里所说的太原郭氏，并不是单纯指居住在太原地区的郭氏，而是指闻名于魏晋南北朝时期的太原郭氏衍派。《新唐书·宰相世系表》关于颍川郭氏出自太原，华阴郭氏出自太原、昌乐郭氏出自太原，都是从这个意义上说的，也就是指闻名于世的太原郭氏衍派而说的。

河南颍川郭氏出自太原。《新唐书·宰相世系表》记载："后汉末，大司农郭全代居阳曲，生蕰。蕰生淮、配、镇。镇，谒者仆射、昌平侯。裔孙徙颍川。"就是说，颍川郭氏乃是雁门太守郭蕰第三子郭镇的后代。到了三国时，颍川郭氏中出现了曹操谋士郭嘉这样的杰出人物。《三国志·魏书》卷十四记载："郭嘉字奉孝，颍川阳翟（今河南禹州）人也。"也就是说，颍川郭氏乃是世居阳曲的后汉大司农郭全的后代。颍川郭氏出自阳曲，当无异议。

陕西华阴郭氏出自太原。《新唐书·宰相世系表》记载："华阴郭氏亦出自太原。汉有郭亭，亭曾孙光禄大夫广智，广智生冯翊太守孟儒，子孙自太原徙冯翊。后魏有同州司马徽，徽弟进。"

起源于周代的阳曲郭氏，发展到汉代出了个郭亭。据《汉书》卷十六《高惠高后文功臣表第四》记载，郭亭是汉高祖刘邦时的功臣，封阿陵顷侯。表中列有郭亭玄孙郭贤于元康四年诏复家之事。郭孟儒是郭亭的又一个玄孙。郭孟儒当冯翊太守时徙居冯翊，当与表中所列郭贤元康四年之事相距不远。由此可以推算出，郭孟儒徙居冯翊的时间，当在汉元帝时或稍晚。就是说，原先长期居住在阳曲的郭氏，经过若干代后才发展成为太原郭氏。传到郭亭的玄孙郭孟儒当了冯翊太守，郭氏才从太原迁到冯翊。郭子仪先祖最早的居住地——阳曲，当然也就是郭子仪的祖籍所在地。

由此可见，阳曲乃是郭氏得姓之地，是郭氏诸多衍派的发祥地，是汾阳王郭子仪的祖籍地。

还有另一方面的情况，也是必须给予高度重视的。这就是周武王封文王弟虢叔于西虢后，经过若干代的繁衍生息，发展到平王东迁时就分成了两部分：一部分徙居到上阳（今属河南陕县），史称南虢；另一部分徙居到下阳（今属山西平陆），因滨河之北，史称北虢，北虢为宗庙社稷之所在地。公元前658年夏，晋献公假道于虞（虞，国名，故址在平陆县北，今称古城），以伐虢，克下阳，北虢亡。公元前655年，晋献公又假道虞国，克上阳，南虢亡。晋献公在回师途中又灭虞，虞国亡。晋献公灭掉虢国和虞国后，就将虢国和虞国之民迁于瓜衍（今汾阳、孝义），虢人聚居之地，称曰虢城；虞人聚居之地，称曰虞城。此即汾阳和孝义大小虢城及虞城之由来。《太平寰宇记》载："虞、虢二城，相传晋灭虞、虢，迁其民于此，筑城以居之。"由此可见，晋献公从原虢国迁到大小虢城的民众全都是虢叔的后裔，虢或为郭，因而氏焉，虢氏民众聚居的大小虢城，当然也就成了郭氏之根的所在地。

《新唐书·宰相世系表》记载："昌乐郭氏出自太原。后汉郭泰，字林宗，世居介休，司徒黄琼辟太常，赵典举有道，皆不应，世称为郭有道。裔孙居魏州昌乐。"郭林宗师事成皋屈伯彦，博通典籍，太学生首领，与李膺友善，名震京师。后归乡里，屡拒征召，深受人们敬仰。党锢之祸起，闭门讲学，弟子数千。后周游各地，扬名天下。死后，四方之士，皆来会葬。书法家蔡邕执笔书《郭有道碑》，流传至今，现存太原碑林公园。明代罗伦撰《郭氏族谱序》云："郭得姓自周虢叔。林宗振汉，子仪鸣唐，太原、汾阳著望天下，上下数千年由二人而郭氏大焉。"林宗振汉，子仪鸣唐。这是郭氏誉满天下两大凭借，同时也是太原、汾阳著望天下的载体和凭借。在行政建置方面，虽然说是先有汾阳王，后有汾阳县。然而一经用郭子仪的封号命为县名后，郭氏之根所在的汾阳县民众，就对郭子仪更加尊重，更加热爱。当地早在明万历二十三年就在县城盖起了汾阳王庙，掀起了祭祀汾阳王郭子仪的热潮，许多文人墨客讴歌汾阳王郭子仪的诗歌，至今犹存。在汾阳民间还保存了郭子仪画像等许多珍贵文物。这样就使汾阳王郭子仪深深地扎根于郭氏祖根所在的这块黄土地上，以致形成"你中有我，我中有你"，使郭子仪与汾阳县融为一体的状态。这就是郭氏族人，特别是海外郭氏，期盼回汾阳县"寻根谒祖"的原因所在。

综上所述，阳曲是郭姓得姓之地，汾阳则是郭氏祖根之所在地，阳曲和汾阳的郭氏都是虢叔的后裔。这就是郭氏播迁和得姓的历史过程。

韩姓

按姓氏人口统计，韩姓位居全省第十二位，总数为 351949 人。起源于山西的韩姓，不论以邑为姓还是以国为姓，均出自姬姓，系唐叔虞之后裔。《新唐书·宰相世系表》记载："韩氏出自姬姓。晋穆侯沸（费）少子曲沃桓叔成师生武子万，食采韩原，生定伯，定伯生子舆，子舆生献子厥，从封，遂为韩氏。"晋穆侯的幼子名成师，是晋昭侯的叔父，被晋昭侯封于曲沃，号桓叔，故称"曲沃桓叔成师"。成师生武子万，在晋国做官，食采韩原（位于今山西河津、万荣之间）。传到武子万的曾孙韩厥时，以封邑为氏，是为韩姓。实际上，武子万食采韩原，就是韩姓之起源，韩厥以封邑为氏，只不过是对这个事实的进一步认可而已。所以韩氏族谱，都尊奉武子万即韩万为韩姓之开宗立姓始祖。例如，现藏于上海图书馆的《羊山韩氏宗谱》，就是如此。

《羊山韩氏宗谱》，由浙江绍兴韩百年等纂修，民国二十年昼锦堂铅印本。该谱具体记载了从武子万到三家分晋时的韩姓世系，补充了史籍记载之不足，其具体世系如下：

一世，武子万即韩万，周懿王二年食封于韩原，是为韩姓开宗立姓之始祖。

二世，赇伯（《新唐书》作定伯），韩万之子。为晋国大夫。

三世，定伯简（《新唐书》作缺），赇伯之子。定伯为谥号，简为其名，亦为晋国大夫。

四世，名舆（《新唐书》作子舆），定伯简之子，亦为晋国大夫。

五世，韩厥，舆之子，即韩献子。自韩厥开始，其事迹在史籍中有了比较详实的记载。韩厥的闪光事迹有二，其一是"下宫之难"前给赵氏家族传递屠岸贾加害的信息，"下宫之难"十五年后，说服晋景公为赵氏家族平反昭雪；其二是晋景公十一年，与郤克率军伐齐，大获全胜，以军功升为晋国六卿之一，谥曰献子。

六世，韩宣子，名起，又作"士起"，韩厥之次子。晋悼公七年，其父韩厥告老，韩起继为正卿，不久即从韩原徙居州邑（今河南温县东北）。在此后的五十多年中，韩起以此为基地，加紧发展势力，并与赵简子一起侵伐范氏和中行氏。晋顷公十二年，韩起卒，谥号宣子。

七世，韩贞子，名须，又作"颀"，韩起的第五子，晋国正卿。即位后，徙居平阳（今山西临汾）。谥号贞子，又作平子。

八世，韩简子，名不信，《左传》作"伯音"，韩贞子之长子，晋国正卿。晋定公时，公室衰落，六卿强大，韩简子曾奉定公之命攻伐范氏、中行氏，晋国内乱从此不断扩大。

九世，韩庄子，名庚，韩简子之子，晋国正卿。其时晋国六卿互相攻伐，韩、赵、魏三家日渐壮大。

十世，韩康子，名虎，韩庄子之子，晋国正卿。晋出公二十二年，韩康子与赵襄子、魏桓子结盟，消灭知伯，并三分其地，势力进一步扩大。

周威烈王二年，韩康子死，其子启章继为晋国正卿。

周威烈王十七年，启章卒，其子名虔，继为晋国正卿，势力日益强盛。周威烈王二十三年，景侯韩虔与烈侯赵籍、文侯魏斯一起，被周威烈王正式承认为诸侯。景侯韩虔之四世孙屯蒙，于周安王二十六年即位。就在他即位的当年，与赵、魏共分晋国，这就是历史上著名的"三家分晋"。从此，韩氏成为战国七雄之一。

纵观韩氏在春秋战国时期的发展历程，"三家分晋"是其勃兴与衰败的分水岭。"三家分晋"前，韩氏呈现出逐节攀升之势，至"三家分晋"达到顶点，此后便节节下滑，其衰落之势一发而不可收。历经八代，至韩襄王时，于公元前 230 年被秦所灭，宗室子孙复以国为氏，此即以国为氏之韩姓。秦灭韩，"尽入其地为颍川郡"，并以韩之旧都阳翟（今河南禹州）为治所，颍川便成为韩氏生息蕃衍的中心，其后发展成为韩氏郡望之首。秦汉时期，韩氏逐渐向今江苏、浙江、四川、山东、河北、甘肃等地播迁。唐末五代，河南固始韩氏，随王潮、王审知入闽，落籍福建，清康熙年间，他们又徙居台湾及东南亚各国。

在韩氏家族发展史上，名人辈出，史不绝书。战国末有哲学家、法家代表人物韩非，西汉初有韩信，隋朝有大将韩擒虎，唐代有宰相韩瑗、韩休、韩滉、韩弘等，有文学家韩愈，北宋有大臣韩琦，南宋有名将韩世忠，元末有农民起义首领韩山童，明代有历法家韩万钟，清代有数学家韩应陛，畜牧学家韩梦周，等等。

据韩氏家谱记载，唐代文学家韩愈的祖籍是河北省秦皇岛市昌黎县，韩愈研究会已于 2003 年在昌黎县成立。其根据是在昌黎县荒佃庄韩营村，至今仍然生活着众多韩愈后代。2000 年以来，村里先后发现两本保存较完好的韩氏家谱。其中一本为清嘉庆十八年韩愈第三十一代孙韩启心重修的《昌黎县韩氏家谱》，另一本为光绪二十三年韩愈第三十四代孙韩连仲重修的《昌黎县韩氏家谱》。村里至今仍保存多种有关韩愈的石碑、石刻等文物古迹。

宋庆龄的先辈原本姓韩，是她父亲宋耀如改韩姓为宋姓的。就血缘关系而言，宋耀如家族，当属韩氏系统。宋庆龄祖籍是海南省文昌市昌洒镇古路园村。她祖父弟兄两人。祖父叫韩鸿翼，叔祖父叫韩鹏翼。韩鹏翼娶宋氏为妻。韩鸿翼有二子：长子名叫韩政准，次子名叫韩教准。教准，即宋庆龄之父。教准于 1861 年出生在古路园老屋。因家境贫寒，教准十四岁时，就和其兄政准去印度尼西亚的亲属家当学徒。后来，韩鸿翼夫妇就将次子教准送给婶母宋氏的弟弟收养。婶母宋氏的弟弟当时在美国的波士顿开了一家丝茶店，教准从此便到了美国的宋家，并随其改姓为宋。姓名由原来的韩教准改为宋嘉树，又名宋耀如，后回上海定居。宋庆龄于 1893 年出生于上海，并在上海读书。

贾姓

按姓氏人口统计，贾姓位居全省第十五位，总数为 318163 人。贾姓起源主要有二：

其一，出自姬姓，为贾伯之后。《新唐书·宰相世系表》载："贾氏出自姬姓。唐叔虞少子公明，康王封之于贾，号为贾伯，河东临汾有贾乡，即其地也。为晋所灭，以国为氏。"此即贾氏之起源。其具体过程是，西周成王谢世后，其子即位是为康王。周康王封唐叔虞少子公明于贾地（今临汾西南贾乡），号为贾伯，建贾国。在晋国内战期间，贾国还参加了晋国军讨伐曲沃武公的斗争。其后，被晋国所灭，原贾国的子孙被遣散各地，他们以原国号为姓，是为贾姓。

其二，出自狐偃之后。春秋时，贾国被晋灭亡后，到了晋襄公时，把原来的贾地赏给了辅佐晋文公完成霸业的狐偃（晋文公的舅舅）之子狐射为封邑，狐射字季他，所以又称贾季、贾他。晋襄公时，先是以贾季为中军元帅，让赵盾作他的副手。当时晋国的太傅阳处父是赵盾的父亲赵衰提拔起来的，对赵氏出于感恩，便在襄公面前说赵盾的好话，致使晋襄公改用赵盾为中军元帅，兼掌国政，而让贾季做赵盾的副手。职位的这一颠倒，使贾季恨透了阳处父。晋襄公去世后，大臣们在立襄公的哪个弟弟为君之事上发生了争斗，贾季因处于副手地位，为避祸逃往翟国（一说逃往潞国）。贾季的子孙以原国名为氏，是为贾氏，这是起源于贾地的又一支贾氏。翟国后来又被晋国所灭，这样贾季之子孙便随着翟国的灭亡与翟人一起被融合为晋人。晋国便成了贾季后裔生息繁衍的基地。

以上两支贾氏，尽管渊源不同，但他们都起源于山西临汾贾乡，后来这两支渊源不同的贾姓，在山西这块发祥地上，相互交往、相互融合，在长期的历史发展过程中就形成了起源于山西的贾氏正宗。这样，山西就成了贾姓的发祥地和大本营。

《左传》中记载了这样一个故事，鲁襄公二十五年，郑国军队进犯陈国，攻破了陈国都城（今河南淮阳），陈侯扶着太子偃师出逃，在危难中遇到了司马桓子，要求坐司马桓子的车，却被拒绝。接着，他们又碰上大夫贾获正用车载着他的母亲和妻子逃难。贾获目睹陈侯和太子十分危急的状况，当即把车子主动让给陈侯和太子，自己与妻子扶着老母出逃，最后终于幸免于难。这位有仁有义的陈国人贾获，就是贾氏由山西迁徙到河南陈国的代表人物。后来，河南贾氏经过若干年的繁衍生息，又衍生出了许多支派。西汉政论家、文学家贾谊，就是河南洛阳支派的杰出代表。

贾谊，西汉河南洛阳人，他通诗书，善文章，被荐于文帝，任博士，迁太中大夫。他屡次上疏，陈述治国安民之道，他奏请改正朔，易服色，定官名，兴礼乐，令列侯就国。后因受到大臣排挤，被贬为长沙太傅，后为梁怀王太傅。他在诗书、文章方面造诣很高，与司马相如并称为当时的文章家。他的《过秦论》、《陈政事疏》、《治安策》等都是不朽的历史名著。后人把社会秩序安宁称作"治安"，即由他的《治安策》而来。贾姓的"治安堂"名，亦由此而来。其子贾璠，为尚书中兵郎。其孙贾嘉，为宜春太守，好学，世其家。贾谊的五世孙贾光，西汉时做过常山太守，汉宣帝时从洛阳迁居到扶风平陵（今陕西咸阳西北），从此成为陕西扶风平陵人。贾谊的八世孙贾徽，曾跟随西汉末年的学问家刘歆学习了《春秋左传》、《国语》和《周礼》，接着又向另外两位学者学习了《古文尚书》和《诗经毛传》，成为在经学方很有成就的一位学者。贾谊的九世孙贾逵，继承家学，成为东汉时的经学大家。

贾逵，字景伯，自幼刻苦攻读，在少年时就能背诵《左传》和五经。他传授的是大夏侯的《尚书》，属于古文经学，但他又不拘泥一家，同时还精通今文经学的《谷梁传》。他从小勤学好问，性格质朴，智慧非凡，对于《左传》和《国语》尤为精通。他还为这两部书分别作了《左氏解诂》和《国语解诂》，在汉明帝永平年间，进献给朝廷，得到明帝的重视，被收藏在宫里藏书的秘馆里。汉章帝即位，特别热衷儒家学说，尤其喜好《古文尚书》和《左传》，遂令贾逵到宫中的白虎观和云台等处讲授儒家经书，汉章帝非常欣赏贾逵的见解，很快就提拔他为卫士令，专门下诏让儒生们跟随贾逵学习儒家经典。汉和帝时，先任命他为左中郎将，后来又任他为侍中，领骑都尉。他经常在宫中担任顾问，掌管秘书署事务。总之，皇家对他十分信任和器重。

贾逵是当时第一流的大经学家，他撰写了大量的经传义诂及诗、颂、书等，被后世称为通儒。他还创作了许多文学作品，享有很高的声誉。不仅如此，贾逵还精通天文学，他曾造过天文仪器黄道铜仪，是后来张衡所造的浑天仪的前身。汉和帝永元十三年，贾逵去世，享年七十二岁。唐德宗时的宰相贾耽，就是贾逵之后裔。

东晋南朝时期，贾氏家族以家传谱学闻名于世。据《新唐书·柳冲传》记载，东晋孝武帝太元年间，河东贾弼撰《姓氏簿状》，十八州百十六郡，合七百一十二篇，甄析士庶无所遗。南朝宋王弘、刘湛好其书。王弘凭借此书"日对千客，可不犯一人讳"。后来，贾弼将其谱学传授给了他的儿子贾匪之；贾匪之又传给他的儿子贾希鉴，贾希鉴继承家学，撰《氏族要状》十五篇；贾希鉴又将家传谱学传给他的儿子贾执；贾执作《姓氏英贤》一百篇，又撰《百家谱》、《百家谱钞》，极大丰富了王俭的《百家集谱》、王僧儒的《百家谱》等谱学名著；贾执又将家传谱学传给他的孙子贾冠；贾冠继承家学时已进入隋朝，又撰《梁国亲皇太子亲传》四篇。从贾弼经贾匪之、贾希鉴、贾执到贾冠，从东晋南朝到隋朝，鼎革凡六次，历时二百多年，家传谱学，历久不衰，在中国谱学史上留下了浓墨重彩的一笔。

在南北朝时期，出现的农学专著——《齐民要术》，就是由贾氏家族的杰出代表——贾思勰撰写的。关于贾思勰的生平，流传下来的资料很少，我们只知道他做过东魏的高阳太守（高阳郡大体上就在今山东淄博东北）。但他留下的《齐民要术》，却是一部流芳千古的不朽名著。《齐民要术》十卷，九十二篇，另有自序、杂说各一篇。从书中的内容看，完成于东魏时期。在自序中，贾思勰写道："今采捃经传，爰及歌谣，询之老成，验之行事，起自耕农，终于醯醢，资生之业，靡不毕书。"说明这部书是在总结书本知识和实践经验的基础上写成的。全书引用各类古籍将近二百种，其中引用的西汉后期氾胜之的《氾胜之书》和东汉后期崔寔的《四民月令》，都已失传，后人主要是根据本书中保留的引文才得以了解这两部书的部分内容。在该书中，凡是农业、畜牧业及其关系密切的加工业，如五谷、瓜果、蔬菜、树木的栽培，牲畜、家禽、鱼类的饲养，酒、酱、醋、糖的制作，均有相当详细的论述。可以说，贾思勰的《齐民要术》，总结了六世纪以前中国北部黄、淮地区农业、畜牧业的基本生产经验，是《氾胜之书》后，内容更为丰富的一部农学专著。

郝姓

按姓氏人口统计，郝姓位居全省第十六位，总数为 308295 人。《新唐书·宰相世系表》载："郝氏出自郝省氏，太昊之佐也。商帝乙之世，裔孙子期封于太原之郝乡，因以为氏。"郝省氏，乃是郝氏之远祖，曾经做过太昊的辅佐。年代久远，已不可考。郝氏的开宗立姓，则始于商末周初。商朝传至倒数第二代国君——帝乙时，帝乙封他的儿子子期于太原郝乡（今太原郝庄）。帝乙传位帝辛，帝辛就是中国历史上最有名的暴君——商纣王，后来被周武王所灭。商朝灭亡后，子期的后裔以邑为氏者，是为郝姓；以国为氏者，是为商姓，从而形成商姓中出自殷商的一支。这支商姓与郝姓同源，他们都是子期的后裔。起源于山西的郝氏，被称为郝氏的正宗。

除此之外，郝姓中还有少数民族的血统。秦汉时期活动在我国北方地区的乌桓族，长期以游牧狩猎为生，汉武帝大败匈奴以后，乌桓族归附于汉，迁至上谷、渔阳、北平、辽西、辽东等地，转向经营农业。在这些归附的乌桓族中有一部分人改姓为郝，成为郝姓大家庭中的一员。到了唐代，南方少数民族中也有一些人以郝为姓，在郝氏家族中又增添了一批新成员。

起源于太原的郝姓，秦汉之际，逐渐由太原向山西其他地方以及陕西、河南、河北等地迁移。在秦代，子期裔孙郝宴，官至上卿。郝宴之孙郝瑷，官太原太守。郝瑷生爕，汉匈奴中郎将。西汉有以廉洁闻名的郝子廉，为太原人；有郝贤，以上谷（郡治在今河北怀来县）太守从大将军击匈奴，封众利侯；郝党，封亭乡侯；郝党之子郝严官中郎将。东汉有金城太守郝崇；太原人郝絜，好危言高论；云中名人郝礼真；术士上党人郝孟节，曹操使其领诸方士。三国魏有杂号大将军郝昭，亦为太原人。于此可知，秦、汉时期，郝氏主要是在山西、陕西、河北境内发展繁衍的。

汉匈奴中郎将郝爕裔孙于晋末因官徙润州丹阳（今江苏镇江）。七世孙郝回，自丹阳徙安陆（湖北安陆）。郝回，官梁江夏太守。郝回子破敌，官后周沔州太守。郝破敌孙相贵，官滁州刺史，封甑山县公。郝相贵子处俊，相唐高宗，《新唐书》有传。

《新唐书·郝处俊传》载，郝处俊，安陆人，十岁而孤，及长，好学，嗜《汉书》。贞观进士，累迁吏部侍郎，因佐李勣征高丽有功，入拜东台侍郎。唐高宗上元初，迁中书令，兼太子宾客，检校兵部尚书。时高宗多疾，欲逊位武后，处俊谏止，为武后忌恨。高宗开耀元年，处俊卒。处俊自秉政，在帝前议论谆谆，必传经义，凡所规献，得大臣体，武后虽忌之，以其操履无玷，不能害。与舅许圉师同里，俱宦达；乡人田氏、彭氏以高资显。故江淮为语曰："贵如郝、许，富如田、彭。"其孙郝象贤，垂拱中，为太子通事舍人。因武后忌恨处俊，故因事诛杀之。唐代还有进军莫州城下的河南副元帅都知兵马使郝廷玉，大将郝玉，边将郝灵佺，泾原戍将郝玼，陇州刺史郝通，牙将郝光朝，镇将郝忠节，大将郝宗。五代时期，后唐有右骁卫大将军郝琼，推官郝昭，后周有供奉官郝光庭，等等。隋唐五代时期，郝姓在陕西京兆发展为名门望族，成为郝姓历史上著名郡望——京兆郡。

宋代有句容（今属江苏）画家郝澄，以笔墨清劲、善于设色而闻名，还有画家郝士安、郝锐。金代，郝守宁，许（今河南许昌）人。金末，山东红袄军首领郝定，攻克滕、兖、单诸州及莱芜、新泰等十多县，并建立政权，国号曰汉。北宋灭亡后，郝姓族人随宋室南迁逐渐徙居江南。例如，世居汾州（今山西汾阳）的著名画家郝章徙居阆州（今四川阆中）并在当地落籍，等等。

金元时代，有著名学者郝天挺，国信大使郝经。郝经，字伯常，生于金宣宗元光元年，卒于元世祖至元十二年，享年五十三岁。其始迁祖郝仪，由太原郝乡迁至潞州（今山西长治），八世祖郝祚又由潞州迁至泽州（今山西晋城）之陵川（今山西陵川县），遂为陵川人。郝经的祖先自八世祖以下皆同居，世传儒学，教授乡里，为一郡之望。其中又以郝经的曾叔祖郝震，号东轩老人，名声最大。郝天挺，乃是郝经之祖父。郝天挺教学有方，生徒甚多，金朝遗老元好问，就是他的学生。郝经自幼刻苦攻读，继承家学，遂以学问和品行出众，先后被贾辅和张柔聘请，在他们家中设馆教书。在此期间，郝经又结识了金朝遗老元好问和理学大师赵复。经元好问和赵复的推荐，郝经受到元世祖忽必烈的器重。元世祖询问经国安民之道，他条陈数十事，世祖大悦。其后，郝经被任命为翰林侍读学士，赐佩金虎符，充国信大使，出使南宋，后被南宋扣留，郝经不屈，居十六年后归。留宋期间，他著述甚多，其文丰蔚豪宕。故其族人以"丰文"为堂名，此即郝姓"丰文堂"之由来。

明洪武、永乐年间，郝姓作为洪洞大槐树迁民姓氏之一，先后徙居今河北、北京、山东、天津等地。明清之际，郝姓在南方各地的分布日益广泛，湖南、福建等省都有载入史册的郝姓名人。在东北的辽宁等地也出现了郝姓的聚居点。清代世居山西北部的郝姓族人跟随走西口的风潮，有徙居内蒙古者，有徙居甘肃者。而居于福建的郝姓则有渡海赴台，进而远走南洋以及新加坡等地者。

郝姓分布从总体上来看，北方始终是郝姓族人发展和繁衍的中心。如今，郝姓的分布，仍以山西、河北、河南三省为最多。

阎姓

按姓氏人口统计，阎姓位居全省第十七位，总数为 307 781 人。关于阎氏起源，《新唐书·宰相世系表》云："阎氏出自姬姓。周武王封太伯曾孙仲弈于阎乡，因以为氏。又云，昭王少子生而手文曰'阎'，康王封于阎城。又云，唐叔虞之后晋成公子懿，食采于阎邑，晋灭，子孙散处河、洛，前汉末，居荥阳。"由此可知，阎氏得姓有三说：

第一说，阎氏系周武王封太伯曾孙仲弈于阎乡而得姓。此说似有不够准确之处。太伯、仲雍系周文王姬昌的伯父，是吴国的始祖。《史记·吴太伯世家》明确记载："太伯卒，无子，弟仲雍立，是为吴仲雍。仲雍卒，子季简立。季简卒，子叔达立。叔达卒，子周章立。是时周武王克殷，求太伯、仲雍之后，得周章。周章已君吴，因而封之。乃封周章弟虞仲于周之北故夏虚，是为虞仲，列为诸侯。"这里所说的"夏虚"，指的就是"阎乡"。《史记·集解》"徐广曰"，"夏虚""在河东大阳县"。也就是说，"阎乡"在大阳县，即今山西平陆县平陆城。于此可见，周武王封太伯曾孙仲弈，应当是"周武王封仲雍曾孙虞仲于阎乡"，"阎乡"即今山西平陆县平陆城。

第二说，昭王的小儿子，生而手文曰"阎"，被康王封于阎城，因而得阎姓。周武王传成王，成王传康王，康王传昭王。康王在位时，继续推行周成王的政策，出现了所谓的"成康之治"，被旧史家誉称："成康之际，天下安宁，刑错四十余年不用。"是否有昭王之子因生下来手上便有"阎"字，被康王封于阎城，有待考证。但古代类似的情况确曾有过，例如，季友生而有文在其手曰"友"，因以名之，就是如此。

第三说，唐叔虞之后晋成公子懿，食采于阎邑，因以为氏。唐叔虞，系周武王姬发之子，晋国之始祖。晋成公乃是晋文公重耳的小儿子。"阎邑"，既是晋成公之子懿的封邑，必定在晋国的疆域之内。懿的子孙以封邑为氏，是为阎氏。晋国灭亡后，懿的子孙散处于河、洛一带。至西汉末，始定居于荥阳。《新唐书·宰相世系表》具体记载了晋成公子懿后裔的世系。

上述三说，尽管具体得姓过程有所不同，但事实上很难区分，在阎姓族人的心目中早已融为一体了。因为追根溯源，他们都出自姬姓，不论是"阎乡"，还是"阎城"，还是"阎邑"，都是带"阎"的地名。姬姓后裔，封于阎地，这就是阎氏得姓的由来。

阎氏开宗立姓后，早在先秦文献中就出现了阎姓族人活动的记载。《左传》昭公九年，记载了周王室的甘大夫襄和晋国的阎嘉争夺阎田之事。晋国派梁丙、张趯率阴戎进攻颍地，周王室则派詹桓伯到晋国进行责备。顿时，关系十分紧张。后来，经过晋国大夫叔向的周旋与说服，晋国才改变了对周王不恭的态度。周王的姻亲有丧事，晋国派赵成去吊唁，而且还将在颍地抓到的俘虏遣返给周王。这样，周王也改变了对晋国的态度，周王派宾滑逮捕了甘地的大夫襄，并以此来讨取晋国的喜欢。晋国对周王的使者也"礼而归之"。由此可见，阎嘉显然是春秋时期的晋国人，虽然不知道阎嘉是干什么的，但阎田肯定也坐落在晋国境内，而且与阎嘉的封邑有关。否则，阎嘉就不会与周王室甘地的大夫襄发生争夺阎田之事。《左传》关于争夺阎田的记载，进一步印证了阎姓以邑为氏之说，是比较符合历史实际的。

《左传》昭公二十八年，还记载了晋国一个名叫阎没的大夫，参与说服魏舒拒受梗阳人行贿之事。鲁昭公二十八年，即晋顷公十二年，魏戊为梗阳（梗阳为晋国地名，是魏氏的食邑）大夫，有个梗阳人因事而起争讼，由于争执很大，魏戊难以裁决，便交给了执政卿魏舒。梗阳人为赢得诉讼，就将大宗女乐送给魏舒，而魏舒也答应请托，打算接受。魏戊对阎没和女宽说："主人以不受贿赂扬名诸侯，如果收下梗阳人的女乐，就没有比这再大的贿赂了。您二位一定要劝谏。"两个人都答应了。经过一番精心策划和巧妙周旋，阎没与女宽终于说服魏舒，辞退了梗阳人的贿赂。

两汉时期关于阎姓人物的记载逐渐多了起来，但在《史记》、《汉书》中都还没有阎姓人物独立的传记，只在相关的地方提及到几个阎姓人物，其中有的被封爵，有的被赐官，有的还做到大将，有的成了贵戚。在《后汉书》中，有《安思阎皇后纪》。从这些记载中，可以看到一些阎姓族人的活动情况。

据《汉书·功臣侯表》记载，阎姓功臣阎泽赤，以执盾跟随刘邦起事，先任河上太守，后迁为穀相，因阎泽赤曾率兵击项籍有功，刘邦称皇帝后，被封为敬市侯，食邑千户，功比平定侯。汉高祖九年，阎泽赤死，其子袭位；汉文帝后元四年，阎泽赤子死，阎泽赤孙袭位；孝景帝前元五年，阎泽赤曾孙袭位；汉武帝元鼎五年，以坐酎金律免除。另外，阎泽赤之六世孙阎章世，居住在都城长安，还享有免除赋役的优待。

另据《汉书·外戚恩泽侯表》记载，西汉末，阎迁、陈崇等八人，使行风俗，齐同万国功侯，各千户，阎迁被封为望乡侯。

《后汉书》卷十《安思阎皇后纪》记载，阎皇后名姬，河南荥阳人。其祖父阎章，汉明帝永平年间曾任尚书，阎章通晓旧典，按理应当迁任重职，但由于其二妹早已入宫，升为贵人，阎章便因系后宫亲属之故而未被重用。其后，出任为步兵校尉。阎章生子阎畅，畅生阎皇后名姬。阎皇后有才色，元初元年选入掖庭，受到安帝宠爱，立为贵人，次年立为皇后。阎皇后专房妒忌，安帝宠爱宫人李氏，李氏生了皇子刘保，阎皇后十分妒忌，便用毒酒将李氏杀死。元初三年，阎皇后之父阎畅，被任命为长水校尉，封北宜春侯，食邑五千户。元初四年，阎畅卒，谥曰文侯，其子阎显嗣。建光元年，安帝亲政，阎显及弟景、耀、宴，并为卿校，掌管禁兵。延光元年，阎显更封为长社侯，食邑万三千五百户。阎显与其弟阎景并为黄门侍郎，进而干预朝政，他们与宦官勾结，诬陷太子刘保，并将其废为济阴王。延光四年春，阎皇后从安帝幸章陵，后安帝驾崩于幸途叶县。安帝死后，阎皇后以太后身份临朝听政，并策立北乡侯刘懿为少帝。然而，少帝立二百多天驾崩，宦官孙程谋杀江京等成功，随即拥立济阴王刘保为帝，是为顺帝。阎显及弟阎景、阎宴均被诛，阎皇后亦被幽禁于宫中，次年因郁闷成疾而离开人世。

顺帝即位诛杀阎显及弟阎景、阎宴时，阎显之子穆，为避难徙居巴西之安汉（今属四川）。所以，阎显之孙阎甫，为安汉人。阎甫在五斗米道首领张鲁手下做事，官至功曹。张鲁归降曹操后，阎甫被封为平乐乡侯，复徙居河南新安。阎甫生牂柯太守阎璞。阎璞先在曹魏做官，后又到东吴任职。阎璞生阎赞，所以到阎赞时，阎家已徙居河南新安（今河南新安）多年。阎赞年轻时崇尚游侠英豪，并与之结交为友。阎赞既博览群书，又讲究信义。阎赞步入官场后，先在太傅杨骏手下做舍人，后来转任安复令。杨骏因犯罪被朝廷下令诛杀，阎赞冒着被杀头的危险，出面主持修墓安葬，深受世人景仰。后来，阎赞被任命为西戎校尉司马，由于屡立战功，被封为平乐乡侯。阎赞有五个儿子，皆开朗有才干，其中以长子阎亨最负盛名，被朝廷任命为辽西太守。阎亨生北平太守、安成亭侯阎鼎。阎鼎字玉玄，死于刘聪之难。阎鼎之子阎昌，奔于代王猗卢，遂居马邑。阎昌之孙阎满，自马邑又徙河南，官后魏诸曹大夫。阎满孙阎善，官龙骧将军、云中镇守，因居云州盛乐。阎善生车骑将军、敦煌镇都大将阎提。阎提生盛乐郡守阎进。阎进少子阎庆，字仁度，后周小司空、上柱国、石保成公，赐姓大野氏，至隋，始复阎姓。阎进生子阎毗，隋将作少监、石保公。阎毗有三子，长子阎立德，唐太宗时的工部尚书，封大安公；次子阎立行，官少府监；三子阎立本，为唐高宗时宰相。阎毗及其子立德、立本，以擅长工程建筑、工艺、绘画而著称于隋唐时期。阎立本有“右相驰誉丹青”之称，以政治性题材的历史画和肖像画最为著称。他所画的《太宗像》、《秦府十八学士》、《凌烟阁功臣图》等称誉当时。为纪念阎立本这位著名画家，阎氏族人遂以“丹青”为堂名，此即阎氏丹青堂之由来。

董姓

据 1990 年第四次全国人口普查统计，山西省按姓氏人口计，董姓总人数为 205 038 人，居全省第三十位。

董姓是一个古老的姓氏，其起源主要有二：其一，出自己姓。黄帝二十五子，得姓者十四人，为十二姓，己姓为其中之一。黄帝己姓裔孙有个叫叔安的，被封于飂（音 liáo，又作寥，在今河南唐河县），称为飂叔安。《新唐书·宰相世系表》云：“黄帝裔孙有飂叔安，生董父，帝舜赐姓董氏。”《左传》昭公二十九年亦云：“昔有飂叔安，有裔子曰董父，实甚好龙，能求其耆欲以饮食之，龙多归之，乃扰畜龙，以服事帝舜。帝赐之姓曰董，氏曰豢龙，封诸鬷（音 zōng）川，鬷夷氏其后也。"由此可知，飂叔安裔子董父，特别好龙，对龙的习性非常熟悉，帝舜就让他专门驯养龙，并任命他为豢龙氏。董父驯养龙有功，帝舜赐他以董姓，此即董姓之起源。帝舜的都城在山西蒲坂（今属山西永济），所以山西就是董氏的起源地。

其二，出自姬姓。据西汉史游《急就篇》及宋人邓名世《古今姓氏书辩证》记载，春秋时，周朝大夫辛有的两个儿子都被派往晋国，与籍氏一起"董督晋史"，即一起主管晋国之典籍，其以职业为氏者，是为董氏。晋国的都城在绛（山西翼城），所以出自姬姓的董氏，亦起源于山西。此外，在历史发展过程中，匈奴、羌、女真、满族等少数民族中，先后都有改姓董氏加入董姓大家庭的情况。

见于文献记载的董氏族人活动，首先出现在春秋时期的晋国。出自姬姓的董氏，即周朝大夫辛有的后裔，世袭晋国太史之职，春秋时晋国史官董狐，就是其后裔。《新唐书·宰相世系表》曰："裔孙辛有，辛有子孙分适晋，有董狐。"董狐以直书赵盾弑君，名垂青史。《左传》载，宣公二年九月二十六日，晋卿赵盾为逃避晋灵公派人杀害而出走，但未出境，其族人赵穿便在桃园杀死了晋灵公。赵穿杀害晋灵公时，大权在握的晋卿赵盾并未逃出晋国国境，赵盾回到朝里后，又没有处理赵穿，所以董狐认为杀害晋灵公的责任在晋卿赵盾身上，因此他秉笔直书："赵盾弑其君。"由于董狐不畏权贵，被誉为"良史"。

到了秦末汉初，董氏族人的活动范围逐步拓张到了陕西、甘肃、河北等地。《新唐书·宰相世系》记载，董狐的裔孙董翳（音 yì），秦末被项羽封为翟王，都高奴（今陕西延安东），其后，子孙又徙居陇西。西汉时的董仲舒，是河北广川（今河北枣强东）人。

董仲舒，著名的今文经学大师，曾先后任博士、江都相和胶西王相。董仲舒的学说以儒家宗法思想为核心，杂以阴阳五行说，把神权、君权、父权、夫权贯串在一起，成为封建社会中延续两千年的统治体系。他所提出的"罢黜百家，独尊儒术"，为汉武帝所采纳，在长期的封建社会中一直居于统治地位。董仲舒少子之孙，由河北广川徙居陇西，成为陇西董氏望族。其后裔中又有一支自陇西徙居河东（山西夏县），是为河东人。东汉时的董卓，就是陇西临洮（今甘肃岷县）人，本为凉州豪强，汉灵帝时，任并州（今山西太原）牧，公元189年率兵入洛阳废少帝，立献帝，后挟献帝西迁长安，自为相国、太师。初平三年，被王允和吕布所杀。三国时有南郡枝江（今属湖北）人董和，与诸葛亮协力辅佐蜀后主，居官二十余年，死之日，家无儋石之财。其子董允，蜀后主时任黄门侍郎，颇得诸葛亮信任，常谏诤后主过失，抑制专权的宦官黄皓。三国时还有侯官（今福建福州）人董奉，善医道，为人治病不取钱，治愈者使裁杏树，数年达万株。后人用"杏林"颂赞医者，即出于此。北魏时有出使西域的外交家董琬，他于公元437年出使西域，远至大宛，并同附近十六国建立友好关系，归国后写了关于西域地理和交通的报告，进一步加深了中原对西域的了解。唐代有董晋，字混成，为德宗时宰相，还有以弹胡笳而闻名的董庭兰。明有董其昌，松江华亭（今上海）人，是著名的书画家和书画鉴赏家，他官至南京礼部尚书。清代有文学家董说，画家董邦达。近现代有无产阶级革命家董必武，等等。董姓在中国历史上是一个名人辈出的姓氏。

第二节　起源于山西的其他姓氏

魏姓

按姓氏人口统计，魏姓居全省第四十七位，总数为131 850人。魏姓出自姬姓，周文王第十五子公子高，于西周初年受封于毕邑，位至公爵，世称毕公高。其裔孙毕万，春秋时仕晋，官至大夫。公元前661年，晋献公封毕万于魏（今山西芮城东北），称魏大夫。晋献公死后，毕万家族势力强大，其子孙以封邑为氏，称为魏氏。公元前453年，毕万裔孙魏桓子驹与韩康子、赵襄子联合攻灭智伯，三分其地，桓子之孙都（亦说名斯）正式建立魏国，称魏文侯，于公元前403年被周威烈王承认为诸侯。魏国是战国七雄之一，初都安邑（今山西夏县西北），至魏惠王时迁都大梁（今河南开封），故又称梁国。公元前225年，秦将王贲攻魏，决河沟灌大梁城，虏魏王假，灭魏，以其地为郡县。亡国后的魏国国民，为纪念故国，以国为姓氏，又形成一批魏姓居民，从而扩充了原以邑为氏的魏姓人口。

魏氏早期主要是在今山西、河南、山东省境内发展繁衍，也有部分居于今湖北、湖南省境。战国时魏公子无忌子孙繁盛，知名度高，因此，姓氏古籍及魏氏族谱大都以无忌为魏氏承上启下的人物。无忌是魏昭王子、魏安釐王之弟，封于信陵（今河南宁陵），号信陵君，为"战国四公子"之一。史书称他"仁而下士"，致有食客三千。他曾设法窃得兵符，击杀将军晋鄙，夺取兵权，救赵胜秦，后为上将军，联合五国击退秦国进攻。魏无忌之孙魏无知的五世孙魏歆，西汉时任巨鹿（今属河北）太守，因家于巨鹿，后发展成为大族。魏歆五世孙魏庆，汉封北海公，其孙魏统有二子：长子魏俦为东祖，次子魏植为西祖。魏无知还有两个玄孙：一个叫魏谌，任汉清河（郡治在今河北清河县东南）太守，在当地安家；一个叫魏汉，任任城（今山东微山县西北）太守，安家于任城，后发展成为大族。此外，秦始皇统一六国后，曾"徙天下豪富于咸阳十二万户"，魏氏有部分人迁至今陕西省境。东汉时，江南一些地方已有魏姓居民，如魏讽为沛（今江苏沛县）人，炼丹术士魏伯阳为会稽上虞（今浙江绍兴）人。东汉末，义阳（今河南桐柏东）人魏延，以部曲随刘备入蜀（今四川省），以勇猛闻名，在蜀汉数有功，累迁为征西大将军。唐初，陈政、陈元光父子入闽开辟漳州，随行将佐有军谋祭酒魏有人、府兵队正魏人溥，后均在福建安家。

唐代，魏姓有魏徵、魏玄同、魏元忠、魏知古、魏暮、魏扶等六人先后任宰相。其中，魏徵是一位很有见地的政治家，以犯颜敢谏知名，前后陈谏二百余事，曾提出"兼听则明，偏听则暗"、"水能载舟，亦能覆舟"等名言，死后，唐太宗叹曰："朕亡一鉴矣。"据《魏氏族谱》载，唐代有魏慕中自巨鹿徙居江西南昌，历十五世，有一支自江西移居福建宁化石壁村，又历十一世，有魏才禄，生四子：长子魏元，于1311年移居广东长乐（今五华）；二子魏亨，移居福建上杭，五代孙邦政又移居广东龙川；三子魏利，留守祖坟；四子魏贞，有一子移居广东揭阳，还有一子居海丰。魏元的裔孙魏应浩、魏特敬于清朝乾隆年间迁至台湾新竹县；裔孙魏鼎高于清朝咸丰三年去美国，后到加拿大定居；裔孙魏松于1910年到印尼，开锡矿致富，曾任马来西亚立法议员、致公党副主席。

程姓

按姓氏人口统计，程姓位居全省第三十七位，总数为172 558人。起源于山西的程氏，出自荀姓。周公分封诸侯时，文王的第十子（又说第十七子）受封于郇（今山西临猗），史称郇伯、郇侯。公元前 677 年，曲沃武公，兴兵灭郇。子孙后代以国为氏，是为郇姓。后来去掉邑旁，上加草头，改为"荀"姓。又晋国公族隰叔受封于荀邑，以邑为氏，亦为荀姓。晋国荀氏的支子（非正妻所生）食邑于程邑（山西新绛东北），其后裔以邑为氏，是为程姓。这支起源于山西的程姓，后来成为程氏家族的重要组成部分。

春秋时期，程氏主要是在今山西、河南、陕西境内发展繁衍的。如晋景公时有著名义士程婴，当大夫屠岸贾杀赵氏满门时，他设法营救赵朔的遗腹子赵武。春秋末晋国还有"博学善持论"的学者程本。战国时居住在关东（潼关以东地区，主要是今河南境）的程氏，秦始皇时被迁至蜀郡临邛（今四川邛崃）。秦朝设置的乌程县（今浙江吴兴），相传因居住有善酿美酒的乌巾、程林两家而得名，说明江浙一带在秦代已有程氏居民。汉代，程氏又有播迁于今江西、河北、山东、安徽等省者。三国时有程秉，为南顿（今河南项城）人，避乱至交州（今广东广州），当为程氏入粤之始。两晋至南北朝时期，程氏又有徙于今甘肃、内蒙古、宁夏者，但主要是向江南发展，至唐、宋时期，江南的大多数省份均有程姓居民。据程氏族谱记载，福建程氏先祖为河南开封府祥符县太宁坊人，元末程文智因官入闽，为福建清州知事，其弟文惠分居漳浦，封迪功郎，二人定居于福建，成为开闽始祖。明世宗时，程文惠的裔孙程渠爵，携两个儿子惟山、惟海，自漳源徙居诏安后门山，成为诏安程氏始祖。从清康熙末年开始，闽粤程氏开始移居台湾，此后，有的又播迁至东南亚及欧美一些国家。

秦代有文字学家程邈，下杜（今陕西西安市）人，搜集、整理民间书写体文字，对书写不便的大篆加以增减，去其繁复，另创新体，名为隶书。西汉初，有一位叫程郑的人，为蜀郡临邛人，大工商主，他鼓铸铁器，卖与西南少数民族，以此致富。西汉景帝、武帝时，有名将程不识，所部营阵严整，匈奴贵族不敢贸然进攻，其威名可与"飞将军"李广相比。三国时吴有江夏太守、荡寇将军程普，右北平土垠（今河北丰润东）人，曾助孙策经营江南，又与周瑜大破曹操于赤壁。唐代有济州东阿（今属山东）人程咬金，为唐初大将。北宋时，程氏涌现出两位著名的哲学家、教育家，这就是洛阳（今属河南）人程颢、程颐兄弟。明代有文学家程敏政，诗人、画家程嘉燧。明末清初有书画家程正揆。清代有篆刻家、画家程邃，经学家程瑶田，京剧演员、戏剧活动家程长庚，女作家程蕙英，还有与高鹗共同修补曹雪芹《石头记》，使《红楼梦》小说以刊本形式流行的文士程伟元等。

温姓

按姓氏人口统计，温姓居全省第五十六位，总数为 95716 人。温姓出自姬姓，是晋君唐叔虞之后裔。春秋时，唐叔虞之后，以公族封于河内温地（今河南温县），因以命氏，是为温姓。《温氏族谱》载："温氏自周成王封弟叔虞于唐，食采于温，因以温氏。世居太原。至四十二世祖，通万公由太原迁至河北邯郸，时约孔子之后，汉朝之前。六十二世祖能崇公、能武公兄弟同迁河南洛阳开基。时约汉晋之间。"

裴姓

按姓氏人口统计，裴姓居全省第六十六位，共有 75683 人。裴姓出自嬴姓，与赵姓同宗，为伯益之后。伯益后裔有人名飞廉，其裔孙封于㟪邑，后子孙遂为㟪姓。至六世孙㟪陵，徙于异地，便去掉"㟪"下之"邑"，改加"衣"字，成为"裴"姓。此为嬴姓之裴氏一支。秦国先公非子被周孝王封于秦，史称秦非子，他的支子被封为裴乡侯，裴乡在山西闻喜，其后人便以封邑为姓。此为嬴姓裴氏之又一支。

霍姓

按姓氏人口统计，霍姓居全省第七十一位，共有 72154 人。霍姓出自姬姓，是周文王后裔。周文王第六子名叔处（又名叔五），与周武王为同母兄弟。武王临朝执政，封叔处于霍（今山西霍州），时称霍叔。与管叔、蔡叔共同监管商代遗民，称为"三监"。周成王时，他们唆使武庚叛乱，武庚叛乱平息后，霍叔降为庶人。其子孙以祖上原封他为姓，是为霍姓。

傅姓

按姓氏人口统计，傅姓居全省第七十三位，共有 71055 人。傅姓起源商朝武丁时期，始祖为傅说。这个姓起源于山西平陆，《史记·殷本纪》载：商王武丁梦见一圣人，名叫说。武丁到处寻找与梦中相似之人，在傅岩（今山西平陆东隐贤社）得到说，因居于傅岩，故名傅说，任用为相，天下大治。傅说后代遂为傅姓。

尹姓

按姓氏人口统计，尹姓居全省第七十六位，共有 64482 人。尹姓为上古少昊之后裔，分为两支：一支出自少昊之子殷。殷官至工正，后被封于尹城，其地在今山西隰县东北，时称尹殷。殷的子孙以封地取姓，是为尹姓。一支出自少昊裔孙寿，寿在尧时位至三公，即师尹之职，其后人以祖上职官为姓，成为尹姓另一支。尹姓在周时，长期为卿士大夫，封地一直在尹城。

耿姓

按姓氏人口统计，耿姓居全省第八十七位，共有 47192 人。耿姓出自姬姓。周朝建立后，封姬姓人于耿（今山西河津东南王村一带），建立耿国，是为姬姓耿国。公元前 661 年，晋献公灭耿，原耿国公室后裔逃往他国，以国为姓，是为耿姓。

路姓

按姓氏人口统计，路姓居全省第九十位，共有 44401 人。起源山西之路姓，系炎帝后裔，出自姜姓。黄帝为首领时，封炎帝支子于潞地（今山西潞城）。春秋时有潞子婴儿，后代子孙以封地为姓，去掉三点水，是为路姓。

冀姓

按姓氏人口统计，冀姓居全省第九十一位，共有 41980 人。唐尧之后有冀氏，此为冀姓起源之一支。西周后，周武王先封贤君遗孙，把尧的后裔封于冀（今山西河津）建立冀国。春秋时，冀国为晋所灭，其后裔以原国名为姓，是为冀姓。冀姓之另一支出自姬姓，晋国灭冀国之后，晋封郤芮于冀国地，世称冀芮。冀芮之后裔遂以祖上封地为姓，是为冀姓。两支冀姓，均出自山西河津东北十五里处。

解姓

按姓氏人口统计，解姓居全省第九十二位，共有 41378 人。解姓出自姬姓。西周初，武王封其子叔虞于唐，称唐叔虞。叔虞有子名良，食邑于解（今山西运城盐湖区解州镇），时称解良。其后子孙便以祖上食邑之地为姓，是为解姓。

祁姓

按姓氏人口统计，祁姓居全省第一百〇一位，共有 35128 人。起源山西之祁姓，出自春秋时晋国公族。晋献公四世孙名奚，官至大夫，食邑于祁（今山西祁县），世称祁奚，后子孙以封邑取姓，是为祁姓。此为祁姓之一支。

唐姓

按姓氏人口统计，唐姓居全省第一百〇四位，共有 31921 人。唐姓出自陶唐氏，是尧的后代。尧初封于唐（今河北唐县）。舜封尧的儿子丹朱为唐侯，其后裔中有一支迁居晋阳。商代更名豕韦氏，西周又复为唐，位至公爵，称唐公。西周成王时，居于今山西翼城的唐人发动叛乱，周公率部平叛后，将唐公及其族人迁于杜城（今属陕西），降爵为伯，子孙遂定居关中，此即起源于山西的一支唐姓。

晋姓

按姓氏人口统计，晋姓居全省第一百一十八位，共有 22142 人。晋姓出自姬姓，武王后代。武王封其子叔虞于唐（山西太原），故称唐叔虞。至其子燮父，因其地有晋水，更地名为晋，建立晋国。传二十代，韩、赵、魏三家分晋。原晋国王公之族被废为庶人，子孙遂以原国名为姓，是为晋姓（《元和姓纂》）。

南姓

按姓氏人口统计，南姓居全省第一百二十九位，共有 20024 人。南姓以地名为姓者，出自春秋时晋国。晋国有高士，隐居南乡，其后裔遂以南为姓，是为南姓。

曲姓

按姓氏人口统计，曲姓居全省第一百四十五位，共有 16232 人。曲姓出自姬姓。周成王封其弟叔虞于唐（今翼城附近），传九世至晋穆侯。晋穆侯生有二子，长子名仇，次子名成师。公元前 781 年，太子仇即位，是为晋文侯。前 746 年，文侯去世，其子昭侯即位，封其叔父成师于曲沃，人称"曲沃桓叔"。传到曲沃武公时，终于取代了晋国的君位，史称"曲沃代翼"。成师的子孙，以封邑为氏，是为曲姓。

万姓

按姓氏人口统计，万姓居全省第一百六十五位，共有 12541 人。万姓源于姬姓，有两支，均起源于山西。一支是晋国毕万的后代，另一支是芮伯的后代，两支都是采用人名作为姓氏的。毕万事晋，公元前 661 年在攻灭霍、耿、魏三国过程中，毕万有大功，晋献公把魏国旧地（今山西芮城东北）赐毕万，毕万子孙有的以封邑为姓，是为魏姓；有的以名为姓，是为万姓。另外，古代有芮国（在陕西大荔），史称芮伯。春秋时传至芮伯万，徙居魏城（今山西芮城），其子孙以名为姓，是为万姓。

荀姓

按姓氏人口统计，荀姓居全省第二百一十三位，共有 6902 人。荀姓出自姬姓。周文王第十七子封于郇（今山西临猗），建立郇国，为伯爵，史称郇伯。其后代遂以国为姓，去掉"邑"加上草字头，是为"荀"姓。荀姓后来又分为旬、程、知、智、辅姓（见《元和姓纂》）。

籍姓

按姓氏人口统计，籍姓居全省第二百三十七位，共有 5223 人。籍姓出自伯氏，为春秋时晋国大夫荀林父之后。荀林父之孙名伯黡，管理晋国典籍文献，其后裔以职官为姓，形成典姓和籍姓两支。古时，"籍"与"藉"通，故藉姓亦即籍姓。

令狐姓

按姓氏人口统计，令狐姓居全省第二百四十八位，共有 4652 人。复姓令狐出自姬姓。周文王裔孙毕万，春秋时任晋国大夫，生子芒季。芒季生魏犨，即魏武子。武子又生魏颗。魏颗曾生擒秦国大将杜回，因功受封于令狐（今山西临猗西），其后代遂以祖上封邑为姓，是为令狐姓。

邹姓

按姓氏人口统计，邹姓居全省第二百五十五位，共有 4210 人。黄帝裔孙陆终，陆终第四子名求言，封于邹邑（今山西介休一带），求言的支庶子孙以祖上封邑命姓，是为邹姓一支（事见《国语》）。

蒲姓

按姓氏人口统计，蒲姓居全省第三百三十四位，共有 1853 人。蒲姓出自有虞氏。禹王迁夏之后，禹就把舜的后代封于蒲（今山西永济），舜的后代便以地为姓，是为蒲姓。

黎姓

按姓氏人口统计，黎姓居全省第三百六十五位，共有 1316 人。起源于山西的黎姓，出自陶唐氏，是帝尧的后裔。殷时有黎国，在今山西黎城一带。殷商灭亡前，黎国被周文王攻灭。武王克商后，封帝尧之后裔于黎。春秋时，赤狄夺取黎国领地。黎国贵族逃往卫国，被安置在卫东二邑（今河南范县），他们以国为氏，是为黎姓。公元前 591 年，晋景公灭赤狄，请黎国后裔重新定居黎地（山西黎城），成为晋国的一个县邑。

随姓

按姓氏人口统计，随姓居全省第四百一十二位，共有 835 人。随姓出自祁姓，春秋时，晋国大夫士会，字季，辅佐晋文公、襄公、成公、景公，于景公七年，率师攻灭赤狄，晋升为中军元帅，兼任太傅，执掌国政，修订法制。士会食邑于随（今山西介休），后又食邑于范（今河南范县），子孙以邑为氏，是为随氏和范氏。随姓，在隋代时，去掉走字旁，是为隋姓，从此又分为随姓和隋姓，其源相同。

虞姓

按姓氏人口统计，虞姓居全省第四百三十六位，共有 692 人。起源于山西的虞姓，出自姬姓，是古公亶父的后代。古公亶父有三子，长子名太伯，次子名仲雍，三子名季历。古公亶父振兴周族，称为太王。太王欲立三子季历接任王位，太伯与仲雍一起奔往江南。季历生子姬昌，即周文王。武王执政后，封仲雍裔孙于虞，建立虞国。公元前 655 年，晋献公假道虞国灭南虢，南虢亡。回师途中又灭虞国，虞国亦亡。虞国王族后裔遂以国为氏，是为虞氏。

芮姓

按姓氏人口统计，芮姓居全省第四百三十九位，共有 649 人。芮姓出自姬姓，文王后裔。周代有姬良夫，武王时封于芮（今山西芮城）。成王时改为诸侯国，为伯爵，称芮伯。芮伯在周王室为司徒官。春秋时，芮国被晋所灭，芮伯之后便以国为姓，是为芮姓。

尉迟姓

按姓氏人口统计，尉迟姓居全省第四百七十五位，共有 451 人。尉迟姓源于鲜卑族。前秦时，符坚攻灭鲜卑拓跋部，建立代国（今山西代县）。后拓跋珪复国，改国号魏，史称北魏。与此同时，鲜卑族中又崛起一支尉迟部族，后随孝文帝入中原，后裔以族命氏，是为尉迟姓。

鄂姓

按姓氏人口统计，鄂姓居全省第五百八十五位，共有 181 人。起源于山西之鄂姓，出自姬姓。春秋时，晋哀侯曾食邑于鄂地（今山西乡宁县），其子孙遂以食邑地为姓，是为鄂姓。此外，春秋时，晋国大夫顷父之子嘉父叛晋，奔至鄂，称为鄂侯，其后裔以爵为氏，是为鄂姓之另一支。

尧姓

按姓氏人口统计，尧姓居全省第六百八十七位，共有 73 人。尧姓系唐尧之后裔。尧名放勋，封于唐，定都平阳（山西临汾），谥号为"尧"，史称唐尧。子孙后代有的以祖上谥号为姓，是为尧姓。

羊姓

按姓氏人口统计，羊姓居全省第七百零二位，共有 67 人。羊姓出自祁姓，原为羊舌氏，为晋国大夫祁盈之后，始封于羊舌，其后代遂为羊舌氏，后去掉舌为羊姓。

起源于山西的姓氏，除上述四十个以外，还有一些，诸如起源于临县的临姓、起源于壶口关的壶姓、起源于稷山的清姓、起源于代北的长孙姓，等等。还有以春秋时晋国大夫嘉父之字为姓的嘉姓，还有以晋国大夫胥臣之字为姓的胥姓，还有以晋国大夫具丙之字为姓的具姓，等等。

第三章　根在山西的姓氏

第一节　源于尧舜禹的姓氏根在山西

山西气候温和，土壤肥沃，雨量适宜，所以从远古时代起，我们的祖先就劳动、生息、繁衍在这块黄土地上了。起源于尧舜禹的各个姓氏，他们的祖根都在山西。

唐尧及后裔诸姓

唐尧与祁姓刘氏

相传黄帝二十五子，得姓者十四，分为十二姓。尧是黄帝族的嫡系，属十二姓中之祁姓。《尚书·尧典》记载，尧明达文雅，百姓昭明，万邦协和。《史记·五帝本纪》称赞尧曰："其仁如天，其知如神，就之如日，望之如云。富而不骄，贵而不舒。"尧名放勋，初居陶，后又封于唐，故称陶唐氏，亦称唐尧。放勋死后，谥号为"尧"，其后裔以祖上谥号为姓，是为尧姓；其后裔以祖上职业为姓，是为陶姓；其后裔以祖上封地为姓，是为唐姓。"陶"、"唐"、"尧"，都是源于尧的姓氏。因唐尧被尊为五帝之一，故又称帝尧。唐代林宝《元和姓纂》云："帝尧陶唐之后，受封于刘。裔孙刘累，事夏后孔甲。在夏为御龙氏，在商为豕韦氏，在周为唐杜氏。杜伯子隰叔奔晋为士氏，孙士会适秦，后归晋，其处者为刘氏。"

《新唐书·宰相世系表》载："刘氏出自祁姓。帝尧陶唐氏子孙生子有文在手曰'刘累'，因以为名。能扰龙，事夏为御龙氏，在商为豕韦氏，在周封为杜伯，亦称唐杜氏。至宣王，灭其国。其子隰叔奔晋为士师。生士蒍。蒍生成伯缺，缺生士会。会适秦，归晋，有子留于秦，自为刘氏。"

以上两段大同小异的记载，概括了刘氏的起源和演变，内涵十分丰富。唐尧姓祁，其后裔中有一支被封于刘（今河北唐县），建立刘国，子孙以国为姓，是为刘氏。因出自祁姓，故称祁姓刘氏。此即为祁姓刘氏之来源，亦即祁姓刘氏"姓启刘国"之由来。

祁姓刘氏的演变与杜士随范的形成

祁姓刘氏"姓启刘国"之后，经历了一个复杂而漫长的演变过程。在这个演变过程中，又形成了好几个相关的姓氏。夏朝时，刘国有一家生了个儿子，因一生下来即有纹在手，所以取名刘累。据《左传》昭公二十九年记载，刘累曾拜豢龙氏为师，学得一手养龙的本领。其时，帝赐夏王孔甲乘龙，黄河、汉水各两条，各有一雌一雄；夏王孔甲遂用刘累驯养这四条龙，并封刘累为御龙氏。刘累封为御龙氏，所养的四条龙，后来死掉一条雌龙，御龙氏害怕夏王处罚，不敢上报，遂将这条死龙的肉，做成肉羹献给夏王，声称是奇珍异肉，请夏王品尝。夏王不知内情，品尝后觉得味道不错，还奖赏了他。夏王要看蛟龙表演，御龙氏每次只用两条龙出场。时间一长，夏王起了疑心，御龙氏知道再也隐瞒不下去了，于是便逃往鲁县（今河南鲁山县）定居（《史记》卷二《夏本纪》）。

殷商时，商王武丁灭掉封于豕韦（今河南滑县南）的祝融氏之后裔，将逃居于鲁县的御龙氏后裔（即刘累后裔）封于豕韦（《史记》卷二《夏本纪》）。所以自武丁始，称曰豕韦氏者已非祝融之后裔，而是刘累之后裔。祝融之后裔韦国王族四处逃散，以原国名为姓，是为韦氏，此即祁姓刘氏演变过程中形成的韦姓。

后来，豕韦氏又被改封于唐尧曾封侯的唐地（今山西翼城西），建立唐国。周武王谢世后，其子即位，是为成王。因成王年少，武王弟周公旦辅政，唐人不服，发动叛乱，周公率军平乱后，灭掉唐国，将唐国之地封给成王之弟叔虞，把豕韦氏所建唐国之后裔迁往杜邑（今陕西西安南），由侯国降级为伯国。周宣王时，杜国国君在朝中任大夫，人称杜伯。宣王有一宠妃，看上了英俊的杜伯，想诱其上钩，被杜伯严词拒绝。宠妃恼羞成怒，在宣王跟前诬陷杜伯。宣王听信谗言，杀死杜伯，灭掉杜国。杜伯子孙四处奔逃。留居杜邑的后裔，以国为氏，是为杜氏。此即出自祁姓之杜氏之由来，也是祁姓刘氏演变姓氏过程中形成的杜姓。秦朝大将军杜赫，即是其后裔。西汉初御史大夫杜周，即杜赫之曾孙。他曾"以豪族徙茂陵"。杜周之子名延年，字幼公，官御史大夫，又由茂陵徙居杜陵（今西安东南），是为京兆杜氏之始迁祖。南北朝时期，京兆杜氏飞黄腾达，成为显赫异常的士族门阀。

杜伯被害后，有一子名隰叔，亦称杜隰，逃到晋国。杜隰博学多才，受到重用，官至士师（古代司法官吏的通称），以职官为氏，是为士氏。此即晋国士姓之起源，同时也是祁姓刘氏演变过程中形成的士姓。

杜隰子名士蒍，晋献公时屡参大政，很有声望。晋献公十二年士蒍出任司空时，曾奉命重修曲沃、蒲（今隰县蒲城）、屈城垣，命申生守曲沃，重耳、夷吾守蒲与屈。士蒍生子士缺，士缺生子士会。士会，字季，晋国上卿。先封于随（今山西介休东南），后又封于范（河南范县）。所以亦称随会、随季或范会、范季，此即出自祁姓之范姓与随姓之由来。对此，《新唐书·宰相世系表》简要记述为："范氏出自祁姓，帝尧裔孙刘累之后。在周为唐杜氏，周宣王灭杜，杜伯之子隰叔奔晋为士师，曾孙士会，食采于范，其地濮州范县也，子孙遂为范氏。"

晋文公时，晋楚"城濮之战"，士会随军出征，凯旋之日被提升为晋文公的代理戎右（古代与国君同乘一辆战车，站在右边的武将官名戎右），成为一名勇猛的战将。晋襄公时，士会又出任大夫，参与政务，以足智多谋而知名当世。襄公七年春，赵盾为正卿，掌握了晋国的实权。同年八月，襄公死，赵盾召集诸大夫议立新君，诸大夫以太子夷皋年幼，议立客居秦国的襄公之弟雍为嗣，并派士会出使秦国迎公子雍回国继位。当士会出使秦国后，赵盾又迫于襄公夫人的哭诉，决定改立太子夷皋为君（即晋灵公）。当秦国派军护送士会陪同公子雍渡河入晋行至令狐（今山西临猗西南）时，晋国已立新君。晋国遂发兵拒秦师前进，并先发制人，夜袭秦军，秦军大败。士会遂陪同公子雍返回秦国定居。令狐之战，秦晋旧怨新结，秦遂与楚联合，形成秦、楚交攻晋国之势。

晋灵公六年，秦晋河曲（今永济蒲州老城西南）之战，秦国用士会为谋士，分析晋军的利弊，设计引晋军出战，晋军将领赵穿"好勇而狂"，果然中计。在这千钧一发之际，赵盾将计就计全军出战，勉强取胜。经过河曲之战，晋国深知士会留居秦国，乃是心腹之患。晋国六卿举行会议，议定计取士会返晋。他们先令魏寿余诈降于秦，引秦军来攻打魏邑。同时，赵盾先捕士会在晋家属子女，接着又故意纵其逃往秦国，让秦国不怀疑寿余是伪降。秦军抵达黄河西岸后，命士会过河与寿余联系攻打魏邑之事。结果士会至东岸即被魏人俘去送给赵盾。这样，士会便重新返回晋国，但其子女却留在了秦国。留居秦国的士会后裔，不忘其根，遂恢复刘姓。此即祁姓刘氏"始姓秦国"之由来。这样，祁姓刘氏终于在秦国恢复了原来的刘姓。

士会重返晋国后，倍受重用。景公三年，士会出任上军之将，屡立战功。景公七年，升为中军元帅兼太傅，执掌国政。其后，他审时度势，主动致仕，为保全晋国，让执政于郤克，深受人们赞誉。士会留居于秦国的子孙恢复刘姓后，瓜瓞绵绵，人丁兴旺。据《新唐书·宰相世系表》记载，这支后裔中，有个刘明，刘明生刘远，刘远生刘阳。其十世孙，战国时为魏国大夫，秦灭魏后，徙居大梁（今河南开封），生子刘清。刘清辗转迁徙，定居于沛（今江苏沛县东）。刘清生刘仁，号丰公，刘仁生刘煓，字执嘉。执嘉生四子：伯、仲、邦、交。邦，即汉高祖刘邦。刘邦称帝后，祁姓刘氏得到了迅猛的发展。

源于尧的其他姓氏

源于尧的其他姓氏，除"陶"、"唐"、"尧"以及上述刘氏演变过程中形成的几个姓氏外，起源于尧的姓氏还有：黎姓、房姓、羊姓、伊姓等姓氏。

黎姓：一支出自陶唐氏，是帝尧的后裔。殷时有黎国，在今山西省黎城县一带，至殷末被西伯姬昌攻灭，遂并入周地。周武王克商后，封先代遗民，把尧的后代封于黎，为侯国，世称黎侯，其后世子孙以祖上封国为姓，是为黎姓。

房姓：房姓出自陶唐氏，是尧的后代。大禹为部落联盟首领时，封尧的儿子丹朱于房（今河南省遂平县），为房邑侯。丹朱的儿子陵，以父封邑为姓，称房陵，其后遂为房姓。

羊姓：羊姓出自祁姓，原为羊舌氏，为春秋时晋国大夫祁盈之后，始封于羊舌，其后代遂为羊舌氏，后去舌为羊氏。

伊姓：伊姓出自陶唐氏，是尧的后代。尧生于伊水，因而为伊姓（一说尧年幼时曾寄养在伊侯长儒家，故而姓伊）。尧的裔孙伊尹，名挚，汤为商王时官至相位。伊尹生陟，其后为伊姓，是为伊姓之始。伊尹为伊姓之始祖，是伊姓族人所公认的。

虞舜及舜裔十姓

舜与妫姓之由来

舜在当天子以前，尧把两个女儿嫁给他，并让他居住在妫水旁，子孙遂以水名为姓，是为妫姓。《水经注》曰："历山，妫、汭二水出焉，南曰妫水，北曰汭水。"妫水在今山西省永济市蒲州老城南,即今永济西北。妫姓是起源于山西永济的最古老的姓氏，是上古八大姓之一，山西永济就是妫姓的发祥地。

《史记》记载，舜名重华，舜的家世甚为寒微，虽说是帝颛顼的后裔，但已五世为庶人，属于社会下层。舜的遭遇又十分不幸，父亲瞽叟是个盲人，母亲去世很早。瞽叟续娶，继母生弟名叫象。舜生活在"父顽、母嚣、象傲"的家庭里，父亲心眼不好，继母两面三刀，弟弟桀骜不驯，他们经常联合起来加害于舜。但舜对父母仍不失孝子之道，对弟弟仍不失兄长之谊，多年如一日，从不懈怠。舜在家人加害于他的时候，总是巧妙脱逃，随后便又回到他们身边。舜以如此非凡的品德善待家人，名声大振。舜在家中身处逆境，但还要从事各种繁重的体力劳动，支撑家务。舜在历山耕耘，在雷泽打鱼，在黄河之滨制造陶器，在寿丘制作家用器物，还要到负夏做生意，舜为了养家糊口，四处奔波。相传，舜在三十岁的时候，尧向四岳（四方诸侯之长）征询继承人选，四岳就推荐了舜。尧遂将自己的两个女儿娥皇和女英都嫁给舜，以便对他的品德和能力进行进一步的考察。舜不但能与二女和睦相处，而且在各个方面都表现出了卓越的才华和人格魅力。舜在历山耕耘，历山之人皆让畔；舜在雷泽打鱼，雷泽之人皆让居。他在哪里劳作，哪里便兴起礼让之风。他到黄河之滨制作陶器，在那里制作陶器的人们都跟着他认真操作，精益求精，从而杜绝了粗制滥造。尧得知这些情况后，非常高兴，于是便赏赐了舜许多礼品，还为他修筑了仓房。舜得到这些赏赐后，他的父亲和弟弟都急红了眼，于是便想害死舜，霸占这些财物。瞽叟借舜修补仓房屋顶之机，便在下面纵火烧仓房。舜用两只斗笠作翼，从房上跳下，才幸免于难。后来，瞽叟又让舜挖井，井已挖得很深了，瞽叟和象却在上面填土，企图将舜活埋在里边。多亏舜早有防备，已在井筒旁边挖了一条通道，才从通道逃出。对于这些加害于他的阴谋诡计，舜都不放在心上，一如既往，孝敬父母，友爱兄弟。

后来，尧让舜参与政事，管理百官，接待宾客，舜又经受了各种磨练。舜任职期间，不但将政事处理得井井有条，而且在用人方面还揭开了崭新的一页。尧没有起用的"八元"、"八恺"，舜把他们全部起用了。高辛氏后裔有才子八人，谓之"八元"；高阳氏后裔有才子八人，谓之"八恺"。舜任命"八元"管土地，任命"八恺"管教化，又让契管民人，伯益管山川林泽，伯夷主管祭祀，皋陶作刑。舜又将"四凶族"流放到边远之地。这些影响深远的重大措施，充分显示了舜的治国方略和政治才华。经过多方面的考验，舜终于得到尧的认可，于是选择吉日，举行大典，尧让位给舜。

舜登上皇位后，定都蒲阪（今山西永济境内），开始了他的帝王生涯。史称，他在位期间，选贤任能，远离小人，制礼作乐，德及四方，是少有的太平盛世。所以，后人用"舜日尧年"来形容太平盛世。

由此可见，舜为妫姓开宗立姓之始祖，这是毫无疑义的。那么，妫姓又是怎样演变为其他几个姓氏的呢？这里又有各不相同的演变过程。

妫汭五姓：虞 姚 胡 陈 田

虞、姚、胡、陈、田五姓，同出自妫姓，遂有"妫汭五姓"之称。

《史记·索引》曰："虞，国名，在河东大阳县。"《嘉庆重修一统志》曰："大阳故城，在平陆县东北十五里"，即今平陆县南八里茅津渡村东。因虞为远古国名即部落名，其后裔遂以部落名为姓，是为虞姓。还一种说曰：禹封舜的儿子商均于虞，其后裔以封邑为姓，是为虞姓。这两种说法都认为，舜即是虞姓开宗立姓之始祖。在虞姓中，除了出自舜的后裔外，还有出自姬姓的一支。据《左传》记载，周武王克商后，求太伯、仲雍之后裔，得虞仲，封于夏墟，是为虞公，建立虞国（在今平陆县境内）。传到春秋，虞国被晋献公所灭，其后裔被迁往山西汾阳虞城定居。这支居住在山西汾阳虞城的虞氏，出自姬姓，自然就不是舜的后裔了。

姚姓，源于帝舜。相传，舜是颛顼的后代，因出生在姚墟，以出生地为姓，是为姚氏。《新唐书·宰相世系表》载："姚姓，虞舜生于姚墟，因以为姓。"但姚墟位于何处，则有不同记载。《括地志》云："历山南有舜井，又有姚墟，生舜处也。"据此，姚墟在今山西永济境内，姚姓自然也就起源于山西永济了。另据《中国古今地名大词典》云，姚墟"在山东濮县南"。濮县于1956年撤销，并入范县，而范县又划归河南。所以，姚墟在今河南范县及山东鄄城一带。《新唐书·宰相世系表》又记载，西汉末，田敬仲的裔孙田丰，被王莽封为代睦侯，以继续帝舜的香火。田丰的儿子田恢，为避王莽之乱，过江居吴郡（江苏苏州），改姓为妫。田恢的五世孙田敷，又改妫姓为姚姓，并迁居吴兴武康（浙江德清县西）。由于妫姓与姚姓同宗，且曾互用，所以，郑樵的《通志·氏族略》云："姚与妫二姓可通。"由此可见，姚姓来源有二：一是起源舜的出生地姚墟，一是由田姓所改，形成于东汉时期，但田姓又为陈姓所改，而陈姓又源于妫姓。所以，这两支姚姓，归根到底，都源于帝舜，都是帝舜的后裔。

胡姓和陈姓，都起源于西周时的妫姓，都是虞舜的后裔。夏王朝建立后，虞舜的后裔，长期受到冷落。史籍记载，他们在"夏后之时，或失或续"，很不得志。商汤灭夏后，舜的后裔才受到重视，被封于陈地，建立陈国，成为商王朝的一个诸侯国。这个陈国的所在地，就是上古时候陈丰氏部落活动的地方，即宛丘附近。武王灭商之前，在陈国，舜的后裔已传至遏父，依然是商王朝的诸侯国。舜是上古时著名的制陶专家，他的后裔世代继承了这一技艺，擅长制陶成为舜裔家族的"传家宝"。其时，遏父在陈地依然担任陶正，主管制陶。遏父人品淳厚，技术精湛，又不跟着商王淫乱，且与周族友善，深受当地民众拥护。所以，周武王便把长女太姬（又作大姬或元妃）嫁给他，后生子名满。其后，周武王又封妫满于陈地，重建陈国，并让妫满奉守帝舜的宗祀。这样，周初妫满所封的陈国便取代了商汤时所封的陈国，它们虽说是商代和周代先后分封的两个陈国，然而却是一脉相承的虞舜后代，是枝相连、气相投、血脉相贯的同祖同宗，都是妫姓的后代。再加上妫满又是周武王的外甥，周王室的姻亲，所以便被认为是虞舜的嫡系正统，妫姓之正宗。这样，妫满的正统地位便被确立了下来。在周代，妫满便成了倍受人们尊敬的"圣贤"后裔。周成王在位期间，妫满谢世，谥号胡公，故亦称胡公满，其墓葬就在淮阳县柳湖旁。因城壕水注侵其址，故以铁锢之，俗称铁墓，至今犹存。

自妫满始，陈国经历了二十三个国君，历时六百年。陈国王室世代为妫姓，在胡公满的后裔中，凡继承王位者，一律姓妫，是为嫡传妫姓；凡是不能继承王位的诸公子，均以胡公满的谥号为姓，是为胡姓。所以，胡公满就成了胡氏开宗立姓之始祖。据胡氏家谱记载，公子澄就是使用胡姓之第一人。

妫满建立陈国后，陈国的王位传承，有父死子继者，亦有兄终弟及者。一般说来，在陈桓公以前，陈国比较平稳。陈桓公以后，宗室子弟为争夺王位，不断发生内讧。据《史记》卷三十六《陈杞世家》、卷四十六《田敬仲完世家》记载，陈桓公死后，其弟佗勾结舅父蔡侯，里应外合，杀太子免而自立，是为陈厉公。厉公好色，曾多次到蔡国寻欢。太子免的三个弟弟跃、林、杵臼，为报杀兄之仇，同蔡国约定，乘厉公到蔡国寻欢之机，用美人计诛杀厉公，另立跃为国君。跃即位，是为利公。利公在位仅五个月而卒，又立其弟林为君，是为庄公。庄公七年而卒，少弟杵臼立，是为宣公。陈宣公晚年欲立宠姬所生的儿子款为君，遂于公元前 672 年，杀害太子御寇。陈厉公的儿子名完，在陈国任大夫，同太子御寇是莫逆之交，为避免株连，遂逃往齐国。当妫完逃到齐国时，正值齐桓公网罗人才，励精图治之时。所以，妫完很快便受到重用，被齐桓公任命为工正，负责管理百工匠艺。当时齐国有一个大臣名叫懿仲，特别器重妫完，并把自己的亲生女儿嫁给他。这样，妫完便在齐国的贵族中站稳了脚跟，其影响日益扩大。妫完为不忘其所出，遂以原国名为姓，是为陈氏。此即妫姓陈国建立在河南，而以国为姓的陈氏却起源于山东齐国的历史演变过程。

其后，陈完家族在齐国逐渐强大了起来，并改姓为田。陈完卒，谥号曰敬仲，故又称田敬仲。敬仲为何改姓田？史家说法不一。东汉应劭说："始食采地于田，由是改姓田氏。"但宋人郑樵、清人张澍经过考证认为，"齐无田邑"，故东汉应劭的说法难以成立。按照《史记》中《正义》与《索引》的解释，陈完改姓为田的原因是："敬仲既奔齐，不欲称本国故号"，又"陈、田二字声相近，遂以为田氏"。传至田完的七世孙田常时，田氏已完全控制了齐国的政权。田常之孙田和，于公元前 404 年，终于废掉齐君，自立为国君。这样，姜姓的齐国便被田氏的齐国所取代，此即历史上所说的"田齐代姜齐"。"田齐"是战国七雄之一。传至第十五世孙田建时，齐国被秦国所灭。田齐家族被迁到河南共地（河南辉县）。齐王田建有三个儿子：升、桓、轸。三子田轸徙居陈国故地颍川，故复姓为陈，此即名垂青史的颍川陈氏。可见，颍川陈氏乃是从山东齐国迁入河南之陈氏。

总而言之，由于虞、姚、胡、陈、田五姓同出一源，遂称为"妫汭五姓"。

源于妫姓之五姓：袁 孙 车 陆 王

袁姓是出自祖字异写的姓。相传，妫满即胡公满的第十一世孙，名叫诸，字伯爰。伯爰的孙子名叫涛涂，因功赐邑阳夏（今河南太康），涛涂以祖父的字为姓，是为爰姓。春秋时，爰姓世袭为陈国上卿。其时"爰"与"辕"同音且通用，所以，爰涛涂又写作"辕涛涂"。涛涂的玄孙辕颇，徙居郑国，至秦末，辕颇的裔孙辕告，避难居于河、洛之间（河南洛阳、偃师一带）。辕告的小儿子辕政，于西汉初年去掉"车"字旁，开始以"袁"为姓。唐、宋时期的姓氏著作对此都有详细记载。如《古今姓氏书辩证》云："袁，出自妫姓，陈胡公满生申公犀侯，犀侯生靖庚，庚生季子惛，惛生仲牛甫，甫生圣伯顺，（顺）生伯他父，他父生戴伯，戴伯生郑叔，郑叔生郑仲金父，金父生庄伯，庄伯生诸，字伯爰，孙涛涂从齐桓公盟会，赐邑阳夏，以王父字为爰氏。爰、辕一也。涛涂字仲，谥宣，谓之辕宣仲，生选，选子声，声子惠，惠子雅，雅子颇，为司徒，奔郑。秦末，裔孙告避难居于河、洛之间，少子政，以袁为氏。" 袁氏出自妫满，是帝舜的后裔，这是确凿无疑的。

孙姓是一个历史悠久、起源多元的姓氏。据《新唐书·宰相世系表》记载，就有出自姬姓的卫国孙氏，有出自芈姓的楚国孙氏，有出自妫姓的齐国孙氏三支。公元前672年，妫满的十世孙妫完逃到齐国，改姓为陈。传至陈桓子，改姓田氏。传至田常时，有兄弟二人。田常的弟弟叫田书，字子占，在齐国为大夫，因伐莒有功，被齐景公封于安乐（山东博兴北），赐姓孙氏，称曰孙书。孙书生凭，凭生武，因避乱奔吴（今江苏、浙江一带），此即起源于山东齐国妫姓之孙氏。《新唐书·宰相世系表》记载：孙氏"出自妫姓。齐田完字敬仲，四世孙桓子无宇，无宇二子：恒、书。书字子占，齐大夫，伐莒有功，景公赐姓孙氏，食采于乐安。生凭，字齐卿。凭生武，字长卿，以田、鲍四族为乱，奔吴，为将军，三子：驰、明、敌。明食于富春，自是为富春人。明生膑，膑生胜，字国辅，秦将。"后来，齐国发生内乱，孙书的后人出奔到吴国（今江苏、浙江一带）。春秋末，吴国著名的军事家孙武、孙膑，皆是其后裔。

车姓是一个起源多元的姓氏。车姓初见于《世本》，上古黄帝有大臣名车区，专事占卜星气，此为车姓始祖。又车姓出自子车氏，春秋时秦国公族之后。时有子车仲行，为大夫，事秦穆公有政绩，称为贤良，与子车奄息、钳虎并称"三良"。穆公死，以"三良"殉葬。子车仲行、子车奄息的后代多省文改为"车"姓，此即出自子车氏之车姓。还有一支车姓，出自妫姓，是帝舜的后裔。据《元和姓纂》及《汉书》记载，这一支车姓，出自西汉时的田氏。汉武帝时，丞相田千秋，系战国田齐贵族后裔，祖上汉初移居长陵（陕西咸阳东北），初为高寝郎，负责护卫汉高祖的陵寝。汉武帝因听信江充的逸言，以巫蛊事件杀死太子刘据。田千秋便上书为太子刘据鸣冤，武帝览书，为之所动，遂召见田千秋。田千秋身高八尺，相貌魁伟，武帝见后，非常喜爱，并说："父子之间的事，外人难以说清，你却说清楚了。这恐怕是高祖有灵，特派你来指点吧！"于是立即任命田千秋为大鸿胪，秩二千石，位列九卿。由高寝郎到大鸿胪，晋升了九级，此即所谓"千秋九迁"。后来，他被提升为宰相。他为人持重老成而有智谋。汉昭帝时，见田千秋年老，且有功于汉室，特准其乘车入朝，时人谓之"车丞相"。他的子孙便以引以为荣的特准乘车入朝之事为氏，是为车姓。这支车氏，其实就是田氏。田氏出自妫姓，是帝舜的后裔。出自田氏的车姓，自然同样出自妫姓，同样是帝舜的后裔。

陆姓起源于妫姓田氏，形成于战国时的齐国。战国时，"田齐代姜齐"后，田齐政权传至齐宣王时，齐宣王把他的小儿子田通（字季达），封于平原般县陆乡（今山东乐陵县西南），即原来颛顼的玄孙陆终受封之地，田通的子孙以封邑为氏，是为陆氏。《新唐书·宰相世系表》记载：陆氏"出自妫姓。田完裔孙，齐宣王少子通，字季达，封于平原般县陆乡，即陆终故地，因以氏焉"。郑樵在《通志》的《氏族略》中说："陆氏，妫姓，田敬仲之后也。十一世齐宣王少子通，封于平原般县陆乡，即陆终之故地，因此为氏。"这一史实被许多史籍和族谱所记载。陆通遂被尊奉为开宗立姓之始祖。这一支陆氏，在陆氏家族史上，被称为陆姓正宗。许多陆氏族谱，例如，陆炜编修的《陆氏族谱》，陆鸣銮编修的《陆氏家史》，陆瑞星编修的《陆氏族谱》等，均以陆通为开宗立姓之始祖。

陆姓还有出自族名的一支。古代有一支允姓之戎，原居瓜州（甘肃敦煌境），后徙居阴地（河南卢氏县东北），称为阴戎。其后再迁于陆浑（河南嵩县东北），又称为陆浑之戎，周景王二十年，为晋国所并，即《左传》昭公十七年所载，九月二十四日，晋国的中行穆子领兵从棘津徒步涉水，让祭史先用牲口祭祀洛水，乘陆浑毫无防备之机，于九月二十七日，一举消灭陆浑。晋国之所以出兵消灭陆浑的理由是，因为陆浑与楚国相勾结。陆浑被消灭后，其公族子孙逃亡外地，为不忘其所出，遂以族名为姓，是为陆姓。

王姓起源中，有一支起源于妫姓的王氏，也是舜的后裔。田齐于公元前221年被秦国所灭后，田齐家族被迁到河南共地（河南辉县）。齐王田建有三个儿子：升、桓、轸。田建的长子升的儿子名安，被项羽封为济北王。刘邦取代项羽后，田安失去王位。其后裔为纪念先祖，遂以王为氏，是为王姓，号曰元城王氏，王莽即是其后裔。田建的次子田桓的后裔，也都改姓王氏。《通志·氏族略》云："出于北海、陈留者，则曰舜之后也。其先，齐田为秦所灭，齐人号为王家，此为妫姓之王也。"北海，相当于今山东昌乐县东南；陈留即今河南开封。这两支王氏的开基始祖，都是齐王田建之后裔，自然也都是帝舜的后裔。

除上述十姓外，帝舜后裔姓氏还有：蒲姓、甄姓、毋姓、司徒等姓氏。

夏禹及禹裔诸姓

夏禹

禹，通常尊称为大禹，与尧、舜并称为传说中的古圣王，相传为夏王朝的开国君主。《史记》说他名文命，字密，姒姓，通常称为夏禹，这是先秦时代以国为氏的习惯称呼。

传说，禹的家世比较显赫。禹是黄帝之玄孙、帝颛顼之孙。既是贵胄，其家又世为大臣。禹父即治水无功的鲧，于帝尧时委以重任，帝舜时被放逐。禹在舜时为司空，负责治理水土，主要是治水，接续其父未竟之事业。

大禹治水的传说故事，历来很多。尧的时代洪水已泛滥成灾，为患人民。由于洪水为害，人们生存极其艰难。尧用鲧治水九年无功。其后，禹受命治水，并有益和后稷作助手。他"劳身焦思"，发愤治理水患。禹聪慧机敏，勤恳踏实，言行一致，又能身为表率。他走遍天下，"陆行乘车，水行乘船，泥行乘橇，山行乘撵"，踏勘水情地势，规划治水大计。禹治洪水采用的方法，接受了其父失败的教训，改"堵"为"疏"，并以"疏"为主。如孟子所说，"禹之行水也，行其所无事也"。就是说，禹不是用人力去与大自然对抗，而是顺其自然，因势利导，给洪水找出路。禹将洪水导入长江，排入大海，终于获得了巨大成功，遂成为传说中的圣贤。

夏禹后裔姓氏

夏姓、禹姓

夏姓中有一支出自夏后氏，是禹王的后裔，亦即出自姒姓的夏氏。大禹王是黄帝后裔。大禹治水有功，舜在位时禅位给禹。禹传子，形成家天下，其子启建立夏王朝。西周初年，禹王的后代子孙东楼公被封于杞，建立杞国，称杞侯，凡不得封的禹王后裔，大多姓夏氏。杞国传到杞简公时，为楚国所灭。简公的弟弟陀逃到了鲁国，鲁悼公便以他是夏禹的后代，给他食采之地。陀的后代子孙以祖先国名为姓，是为夏姓。

禹的后裔，有的以祖名为姓，是为禹姓。

曾姓

曾姓出自姒姓，为夏禹的后裔。相传帝舜时，鲧的妻子因梦里吃了薏苡而生禹，故帝舜便赐禹姒姓。据《世本》、《元和姓纂》及《姓氏考略》记载，相传夏禹的第五世孙少康中兴了夏室以后，曾把自己最小的儿子曲烈封于一个叫作"鄫"的地方（在今山东苍山县西北），此即古代著名的鄫国。鄫国经夏、商、周三代，一直到春秋时，即公元前 567 年才被莒国所并灭。这时候，怀着亡国之痛的鄫国太子巫，就出奔到邻近的鲁国，并且在鲁国作了官，其后用原国名"鄫"为氏，后去邑旁，表示离开故城，是为曾氏。曾氏在历史上没有被外姓或外族冒姓的记载，这在我国姓氏史上是十分罕见的。可以说，在中国历史上所有的曾姓家族，都是一脉相传的，都是上古圣君夏禹的后裔。正因为如此，曾氏家族是严格禁止同姓联婚的，如此严格的限制，在其他姓氏中也是不多见的。

《光明日报》2002 年 12 月 12 日报道，成都市发现一册（不分卷）清乾隆二十年木刻本《宗圣家谱》。此谱茧丝纸精印，为宗圣曾子的家谱，由曾作霖主持重修。曾子名参，字子舆，春秋时鲁国武城人，他是至圣先师孔子的弟子，以"事亲至孝，悟圣道一贯之旨"而被后世尊称为"宗圣"。家谱卷首刊有"圣祖仁皇帝上谕十六条"以及《御制训饬士子文》。该谱还有宋熙宁七年程颢作的《曾氏首序》，有欧阳修、文天祥等十八位名人所作的谱序。该谱保存完整，《中国家谱综合目录》未见著录，实为罕见珍本。

据该谱记载，曾子的祖先是上古圣君夏禹的后裔。治水有功的夏禹，是

"五帝"之一的颛顼高阳氏的裔孙，而颛顼高阳氏，则是黄帝轩辕氏的嫡孙。当夏禹的第五世孙少康中兴了夏室以后，曾经把自己最小的儿子曲烈封于一个叫作"鄫"的地方，这就是古代著名的"鄫国"。然后，少康的这一房子孙就世代在鄫国相袭了将近两千年。一直到春秋时代，鄫国才被莒国所并灭。这时候，怀着亡国之痛的鄫国太子巫，就出奔到邻近的鲁国去，并且在鲁国作了官。同时，他以故国的国名"去邑当曾"，遂以"曾"为自己的姓氏，从此世代相袭了下来。据该谱记载，曾氏有鲁国、庐陵两支。庐陵，现在的江西吉安，这一支自曾子裔孙避王莽之乱渡江居庐陵，一直传承至今，从未间断。

谭姓

我国谭氏家族的祖先，正是出自圣君夏禹的姒姓之后裔。据《元和姓纂》及《谭氏家谱序》记载，周朝初年大封诸侯时，周天子把谭氏先祖封于谭国（在今山东省章丘市西），爵位为子。谭国由于国势一直不强盛，所以不久之后就沦为强邻齐国的附庸。到了春秋初期，齐桓公称霸后，干脆吞并了谭国。谭国国君之子便逃亡到莒，而留在故国未走的子孙，以国为氏，是为谭氏。这一支谭氏，在历史上被尊为谭姓正宗。

越姓

越姓出自姒姓，为禹王后裔。据《国语·贾逵注》记载，禹之子启建立夏王朝后，始行世袭制度，传至夏王少康时，有公子名无余，封于会稽，建立越国，后为楚国所灭。越国公族支庶子孙有以原国名为姓者，是为越姓。越姓，望出山西晋阳。

鲍姓

鲍姓出自姒姓，是大禹王的后代，始祖为杞公子敬叔，起源于今山东省境内。《元和姓纂》记载，春秋时期，大禹王的后裔子孙敬叔居齐国，官至大夫，因功食采于鲍邑（今山东省丙城县），时称鲍敬叔，敬叔之子名叔牙，以其父封地为姓，是为鲍姓。鲍姓，望出上党、泰山、东海、河南等地。

综上所述，山西是尧舜禹的故里，起源于尧舜禹的各个姓氏，不论得姓于何时，也不论得姓于何地，追根溯源，他们的祖根都在山西。坐落在山西临汾的尧庙，坐落在运城鸣条岗上的舜陵以及坐落在夏县的禹王城，都是源于尧舜禹的各个姓氏"寻根谒祖"的圣地。

第二节　由鲜卑姓改为汉姓的姓氏根在山西

鲜卑与鲜卑拓跋部

鲜卑，古族名，兴起于大鲜卑山（大兴安岭北段，今蒙古草原东部）。东汉时，北匈奴西迁，南匈奴内附，鲜卑族占领匈奴故地。从檀石槐担任部落联盟首领起，鲜卑族就分东、中、西三路，不断向内地逼进。到了三国时期，东路的宇文部、段部、慕容部，活动于辽东、辽西一带；中路的慕容部分支吐谷浑部，迁入青海草原；西路的拓跋部，活动于代郡、定襄、云中（今山西北端）一带。传至拓跋猗卢时，鲜卑日益强大，直逼太原。西晋因乞师拓跋猗卢，解晋阳之困，遂封拓跋猗卢为代公。传至拓跋什翼犍时，鲜卑于公元338年建立代国，遵汉制，建百官，两年后，定都云中（今大同市郊），不断扩张疆域。后因内部斗争剧烈，终于在代国建立第三十九年之际，被前秦所灭。代国灭亡后，拓跋什翼犍的子孙不忘国耻，卧薪尝胆，积蓄力量，十年后，拓跋什翼犍之孙拓跋珪，终于东山再起，恢复代国，改国号为魏，史称北魏。

北魏建立后，四出征战，扩张疆域，道武帝拓跋珪天赐三年，定都平城（今大同），孝文帝太和十八年迁都洛阳。鲜卑拓跋部，从建立代国起，就推行汉化政策，迁都洛阳后，进入汉化政策的鼎盛时期，鲜卑姓氏改汉姓，是汉化政策鼎盛时期的一项重大举措。

鲜卑姓改汉姓历程及其意义

鲜卑族，原来本无姓氏，他们以部落为号，因以为氏。鲜卑族的一个部落，就是一个姓氏。其时，鲜卑族，部落林立，所以姓氏很多。鲜卑拓跋部究竟有多少姓氏？其后有多少姓氏改成了汉姓？据《魏书·官氏志》记载，鲜卑拓跋部共有一百一十八个姓氏，它们全部改成了汉姓。其中，宗族十姓，勋臣八姓，内入六十八姓，四方三十二姓。

北魏孝文帝承明元年，文明太后执掌大权后，就下令割除陋俗，禁止拓跋族同姓通婚，同时改革律令、兴置学校、崇尚孔子，推行了许多汉化政策。太和十四年文明太后谢世，孝文帝亲政，特别是太和十八年迁都洛阳后，孝文帝把汉化改革推向了一个新的高峰，改鲜卑姓氏为汉姓就是其中的一个重要内容。

值得注意的是，孝文帝改拓跋姓氏为汉姓是从皇族开始、自上而下推行的。皇族为什么改姓？应该改为什么姓？都是孝文帝亲自下诏决定的。太和二十年孝文帝诏云："北人谓土为拓，后为跋，魏之先出于黄帝，以土德王，故为拓跋氏。夫土者，黄中之色，万物之元也，宜改姓元氏。"（《资治通鉴》卷一百四十，齐明帝建武三年）

魏孝文帝下诏将皇族拓跋氏改为元氏之后，接下来又下诏令宗室将拓跋姓全部改为汉姓。孝文帝令其兄纥骨氏，改为胡氏；令其次兄普氏，改为周氏；又次兄拔拔氏，改为长孙氏；令其弟达奚氏，改为奚氏；次弟伊娄氏，改为伊氏；又次弟丘敦氏，改为丘氏；再次弟侯亥氏，改为亥氏；令其叔父乙旃氏，改为叔孙氏；又令疏属车焜氏，改为车氏。

宗族十姓改为汉姓后，孝文帝接着就改勋臣八姓和内入六十八姓为汉姓，其后留居四方的三十二姓，也都改成了汉姓。具体情况如下。

宗族十姓改为汉姓情况：

1. 拓跋氏，后改元氏；　　　2. 纥骨氏，后改胡氏；

3. 普氏，后改为周氏；　　　4. 拔拔氏，后改长孙氏；

5. 达奚氏，后改奚氏；　　　6. 伊娄氏，后改伊氏；

7. 丘敦氏，后改丘氏；　　　8. 侯亥氏，后改为亥氏；

9. 乙旃氏，后改叔孙氏；　　10. 车焜氏，后改车氏。

勋臣八姓改为汉姓情况：

1. 丘穆陵氏，后改穆氏；　　2. 步六孤氏，后改陆氏；

3. 贺赖氏，后改贺氏；　　　4. 独孤氏，后改刘氏；

5. 贺楼氏，后改楼氏；　　　6. 勿忸于氏，后改于氏；

7. 纥奚氏，后改嵇氏；　　　8. 尉迟氏，后改尉氏。

内入六十八姓改为汉姓情况：

1. 是连氏，后改连氏；　　　2. 仆兰氏，后改仆氏；

3. 若干氏，后改苟氏；

4. 拔列兰氏，后改梁氏；

5. 拨略氏，后改苏氏；

6. 若口引氏，后改寇氏；

7. 叱罗氏，后改罗氏；

8. 普陋茹氏，后改茹氏；

9. 贺葛氏，后改葛氏；

10. 是贲氏，后改封氏；

11. 阿伏干氏，后改阿氏；

12. 可地延氏，后改延氏

13. 阿鹿桓氏，后改鹿氏；

14. 他骆拔氏，后改骆氏；

15. 薄奚氏，后改薄氏；

16. 乌丸氏，后改桓氏；

17. 素和氏，后改和氏；

18. 吐谷浑氏，依旧为吐谷浑氏；

19. 胡古口引氏，后改侯氏；

20. 贺若氏，依旧为贺若氏；

21. 谷浑氏，后改浑氏；

22. 匹娄氏，后改娄氏；

23. 俟力伐氏，后改鲍氏；

24. 吐伏卢氏，后改卢氏；

25. 牒云氏，后改云氏；

26. 是云氏，后改是氏；

27. 叱利氏，后改利氏；

28. 副吕氏，后改副氏；

29. 那氏，仍为那氏；

30. 如罗氏，后改如氏；

31. 乞扶氏，后改扶氏；

32. 可单氏，后改单氏；

33. 俟几氏，后改几氏；

34. 贺儿氏，后改儿氏；

35. 吐奚氏，后改古氏；

36. 出连氏，后改毕氏；

37. 庾氏，依旧为庾氏；

38. 贺拨氏，后改何氏；

39. 叱吕氏，后改吕氏；

40. 莫那娄氏，后改莫氏；

41. 奚斗卢氏，后改索卢氏；

42. 莫芦氏，后改芦氏；

43. 出大汗氏，后改韩氏；

44. 没路真氏，后改路氏；

45. 扈地干氏，后改扈氏；

46. 莫舆氏，后改舆氏；

47. 纥干氏，后改干氏；

48. 俟伏斤氏，后改伏氏；

49. 是楼氏，后改高氏；

50. 屈突氏，后改屈氏；

51. 沓卢氏，后改沓氏；

52. 喝石兰氏，后改石氏；

53. 解枇氏，后改解氏；

54. 奇斤氏，后改奇氏；

55. 须卜氏，后改卜氏；

56. 丘林氏，后改林氏；

57. 大莫干氏，后改郃氏；

58. 尔绵氏，后改绵氏；

59. 盖楼氏，后改盖氏；　　60. 素黎和氏，后改黎氏；

61. 壹斗眷氏，后改明氏；　62. 叱门氏，后改门氏；

63. 宿六斤氏，后改宿氏；　64. 祕邗氏，后改邗氏；

65. 土难氏，后改山氏；　　66. 屋引氏，后改房氏；

67. 树洛干氏，后改树氏；　68. 乙弗氏，后改乙氏。

四方三十二姓改为汉姓情况：

1. 茂眷氏，后改茂氏；　　2. 宥连氏，后改云氏；

3. 纥豆陵氏，后改窦氏；　4. 侯莫陈氏，后改陈氏；

5. 库狄氏，后改狄氏；　　6. 太洛稽氏，后改稽氏；

7. 柯拔氏，后改柯氏；　　8. 尉迟氏，后改尉氏；

9. 步鹿根氏，后改步氏；　10. 破多罗氏，后改潘氏；

11. 叱干氏，后改薛氏；　　12. 俟奴氏，后改俟氏；

13. 展迟氏，后改展氏；　　14. 费连氏，后改费氏；

15. 綦连氏，后改綦氏；　　16. 去斤氏，后改艾氏；

17. 渴侯氏，后改缑氏；　　18. 叱卢氏，后改祝氏；

19. 和稽氏，后改缓氏；　　20. 冤赖氏，后改就氏；

21. 嗢盆氏，后改温氏；　　22. 达勃氏，后改褒氏；

23. 独孤浑氏，后改杜氏；　24. 郁都甄氏，后改甄氏；

25. 纥奚氏，后改嵆氏；　　26. 越勒氏，后改越氏；

27. 叱奴氏，后改狼氏；　　28. 渴烛浑氏，后改味氏；

29. 库耨官氏，后改库氏；　30. 乌洛兰氏，后改兰氏；

31. 一那蒌氏，后改蒌氏；　32. 羽弗氏，后改羽氏。

鲜卑姓氏改汉姓，是鲜卑族长期推行汉化政策的必然结果。如果说，以云中和平城为都城时期是鲜卑族汉化政策的形成和发展时期的话，那么迁都洛阳以后，则是汉化政策的鼎盛时期。而改变鲜卑姓氏为汉姓，是鼎盛时期将鲜卑族和汉族融为一体的重大举措。在当时士族门阀盛行的历史条件下，魏孝文帝在改鲜卑姓氏为汉姓的同时，还将改为汉姓的皇族元氏，排在天下所有姓氏之首，是当朝最尊贵的头等大姓。接下来又明确规定，鲜卑族的穆、陆、贺、刘、楼、于、嵇、尉八姓与排在汉姓之首的崔、卢、李、郑、王，地位相当。另外，还根据各大士族父祖官位高低，将郡姓划分为甲、乙、丙、丁四个等级。魏孝文帝自娶范阳卢氏、清河崔氏、太原王氏之女为妃。此外，还特别规定，迁居洛阳的所有鲜卑族的籍贯，一律改为洛阳籍；特别强调，死后只能安葬洛阳，不得还葬平城。

综上所述，魏孝文帝改鲜卑姓氏为汉姓的举措，是同定族姓、联婚姻、变籍贯等汉化政策紧密联系在一起的，改鲜卑姓氏为汉姓既是彻底的汉化政策的具体表现，又是长期以来民族融合的巨大成果，在中华民族姓氏发展史上具有划时代的里程碑意义。

由鲜卑姓改为汉姓的姓氏之根在山西

鲜卑姓氏，指的就是活动于代郡、定襄、云中（今山西北端）一带鲜卑族的姓氏。因为代郡、定襄、云中，都在山西，所以活动于这一地区的鲜卑姓氏之根也在山西。

由于鲜卑姓氏之根在山西，由鲜卑姓氏改变而成的一百一十八个汉姓之根，自然也都在山西。具体说来，就是一百一十八个由鲜卑族的姓氏改变而成汉姓，尽管它们遍布中原乃至全国各地，但它们的根，都在山西。也就是说，无论是宗族十姓、勋臣八姓，也还是改为汉姓后的鲜卑平民，无论是内入的六十八姓，也还是留居四方的三十二姓，它们的根都在山西。

第四章　始迁祖在山西的姓氏

　　始迁祖在山西的姓氏，就是指以山西迁出去的移民为一世祖，修家谱、建祠堂、立坟茔的姓氏。不论这种姓氏起源何地，只要是从山西迁出去的，就是始迁祖在山西的姓氏。在这类姓氏中，以洪洞大槐树移民为始迁祖的姓氏最多，影响最大。现存的族谱，绝大多数都是明清两代编修的，在清代广泛流行的是以始迁祖为一世祖的族谱。为了深入阐明这种状况，必须从修谱宗旨的发展和演变说起。

第一节　修谱宗旨的发展和演变

　　我国的谱牒，源远流长。早在西周时代已经广为流传，其后又不断发展和演变。在不同的时代，修谱的宗旨是各不相同的。

　　在周代宗法制度下，从天子、诸侯到卿大夫，大位都是由嫡长子继承的。其时，姓氏宗支的亲疏及其祭祀关系，直接关系着统治权力的继承和分配。所以辨姓氏，详昭穆，严上下嫡庶之分，就成为头等大事。上自天子，下至卿大夫，莫不以修谱为当务之急。这时，修谱的宗旨，就是为天子、诸侯和卿大夫的权利继承服务的。因此，周代的谱牒是与统治权力相结合的贵族谱牒，一般平民是没有这种谱牒的。周亡，宗法制度废，这种贵族谱牒也就寿终正寝了。秦始皇焚书，这种贵族谱牒自然首当其冲。不过西汉司马迁撰《史记》时，也还看到一些残存下来的谱牒。《史记·太史公自序》云："维三代尚矣，年纪不可考，盖取之谱牒旧闻，本于兹，于是略推，作《三代世表》。"《史记·三代世表序》又云："余读牒记，黄帝以来皆有年数。稽其历谱牒，终始五德之传，古文咸不同，乖异。"

可见，司马迁在撰《史记》时是参考并使用了谱牒资料的。

在魏晋门阀制度盛行的时代，门阀势力凭借其经济上和政治上享有的特权，垄断着整个国家政权。在九品中正制度下，论才取士必征于谱，官级铨选必征于谱，士族婚嫁亦必征于谱。这样便形成了"士庶之际，实自天隔"、"上品无寒门，下品无士族"的格局。其时，谱牒就成为划分政治地位和社会地位的凭据。正如郑樵所说："自隋唐而上，官有簿状，家有谱系。官之选举，必由于簿状；家之婚姻，必由于谱系。"（《衡阳渔溪王氏谱序》，见《古今图书集成·氏族典》）

这时修谱的宗旨，"惟崇门第"而已，完全是为门阀势力服务的。经过隋末农民战争的沉重打击，门阀势力大大衰落。唐王朝建立后，兴科举、废九品，至唐代中叶，世风日变，崇尚门第的谱学衰落了下来。

宋王朝建立后，出现了一批新的土著豪族。这些新兴的土著豪族与魏晋时代的世族豪门相比，最大的区别就在于这些宗族基本上是以血缘关系为纽带而形成的宗族集团，与政治地位和社会地位的划分已没有直接的必然联系了。宋初为了稳定社会秩序，大力提倡宗族聚居和宗族收合，借以约束宗族人口的流散和豪富巨室的兼并。所以，有宋一代，同居义门之风极盛。据史传所载，《南史》十三家，《北史》十二家，《唐书》十八家，《五代史》二家，《宋史》则多达五十家。尽管如此，他们在宋代四千多万人口中仍然是极少数。而大量的和普遍的依然是不同居共财的民户。由于社会上"以同族者为骨肉"的观念流行，同族联合之风日益兴盛。族谱作为家族的记录，自然会受到人们的关注。在宋代，政府已罢图谱之局，每个宗族都可自行修谱，政府不加干涉。许多文人学士都亲自主持修谱。诸如，欧阳修有《欧阳氏图谱》，苏洵有《苏氏族谱》，曾肇有《曾氏谱图》，司马光有《臣僚家谱》，王安石有《许氏世谱》，等等。其中欧阳修和苏洵创立的谱例，对后世影响很大，并称为"欧苏体例"。从修谱宗旨来说，二者基本一致。欧阳修在《衡阳渔溪王氏谱序》中说："余惟族谱之作，所以推其本，联其支，而尊尊亲亲之道存焉。"（《氏族序》，见《通志》卷二十五）苏洵在《苏氏族谱序》中说："呜呼！观吾之谱者，孝弟之心可以油然而生矣。情见于亲，亲见于服。服始于衰，而至于缌麻，而至于无服。无服则亲尽，亲尽则情尽，情尽则喜不庆，忧不吊。喜不庆、忧不吊，则途人也。吾之所与相视如途人者，其初兄弟也。兄弟其初一人之身也。悲夫！一人之身，分而至于途人，此吾谱之所以作也。"（《苏氏族谱序》，见《嘉祐集》卷十三）。可见欧苏二人修谱的宗旨，都在于"尊祖收族"，对宗族成员进行"尊尊亲亲之道"的伦理教育，这与魏晋时期"唯崇门第"的谱牒大不相同。把对宗族成员进行伦理教育作为修谱的宗旨，是欧苏谱学的基本特点。欧苏以后，随着理学的形成，伦理学走上哲学化道路，情况发生了很大变化。

北宋理学的主要奠基人程颢和程颐认为，在物质世界和人的意识之外独立地存在一个最高的精神实体，这就是"理"，亦称"天理"。这个"理"就是世界万事万物之本源和创造者。一切伦理道德、"三纲五常"都是"理"。如说："父子君臣，天下之定理。"（《二程遗书》卷五）"忠者天理。"（《二程遗书》卷十一）"礼即是理也。"（《二程遗书》卷十五）

宋代理学的集大成者朱熹，进一步发展了二程的学说，称为朱学。在朱学的整个体系中，伦理思想为其核心。而在伦理思想中，"三纲五常"又是其中心内容。正如朱熹自己所说，他一生所读、所学、所遵循、所讲明宣传者，归结到一点，即是"三纲五常"。"三纲五常"古已有之，并非宋代理学家们所创造，但对"三纲五常"之阐述和宣传，宋代的理学家远远超过了他们的先辈。朱熹把"三纲五常"看作决定国家和社会治乱的根本所在。因此，不仅要一般臣民共同遵守，而且要皇帝强制推行。他还进一步提出，把"存天理，去人欲"，作为实施"三纲五常"的大纲。尽管他的这些主张适应了封建社会后期强化中央集权的需要，但南宋统治者并未认识到这一点，所以，当时仍被宣布为"伪学"，不许传播。他的学生蔡元定还被诬为妖人，流放道州，一年后就死在那里。当时凡属应科举考试的儒生，先要声明自己并非朱学信徒，否则官方不准考试。朱学被禁锢的局面，从朱熹晚年一直延续到他死后二十多年。直至南宋末年，情况稍有变化，但仍非显学，影响也不很大。

元代，同族人联合的要求更为迫切，所以修谱之风日益盛行。修谱的宗旨依然是"尊祖收族"，对宗族成员进行"尊尊亲亲之道"的伦理教育。但在修谱的体例方面，却打破了欧苏所创立的小宗谱范围，主张远近皆书，不厌其详。谱学家黄潜指出："凡为图谱之法，亲者宜详，疏者宜略，为子孙者各详其亲，则其可略者，自可互见。今不以亲疏为间而有所详或遗者，恐诸房子孙不必人人能有其图谱，而于所亲各致其详也。来者当思补其所未备，而无厌其伤于繁哉！"（《族谱图序》，见《文献集》卷六）

黄潜所主张的修谱要"远近皆书"，不厌其烦，恰好适应了当时扩大联族范围的需要，所以多为元代修谱者所遵循。元代谱学，很注重"骨肉之亲"，只要是同族人，不论贫富，平等记载。袁桷在《临川危氏族谱序》中说："吾于危氏之谱其殆庶几矣。夫远而不可明者，理之常也。究其初以合乎贵贱贫富，其心博，其旨微。将使夫困者通，盈者持，危氏之盛，循环无穷，于是乎有考焉。"（《临川危氏族谱序》，见《清客居士集》卷二十二）元代谱学，尤重恤族之典。《富春孙氏族谱序》中说："其族人有老疾孤寡不能自立，婚嫁葬埋之不能举者，又皆为条画以周恤之，孙氏之义风殆方兴未艾也。"（《富春孙氏族谱序》，见《剡源文集》卷十）正是由于元代谱学盛行"尊祖收族"、注重"骨肉之亲"、尤重恤族之典的风气，笼罩了整个社会，所以就形成了重"亲族观念"的社会思潮。生活在这种社会环境中的每一个人，特别是汉人和南人，无不受其影响。

明朝建立之初，明太祖还无一本像样的朱学经典可读。有鉴于此，解缙上书请求官修程朱理学著作，这是有明一代确立程朱理学统治地位的开始。另外，明太祖又采纳刘基建议，决定沿用元仁宗延佑二年推行的以朱学为主的科举考试，规定以朱熹的《四书集注》和理学家注释的"五经"命题试士。这样，朱学便成为统一全国思想的官学。明成祖即位后，又于永乐十二年下诏纂修《五经大全》、《四书大全》、《性理大全》，次年告成，刊赐天下，并对纂修者胡广等四十二人赐宴于礼部。三部《大全》的颁行，标志着朱学统治地位的正式确立，从此以后，一直延续到清末。

明代在强化中央集权的同时，也强化了以宗子和族长为中心的宗法制度。被朱学强化了的"三纲五常"，便是维系封建宗法关系的主要链条。

"父为子纲"、"夫为妻纲"，就是以父子和夫妻为中心的宗法关系，它是以血缘关系为基础而建立起来的封建等级关系，即"父权"以及由此而引伸出来的"族权"和"夫权"。"君为臣纲"则是以父子为中心的宗法关系的延续和扩大，即"政权"或"皇权"。这样，便构成了以君臣、父子、夫妇的等级关系为主轴，以宗法关系为基础的封建政治制度。"五常"便是这种关系的体现，保证这种关系实行的道德伦理行为规范。朱学把"三纲五常"之伦理哲学化，把它升华为"天理"，使它既具有至高无上的绝对性和永恒性，又具有囊括一切的广泛性和普遍性，致使任何人都逃不出"三纲五常"的范畴。

在明代，随着朱学统治地位的确立、巩固和发展，"三纲五常"犹如水银泻地，无孔不入。它不仅渗透并支配了意识形态的各个领域，而且普及到社会生活的各个方面。从中央国子学到地方书院，以致乡村社学，都成了直接灌输"三纲五常"的阵地。族谱也变成了在社会上、宗族内、家庭里，传播"三纲五常"的工具。从此，宣扬和实践"三纲五常"，便成为修谱的宗旨。表彰、颂扬"存天理，去人欲"的忠臣孝子、义夫节妇，便成了修谱的首要任务和中心内容，此即明代修谱宗旨发生重大变化之由来。

明儒宋濂《俞氏宗谱序》云："为士者布海内而无救于俗，由是知为士者多无志也。吾尝损益周制，可以化同姓者：凡月之吉，少长咸会于先祠。拜谒毕，齿坐，命一人庭诵古训及拜法。诵已，长且贤者，释其义而讽导之。书会者于名册。再会，使互陈其所为。其行有孝悌忠信者，俾卑且幼者旅拜之而著于名之下；有悖戾之行者，命遍拜群坐之尊者以愧之，而亦著于其名下。逾月而能改者，如初。否则摈不使坐。逾年而不改者，斥勿齿同姓之人。"（《俞氏宗谱序》，见《宋文宪集》卷七）

在这里，宋濂所说的"有志之士"和"贤者"，都是能够"存天理，去人欲"的"三纲五常"的躬行者。所谓"有悖戾之行者"，就是不能"存天理，去人欲"躬行"三纲五常"者。对于后者，要通过先祠集会教育之，并限期改正，否则就要从同族中开除出去。

宋濂弟子方孝孺在《童氏族谱序》中曰："孝弟忠信以持其身，诚恪祠祭以奉其祖，谱牒叙长幼亲疏之分以睦其族，累世积德以求无获罪于天，修此则存，废此则亡，此人之所识也。而为家者鲜或行之，当其志得意满。田园不患其不多，而购之益力；室庐不患其不完，而拓之益广。至于子孙久远之计所虑者，则弃而不省，以为可委之于命而非人之所为。嗟乎！夫岂知礼义不修，子孙不贤，吾所欲富贵之者，适所以祸之也，而岂足恃哉！"（《童氏族谱序》，见《逊志斋集》卷十三）

他在《谨行》篇中又云："君臣、父子、兄弟、夫妇、朋友五者，天伦也。致天伦者，天之所诛，人之所弃，生不齿，死不服，葬不送，主不入祠，谱不书其名。行和于家，称于乡，德可为师者，终则无服者，为服缌麻；有服者如礼。祭虽已远者犹及，虽无主祭者犹祭。如是而不能为君子，则非方氏之子孙也。告于祠，而更其姓，不列于谱。"（《宗仪九首·谨行》，见《逊志斋集》卷一）

在这里，方孝孺同宋濂一样，都是积极推行"三纲五常"并把它当作修谱宗旨的。王绅仲在《逊志斋集原序》中，推崇方孝孺说："嗟乎！圣贤之不作久矣。斯道之微，若晨星之在太空，光彩不耀者数千百年，至宋诸大儒出，始续其不传之绪而继之，然后学者有所宗师。今去宋又二三百年矣。斯道之晦亦久矣，天之闵斯民而望后人者亦甚矣。方君以出类之才，如此其意必有在矣，而君又乌可自不力也。"（王绅仲：《逊志斋集原序》，见《逊志斋集》）

在序中，王绅仲把方孝孺比作明代的朱熹，不免言过其实，但方孝孺是朱学的继承者和躬行者，则是事实。方氏正是在"忠臣不事二主"思想的支配下，拒绝为明成祖起草登极诏书，而被杀害，并株连十族（九族及方氏的学生）的。方氏的谱学思想对后世影响甚大。

宋濂和方孝孺所阐述的以传播朱学和"三纲五常"为宗旨的族谱，在明代特别是明中叶以后，广为流行。例如：

万历四十八年朱莹纂修的《紫阳朱氏建安谱》（山西省社会科学院收藏，以下凡不注出处之族谱，均为山西省社会科学院收藏）就是一部为朱熹和朱学树碑立传的族谱。该谱作者朱莹，自称是朱熹嫡传十五世孙。该谱《郡望》条云：

"宋朱夫子居新安之紫阳山，遂以紫阳为望。"

《建安修谱议》条又云：

"文祖生三子，长曰塾公，先文祖卒，世居霞洲；次曰埜公，世居考亭；末曰在公。"

该谱是以文祖朱熹为"始祖"，以朱熹长子塾公为一世祖纂修的。从取名"紫阳朱氏"到以"塾公"为一世祖，表明这是一部朱熹的嫡系长房谱，是朱熹后代的正宗。

朱莹在《建安修谱议》中还说：

"近代王谢欧苏之谱，虽是夸美一时，然不若紫阳之朱与孔氏之家并传不朽。"

又云：

"我文祖诞生婺之井，虹光不散，定世之符。"

在这里，朱莹不仅把朱家与孔家并提，把朱熹与孔子并列，而且把朱熹完全神化了起来，朱熹出生犹如皇帝降生那样，"虹光不散"，与众不凡。

福建按察司副使蔡善继在篇首《紫阳朱氏建安谱序》中云：

"孔子生于周东迁，朱子生于宋南渡，厥有以也。周不能用孔子而率并为秦，宋不用朱子而终变为元。然天实以道传之，而道不绝，则乱可复，故秦元未几而亡。而后无借此道以长治说者。以朱子独嗣孔传，非诬也。历代尊崇孔教，褒封其后以至今，兹报德报功之无尽焉。我明太祖高帝首即位，诏免四姓子孙户役，朱氏与焉，特祠奉祀，布之令甲。"

在这里，蔡善继不仅把孔子生于东周，朱子生于南宋，周不用孔子并于秦，宋不用朱子并于元相提并论，而且认为天实以道体传之，而道体不绝，故乱可复。朱熹"独嗣"孔传，是正统的道学。官方只要采用朱学即可治国兴邦。这些说教是万历年间广为流传的朱学观点。这些说教的流传充分说明了朱学的普及程度。此外，蔡氏把历代尊孔、褒封孔子后裔与明太祖诏免朱氏子孙户役并列，这从一个侧面说明了明太祖对朱学的重视。

该谱《九世祖文公真像赞》栏下，书有明景帝钦颁的赞词，其词曰：

"德盛仁熟，理明义精，布诸方策，启我后人。"

其后，有明代丘浚和杨四知的赞词，丘浚的赞词是：

"全体大用之学，继往开来之儒，析之极其精而不乱，合之尽其大而无余。"

杨四知的赞词是：

"道衍濂洛，统承洙泗，集诸儒之大成，阐六经之精义。"

明景帝的赞词表明，在景泰年间，朱熹的地位已经十分高贵了，连皇帝都赞扬他是"德盛仁熟"之"圣人"。丘浚、杨四知的赞词表明，一般的文人学士对朱学的推崇也已经达到了顶点。

在明代，特别是明代中叶以后，所有的族谱都是以宣扬"三纲五常"，表彰和颂扬"存天理，去人欲"的"忠臣孝子"、"义夫节妇"为宗旨的，这里就不一一列举了。

第二节　洪洞大槐树移民及其分布

明初洪洞大槐树移民

洪洞县地处山西南部，临汾盆地北端，北依霍州市，南接临汾市。全境东、西、北三面环山，中部为河谷平原，土地肥沃，物产丰富。洪洞在西周为杨侯国，汉置杨县，隋义宁二年改称洪洞县，沿用至今。县城东北的广胜寺，始建于东汉，原名俱卢舍寺。唐初，李世民下河东，曾会战于此，胜利后，赋诗一首，名曰《广胜寺赞》，意思是"广大于天，名胜于世"。唐代宗大历年间，郭子仪奉命赴河东平乱后，路经洪洞瞻仰俱卢舍寺，感慨万千，遂奏请扩建，获准后，以唐太宗李世民的诗名为名，更名"广胜寺"。广胜寺下的大槐树处，就是明朝洪武、永乐年间山西向外移民的聚集地。"问我始祖来何处？山西洪洞大槐树。" 这是很多地方，特别是河南、山东、河北、安徽等省广泛流传的民谣，甚至在海外华人、华侨群体中也时常可以听到。洪洞大槐树之所以成为中华儿女魂牵梦绕的精神寄托，是因为它承载着先人对故土家园的依恋和血泪惜别时的悲壮情景。

明朝初年的移民活动自明太祖洪武二年开始，一直持续到明成祖永乐末年，历时五十余年，规模之大，范围之广，前所未有。在此期间，明朝政府在洪洞大槐树下设局驻员，办理移民手续，颁发凭照川资；父老乡亲亦在此相聚话别，挥泪送行。行者不复还，古槐依然在。所以大槐树便成为离别的纪念，故乡的象征。据史籍记载，规模较大的移民，前后达十几次之多：

1.《明史·食贷志》卷七十七载："（洪武）六年，徙山西真定民屯凤阳。"

2.《明太祖实录》卷一百一十载："（洪武）九年十一月，迁山西及真定民无产业者于凤阳屯田，遣人赍冬衣给之。"

《明史·太祖本纪二》亦载："（洪武）九年十一月戊子，徙山西及真定民无产者屯凤阳。"

3.《明太祖实录》卷一百九十三载："（洪武）二十一年八月，徙山西泽、潞二州民之无田者，往彰德、真定、临清、归德、太康等闲旷之地。"

《明史·太祖本纪二》亦载："（洪武）二十一年八月，徙泽、潞民无业垦河南、北田，赐钞，备家具，复三年。"

4.《明太祖实录》卷一百九十三载："洪武二十二年九月，后军都督朱荣奏：'山西贫民徙居大名、广平、东昌三府者，凡给田二万六千七十二顷。"

5.《明太祖实录》卷一百九十七载："（洪武）二十二年九月，山西沁州民张从整等一百一十六户告愿应募屯田，户部以闻，命赏从整等钞锭，送后军都督金事徐礼分田给之。"

另据《日知录之余》卷四亦载："（洪武）二十二年九月，山西沁州民张从整等一百一十六户自愿外迁屯田。"

6.《明太祖实录》卷二百二十三载："（洪武）二十五年十二月，后军都督府金事李恪、徐礼还京。先是命恪等往谕山西民愿迁居彰德者，听。至是还服，彰德、卫辉、广平、大名、东昌、开封、怀庆等七府徙居者，凡五百九十八户。"

7.《明太祖实录》卷二百三十六载："（洪武）二十八年正月，山西马步官军两万六千六百人，往塞北筑城屯田。"

8.《明史·太祖本纪五》载："（洪武）三十五年九月，徙山西民无田者实北平，赐之钞，复五年。"

另据《明永乐实录》卷十二载："（洪武）三十五年九月，户部遣官核实太原、平阳二府，泽、路、辽、汾、沁五州，丁多田少及无田之家，分其丁口以实北平各府、州、县。"

9.《明太宗实录》卷二十一载："（永乐）元年八月，定罪因于北京为民种田例。其余有罪俱免，免杖编成里甲，并妻、子发北京、永平等府、州、县，为民种田。礼部议奏：山东、山西、陕西、河南四布政司就本布政司编成里甲……上悉从之。"

10.《明太宗实录》卷三十一载："（永乐）二年九月，徙山西太原、平阳、泽、潞、辽、汾、沁，民万户实北平。"

11.《明史·成祖本纪》载："三年九月，徙山西民万户实北平。"

12.《明太宗实录》卷五十载："四年正月，湖广、山西、山东等郡县吏李懋等二百十四人言愿为民北京。命户都给道里费遣之。"

13.《明太宗实录》卷五十九载："五年五月，命户部从山西之平阳、泽、潞，山东之登、莱等府州五千户隶上林苑监，牧养栽种。户给道里费一百锭，口粮五斗。"

14.《明太宗实录》卷一百〇三载："十四年十一月，徙山东、山西、湖广流民二千三百余户于保安州，免赋役三年。"

15.《明太宗实录》卷一百〇六载："十五年五月，山西平阳、大同、蔚州、广灵等府州申外山等诣阙上言'乞分丁于北京、广平、清河等宽闲之处，占籍为民，拨田耕种，依例输税，庶不失所'，从之。仍免田租一年。"

16.《明太宗实录》卷一百四十九载："十二年三月，上以其当要冲，而土宜稼穑，改为隆庆州……而以有罪当迁谪者实之。"

17.《明史·成祖本纪》载："十四年十一月，徙山东、山西、湖广流民于保安州，赐复三年。"

18.洪武十三年五月，山西民为军者二万四千余户，悉还为民。

以上是见于史籍记载的十八次较大规模的移民。由于整理和统计的标准、方法、视角不同，统计的次数各不相同，有的说是十六次，有的说十七次，有的说十八次，等等。其实，十八次说，也并不准确。例如，《明洪武实录》卷八十四中载："六年八月，大将军徐达等师至朔州，徙其边民入居内地。"这次移民的规模很大，是明太祖为了练兵固守而采取的措施。洪武五年，明太祖在徐达大将军对蒙古用兵失利后，改变了对蒙古用兵的策略，即由以进攻为主改为以防御为主。洪武六年正月，明太祖命徐达领兵到山西朔州一带练兵备边，临行时告诫徐达：蒙古兵"来则御之，去则勿迫"。由于徐达驻军朔州练兵备边，所以才大规模地徙边民入内地定居。因为是明朝初年政府组织了规模很大的移民，也被视为洪洞大槐树移民的组成部分，在盂县，许多家谱都对这次移民进行了具体记载。尽管有的说始迁祖来自朔州，有的说来自洪洞大槐树，但从《明洪武实录》卷八十四的记载来看，说的就是洪武六年从朔州向内地的移民。

洪洞大槐树移民分布

明朝初年政府组织的大规模移民，根据《明史》、《明实录》的记载，主要分布在今河南、河北、山东、安徽、北京、天津、江苏等地，但从野史、笔记、碑刻、地方志、家谱、名人传记等多种记载来看，山西、陕西、内蒙古、甘肃、宁夏、云南、贵州、广西、四川、新疆、黑龙江、辽宁、吉林、福建、台湾、香港以及东南亚各地，都有洪洞大槐树移民后裔在那里生息繁衍。

山西省洪洞县地方志办公主任张青同志，根据多年积累的丰富资料，撰写了《洪洞大槐树移民考》一文，发表在《中国地方志》上。该文根据《明史》、《明实录》、《日知录》以及野史笔统计，明初洪洞大槐树移民分布，多达 18 个省（市），500 余县（市）。其中，河南 106 县（市），北京、天津、河北 129 县（市），山东 92 县（市），江苏、安徽、湖北、湖南 62 县（市），陕西、甘肃、宁夏 51 县（市），山西 34 县（市），内蒙古 9 县（市），辽宁 11 县（市），吉林 3 县（市），黑龙江 3 县（市），广西 1 县。

这个统计，从总体上反映了明初洪洞大槐树移民的分布概况，是完全可信的。虽说明清两代行政建制各不相同，与现代的行政建制更不相同，但作为基层机构的"县"，却变化不大，只是归属有所不同而已。例如，河南内黄县，原来归直隶大名府管辖，清朝雍正二年划归河南省彰德府管辖。从明初迁居到内黄的移民来说，史籍记到了直隶大名府名下，但后来统计，则算到了河南省名下。虽说河北少了一个，但河南却多了一个，总数并不受影响。

从移民在河南地区的分布情况来看，主要集中在黄河流域和淮河流域，这里正是自然灾害频发地带和受战争破坏最严重的地区。这106个县（市）计有：郑州、荥阳、开封、平顶山、洛阳、焦作、鹤壁、杞县、尉氏、新郑、登封、兰考、中牟、新密、巩县、新乡、卫辉、封丘、获嘉、温县、济源、博爱、辉县、原阳、武陟、孟县、沁阳、修武、安阳、范县、台前、滑县、浚县、内黄、清丰、濮阳、长垣、汤阴、林州、商丘、永城、睢县、宁陵、民权、周口、商水、扶沟、西华、太康、郸城、项城、许昌、漯河、鄢陵、郾城、襄城、鲁山、长葛、临颍、叶县、宝丰、陕县、禹县、驻马店、确山、西平、汝南、新蔡、上蔡、信阳、息县、固始、泌阳、正阳、新县、罗山、商城、南阳、方城、唐河、新野、邓县、淅川、南召、桐柏、镇平、内乡、西峡、三门峡、义马、孟津、汝州、汝阳、栾川、灵宝、渑池、偃师、伊川、宜阳、洛宁、卢氏、新安、淇县、嵩县、郏县、舞阳。

在这106个县的地方志、家谱、碑刻、笔记等文献中，都有很多关于山西洪洞大槐树移民的具体记载。例如，民国二十二年编修的《孟县·大事记》载："明洪武三年，徙山西民于河南，而迁至孟州者十九，皆山西洪洞籍。"据统计，孟县辖下12个乡镇，有自然村395个，其中有洪洞移民的村，就有138个，约占该乡镇总村数的35%。

从移民山东的92个县（市）来看，主要集中在受战争破坏最严重的大运河两岸。大运河两岸不仅是明军北伐的主战场，而且又是"靖难之役"的重灾区。92个县（市）计有：济南、历城、章丘、长清、青岛、胶南、胶县、即墨、淄博、枣庄、滕县、德州、宁津、商河、济阳、禹城、夏津、陵县、齐河、武城、广饶、滨县、垦利、阳信、沾化、利津、博兴、惠民、潍坊、潍县、诸城、郯城、安丘、临朐、寿光、高密、益都、烟台、牟平、文登、莱阳、栖霞、掖县、荣城、莱西、招远、黄县、临沂、沂水、日照、平邑、沂源、沂南、莒县、莒南、费县、泰安、莱芜、新汶、肥城、平阴、宁阳、东平、济宁、兖州、鱼台、嘉祥、汶上、曲阜、邹县、菏泽、郓城、巨野、单县、曹县、鄄城、梁山、定陶、东明、聊城、东阿、临清、莘县、金乡、微山、阳谷、冠县、高唐、邹平、无棣、威海、蓬莱。

据葛剑雄先生统计，洪武年间，山东地区总共接纳民籍移民 184 万，其中来自山西的多达 121 万，约占到移民总数的 66%（见《中国移民史》第五卷，福建人民出版社 1997 年版，第 213 页）。具体到移民较多的县来说，洪洞大槐树移民几乎遍及各个乡镇。20 世纪 80 年代，山东滕县地名办公室对全县 1801 个自然村进行了普查，全县 22 个乡镇，都有山西洪洞大槐树移民后裔，最少的 1 个村，最多的 25 村，一般都有 10 个左右自然村。另外，山东定陶县，全县 1050 个自然村，其中 386 个自然村的先辈，都是山西洪洞大槐树移民后裔。山东曹县黄冈集，有个名叫袁公正的人，曾跟随朱元璋打天下，南征北战，官拜镇威将军。明朝建立后，朝廷号召移民垦荒，袁公正自愿报名，举家从山西洪洞迁到山东曹县黄冈集落户，受到朱元璋嘉奖，钦赐"袁氏题名御碑"，并连升三级。袁公正在他家门前题词曰："洪洞分支老门第，曹州安居旧家风"，广为人们传颂。

第三节　洪洞大槐树扬名海内外

明初，洪洞大槐树移民规模之大、时间之长、范围之广、影响之大，都是我国历史上前所未有的。随着社会经济的恢复发展和移民后裔的辗转播迁，极大地提高了洪洞大槐树的知名度和影响力，致使洪洞大槐树，扬名海内外。

由尊立姓始祖到尊始迁祖的演变

现存的族谱，主要是北宋以来民间编修的，是以特殊形式记载一姓世系和人物事迹的历史图籍。由于时代、地域以及记载范围的不同，又有族谱、家乘、宗谱、房谱、支谱等称谓。就每部族谱的一世祖而言，又可分为两大类，一类是以开宗立姓之始祖为一世祖编修的，通常称为"通谱"、"统宗世谱"等；另一类是以始迁祖为一世祖编修的，通常都在族谱前或冠以地名，或冠以修谱次数，或冠以支谱等称谓。这两类族谱，都是人们用以"寻根谒祖"的基本依据。

从现存的族谱来看，以开宗立姓之始祖为一世祖的"通谱"或"统宗世谱"，大多数是明代中叶编修的，《古今万姓统谱》的出现，将"统宗世谱"的编修推向了最高峰。

《古今万姓统谱》简称《万姓统谱》，俗称《万家姓》，由明万历进士、工部员外郎凌迪知纂修。开篇是自序、凡例和目录，正文由卷首"帝王世系"六卷和"万姓统谱"一百四十卷组成，共计一百四十六卷，收录姓氏三千七百多个，该谱是一部打破地域限制把分布于各地的同族名人总贯于一的统谱，史称《万姓统谱》。在自序部分，作者说明了编修《万姓统谱》的由来和要旨。凌迪知说："余读眉山苏氏族谱引，感而辑姓谱云。"又说："夫天下，家积也。"谱可联家，"则联天下为一家，反掌耳。故观吾之姓谱者，孝弟之心或亦可以油然而生矣。此余辑谱意也"。就是说，作者凌迪知是读苏洵的谱引而产生了辑天下姓谱之念头；天下是由家族集合而成的，谱可以联家，则联天下为一家，易如反掌，所以"观吾之姓谱者"，"孝弟之心可油然而生"，这就是该谱的纂修要旨。《万姓统谱》通过记述姓氏起源，其目的在于联天下为一家，说明黄帝为中华万姓之血缘始祖。凌迪知在他写的自序中清楚地说明了这一点。

然而，《万姓统谱》关于中华万姓皆出自黄帝一人的观点，同中华儿女都是炎黄子孙的说法就不一致了。《万姓统谱》卷首一，记述炎帝时云："炎帝神农氏，姜姓，生于厉山，长于姜水，因以为姓氏。"就是说，姜姓始于炎帝。但《万姓统谱》卷五十，在记述姜姓起源时居然又云："黄帝生于姜水，因以为氏。"就是说，轩辕黄帝生于姜水，因以为氏，是为姜姓。在同一部《万姓统谱》中，卷首一"黄帝有熊氏"条云黄帝为姬姓；在卷五十中又云"黄帝生于姜水，因以为氏，是为姜姓"。那么，黄帝究竟姓姬，还是姓姜？前面说黄帝姓姬，后面又说黄帝姓姜，岂不前后矛盾吗？显而易见，这是凌迪知为了把中华万姓包括姜姓及其派生的姓氏，通通都挂到黄帝名下故意采取的一种手法。然而这样一来，中华万姓均出自黄帝的论点虽说得到了弥补，但却又造成了新的漏洞和相互抵牾之处。这样，不仅引起了人们对《万姓统谱》的质疑，而且还引起了人们对以开宗立姓始祖为一世祖的"通谱"或"统宗世谱"的质疑。因为明代以来，伴随"通谱"和"统宗世谱"的广泛流行，"攀附高门"现象日益严重，就是名门望族，也不例外。这种情况，同样引起了许多人的关注和质疑。

在许多人关注和质疑"通谱"和"统宗世谱"弊端的同时，尊始迁祖为一世祖的家庙，独立创建了起来。

按明制，一般民户包括官僚士大夫在内，都是不准单独立庙祭祀其祖先的。嘉靖十五年，礼部尚书夏言上《令臣民得祭始祖立家庙疏》，得到明世宗的批准，此后一般臣民才有了独立建造祠堂的权利。在此之前，一般臣民的祠堂只能设在自己的居室内。嘉靖以后，独立建祠，蔚然成风。这些独立建造的家庙，都是以始迁祖为一世祖创建的。

例如，韶州曲江名曰"金鉴堂"的家庙，就是唐朝名相张九龄的后裔，为怀念先祖的业绩而创建的。张九龄，唐韶州曲江人，长安年间进士，玄宗开元二十一年拜为宰相。当时虽值"开元盛世"，但盛世的背后却隐伏着危机。吏部尚书李林甫以宗室封为晋国公，勾结宦官把持朝政；监察御史杨国忠也因堂妹杨玉环（后来封为贵妃）得宠而身兼十五职，权倾内外。当时文武官员大多趋附于杨国忠，希望得到重用和富贵，而张九龄却从来不登杨府大门。他对玄宗皇帝怠于朝政，常评论其所失。唐玄宗寿诞，文武百官多献珍异，唯九龄公进《千秋金镜录》，阐述历代王朝的兴废之道，供玄宗作为一面镜子对照。后因李林甫诬陷，开元二十四年张九龄罢相。"安史之乱"爆发后，唐玄宗出逃四川，长安为叛军所据。这时，唐玄宗才领悟到九龄之先觉，并为《千秋金镜录》所感动，遂下诏褒赠曰："正大厦者柱石之力，昌帝业者辅相之臣。生则保其荣名，殁乃称其盛德。"遂遣使祭九龄于韶州（此时九龄公已谢世十六年），并赐名《千秋金镜录》曰"金鉴"。此即韶州曲江"金鉴堂"家庙之由来。其后，遍布湖南、湖北、江苏、浙江、福建等地的九龄公后裔，也都先后建起了名曰"金鉴堂"的家庙。

又如，山东寿张名曰"百忍堂"的家庙，就是唐朝名人张公艺的后裔，为怀念先祖的业绩而创建的。据《旧唐书》记载，张公艺，唐代寿张人，其家九世同堂（即九代未曾分家析产），相安无事。唐高宗赴泰山祭祀，曾顺路亲临其宅，问其为何能和睦相处？公艺遂写一百个"忍"字作答。高宗连连称善，遂下令赐以缣帛。张公艺的后裔，为了继承和发扬先辈的伦理道德和人格风范，创建了名曰"百忍堂"的家庙。其后，遍布福建、江苏、浙江等地的张公艺后裔，也都先后建起了名曰"百忍堂"的家庙。

在遍布河南、河北、山东、安徽等地洪洞大槐树移民后裔的心目中，他们的先祖，都是具体生动、形象鲜活、感情执着、特别亲切的，很多地方，很多人，不仅为他们修建了祖庙，而且还以他们为始迁祖，建起了坟茔，致使以洪洞大槐树移民为一世祖，建家庙、立坟茔，成为社会风尚。

尊始迁祖为一世祖的盛行

随着以始迁祖为一世祖，建祖庙、立坟茔社会风气的形成和发展，以始迁祖为一世祖编修的族谱，也日益兴盛起来。

清初，文渊阁大学士兼吏部尚书陈廷敬，应山西老乡刘镇的请求，为《洪洞刘氏宗谱》撰写了一篇序言。他在这篇序言中，深刻地阐述了"以血缘为本，以可知为断"编修族谱的极端重要性，受到名人学者的广泛关注，有力地推动了以始迁祖为一世祖编修族谱的盛行。

刘镇，山西洪洞人。他出任福建清吏司郎中后，秉公执法，平反冤狱，声威大震，有口皆碑。陈廷敬对于刘镇其人及其政绩，是了如指掌的。《洪洞刘氏宗谱》就是刘镇与其兄刘志共同主持编修的。刘志，山西洪洞人，官至都察院佥都御史。由刘镇和刘志这样两个名声显赫的大人物主持编修的《洪洞刘氏宗谱》，自然是特别引人关注的。文渊阁大学士兼吏部尚书陈廷敬为之作序，也就可以理解了。从陈廷敬撰写的《洪洞刘氏宗谱序》的内容来看，他对《洪洞刘氏宗谱》关于两个问题的处理是非常满意的：其一是以血缘为本，不准异姓乱宗；其二是以可知为断，不得攀附高门。

首先，在叙述以血缘为本，不准异姓乱宗时，陈廷敬写道："盖吾山右风俗，多有取他姓为嗣，其后子孙遂致混淆而无别。此非嗣之者罪也，罪由取他姓者。"

山西位于太行山之右，故亦称山右。山西有的地方和宗族中流行在无子继承的特殊条件下允许取他姓之人为嗣的风俗，这与以血缘为本的修谱原则是格格不入的。按照编修族谱的通例，将嗣子名字写入族谱的特定位置，就确定了他与列祖列宗的传承关系，从而也就确定了他的亲族地位和血缘关系。如若取异姓之人为嗣，就破坏了原有的血统传承关系，因而叫作"异姓乱宗"。这是绝对不能允许的。针对取异姓为嗣且不加说明的情况，陈廷敬在同一谱序中又写道："而不知血食自此而斩，子姓自此而淆，伪谬自此而不可禁，冒昧苟且以忘其先，其罪莫有甚于此者。"

在实际生活中，这种取异姓之人为嗣的现象，不仅山西有，南方也有。编修族谱时如若遇到这种情况，有两种处理方法：一种是采取不承认主义，直书其为"绝"。例如，元代福建吴海所作的《吴氏世谱》明确规定，"后世有无子为嗣不立宗人而以外姓为继者，不录"。直书其下曰"绝"。并加注曰："谓其自绝于祖宗也。"另一种办法就是说明异姓为嗣者的来历，不使其乱宗。《洪洞刘氏宗谱》采用的是后一种办法。陈廷敬在谱序中写道："其非刘氏而冒姓于刘者，盖亦以数十。员外君皆能指其所自来，今虽未能尽复，而后此可不至混淆也。"

刘镇和刘志主持编写《洪洞刘氏宗谱》的过程中，对于数十个非刘姓而冒姓于刘者，即数十个取异姓之人为嗣者，敢于冲破其陋俗的束缚，如实地书写每个异姓者来自何姓、何地，何年、何人，取以为嗣，这就等于向族人宣布：某某不是洪洞刘姓血统传承者，而是异姓人，他与洪洞刘氏宗亲是枝不连、气不同、血脉不相贯，以异姓人为嗣，阳似续而阴实绝矣。陈廷敬对于员外君的这种处理办法，给予了充分的肯定和很高的评价。因为这种处理办法就堵塞了异姓乱宗的渠道，坚持了以血缘为本的修谱原则。

其次，陈廷敬对于洪洞刘氏宗谱以史实为凭、以可知为断，十分赞赏，他在序中写道："而今工部员外郎刘君靖公，独取所存宗谱而极正之。非所谓能详且慎者欤。刘氏在洪洞既久，其有世次可考者十有三，有名字可纪者，凡数百人。"

刘镇、刘志以史实为凭，以可知为断来编修洪洞刘氏宗谱，这在刘氏族谱中是很少见的。因为从现存的刘氏族谱来看，绝大多数都是汉高祖刘邦的后裔，亦即祁姓刘氏之后裔。造成这种状况的一个很重要的原因，就是很多刘氏族谱在追溯其远祖时，把自己挂在了汉高祖后裔的名下。

刘镇和刘志编修《洪洞刘氏宗谱》时，断自可知之世，以其十世祖刘祥为始祖，根本不涉及祁姓刘和姬姓刘的问题，更没有将洪洞刘氏挂在祁姓刘皇族后裔名下，这是十分难能可贵的。所以陈廷敬在序中称赞道："吾闻东南士大夫遵东晋遗风，颇有能谈氏族者，然好援引急声气，往往取同姓有名于时者，通谱牒而列载其名，如是则与混淆无别者相去有几，而详慎之意亡矣。今观刘氏宗谱而嘉员外君之能不忘其先也。是为序。"

陈廷敬认为，刘镇编修《洪洞刘氏宗谱》，不攀附皇族，不虚美先人，达到了"真而不污，信而有征"的地步，这是对先人的尊重，也是不忘其先祖的具体表现。正因为如此，所以陈廷敬才乐于为其作序。

由于清代文渊阁大学士兼吏部尚书陈廷敬的倡导与推荐，"以血缘为本，以可知为断"的修谱原则，得到广泛的推行。正是在这样的历史背景下，清朝雍正年间，才出现了安徽桐城原本姓胡的《横峰张氏宗谱》以及清朝乾隆年间，湖北浠水县巴河镇原本姓文的《闻氏宗谱》。

安徽桐城横峰张氏，原本是洪洞大槐树移民后裔，经过多年的繁衍发展，成为桐城地区有名的张氏望族。但他从洪洞大槐树迁出时，原本姓胡，名太，字长乙，号校圃，但在桐城横峰编户受田时，因寄籍当地望族"清河张氏"户下，遂改姓为张。清雍正二年，张长乙的第十世孙张立远，首次编修《横峰张氏宗谱》，该谱以张长乙为一世祖，但在追溯其渊源时，仍以胡姓为本，并详载张长乙改姓为张的经过。其后，又以张长乙的五世孙兄弟八人，分为八房。八房之下，又各分若干支。其后，乾隆二十七年、嘉庆二年、道光十八年、光绪三年以及民国四年，又先后五次重修。该谱五次重修的宗旨，就在于联络安徽桐城横峰张长乙更胡为张后之张氏子孙，故名《横峰张氏宗谱》（见《中华族谱集成》张姓卷第十三册）。这样的宗谱，当然会被更胡为张的子孙后代视为珍品，世代相传。

清朝乾隆四十六年编修的湖北浠水县巴河镇《闻氏宗谱》载："吾族本姓文氏，世居江西吉安之庐陵。宋景炎二年，信国公（文天祥）军溃于空坑，始祖良辅公被执，在道潜逃于浠（今湖北浠水）之兰清邑，改文为闻。"因此，闻一多与文天祥原本是同根同祖。从始迁祖排下来，文天祥为第二十五世，闻一多则为第三十九世。所以，闻一多先生在《二月庐漫记》中，自称是信国公文天祥的后代。

随着时间的推移，洪洞大槐树后裔中名人、名谱不断涌现，反过来又进一步提高了洪洞大槐树移民的知名度和影响力。

比如，据李茂盛《阎锡山大传》上册（山西人民出版社 2012 年版）记载，统治山西三十八年的阎锡山，就是洪洞大槐树移民的后裔。阎锡山的父亲阎书堂去世后，阎锡山在悼文中写道："先世于明洪武初，由洪洞县棘针沟村迁居阳曲县坡子街，继而迁居五台县长条坡，终乃定居河边村，遂隶籍五台。"其时，阎锡山名震全国，这篇悼文从正反两个方面，提高了洪洞大槐树的知名度。

再比如，天津《南皮张氏族谱》的编修，在全国范围内，进一步提高了洪洞大槐树的知名度。《南皮张氏族谱》始修于明代，清康熙庚申（十九年）修《南皮张氏东门谱》，乾隆甲申（二十九年）修《南皮张氏西门谱》，光绪癸未（九年），张氏将《南皮张氏东门谱》和《南皮张氏西门谱》合而为一，是为《南皮张氏族谱》。据该谱记载，明初，始迁祖张本，携家带口从洪洞大槐树出发迁到直隶，定居于天津府南皮县东门印子头村，史称"南皮张氏"。经过一百四十多年的生息、繁衍，家业兴旺，人才辈出，明正德三年出了个名叫张淮的进士，授户部主事，后改任监察御史。他恪尽职守，连续上章弹劾朝廷重臣不法之事，为人所赞赏，得到正德皇帝的表彰，并赠其祖父张端为文林郎，张家声誉由此鹊起。嘉靖初，张淮晋升为河南按察使。他赴任后，励精图治，匡正时弊，除暴安良，昭雪冤狱，廉洁之声，誉满朝野。进入清代，其后裔张之万和张之洞兄弟，先后显赫近半个世纪，南皮张氏发展到它的鼎盛时期。

张之万，字子青，自幼在其母的训导下，勤奋攻读，道光二十七年殿试一甲第一名，成为南皮张氏家族中的第一名状元，授翰林院修撰，入值上书房，踏入仕途。咸丰十一年，皇帝咸丰病死，张之万为慈禧太后出谋献策。慈禧得势后，张之万出任兵部侍郎兼署工部侍郎，青云直上。1895年中日甲午战争后，当张之万家族由盛转衰时，张之洞家族又日益兴盛。

张之洞，字孝达，号香涛。原籍直隶南皮，但他却出生在贵州兴义。同治二年，张之洞中进士，授翰林院编修。从同治六年至光绪三年，张之洞在浙江、湖北、四川等地历掌文职，曾大力匡正考试弊端，并在成都创办五经书院，刊行古代经典和各朝史籍。他还为学生们撰写了学习读本《书目答问》，很受欢迎。光绪三十三年，张之洞升为协办大学士，进入内阁，仍兼湖广总督，七月再升为军机大臣，八月进京兼管学部，为中国古代旧教育的结束和近代新教育的建立作出了重要贡献。

南皮张氏由于张之万和张之洞兄弟，先后显赫，历时近半个世纪。清朝大臣张之万和张之洞兄弟长期将山西洪洞大槐树视为他们的"寻根"圣地，极大地提高了山西洪洞大槐树的历史地位，进一步扩大了洪洞大槐树的社会影响。

洪洞大槐树移民姓氏统计

关于移民姓氏，张青同志根据《明史》、《明实录》、《日知录》以及野史笔记记载，再加上他从1982年至2002年二十一年间，收集的遍布全国各地的大槐树移民后裔六千余件信函、家谱、碑文以及大槐树祭祖园留言簿等有关姓氏资料，整理统计，洪洞大槐树移民姓氏多达八百六十九个。他还将这八百六十九个姓氏，以百家姓形式编辑如下：

山西洪洞　历史尤长　炎黄子孙　万代荣昌
尧都平阳　虞由英皇　羊解士师　禹夏商汤
周朝文武　攻成姜尚　巫霸亓熊　林栗好强
燕韩赵魏　齐楚秦庞　相茹纪信　汉高刘邦

晋隋唐宋	辽金祁连	蒙时末年	战斗弋常
天宰水寒	北国田干	甄主元章	明君建江
徐礼郁新	纳皋奏爨	贾村古槐	济中官迁
伯仲叔季	拜祭祖先	过桥行路	辈井吏乡
京经鲁于	苏折涂杭	冀安东省	宁淮陕甘
湘桂隆庆	旭惠泽桓	社刁弓张	智慧和畅
富饶欣慰	芮雪降祥	辛勤劳作	霍岳丰唱
麦苗青绿	玉锋峦岚	知足能乐	硕果森满
温柔谙贴	幸福快苑	宫廷繁华	俞院梅兰
景泰晨花	员阵宣童	康喜郏靖	崇振綦苌
吾项邢海	吕律陶颜	宗族修普	寻根记念
范黎朱公	暴财施善	陆游包程	孔丘屈原
典韦蔡伦	堤玄於钱	来嵇冯申	孟柯鹿班
彦博毕升	乔途许郇	萧何窦仪	邵甫倪赞
裴巨卢值	晏隐薛旋	粟宇阮籍	邓攸龚贤
彭悦樊邰	聂耳释邝	少帅肇司	崔浩褚员
曹操宓佴	袁枚随渊	晁盖李逯	衡闻邴添
郑杰南仝	应怀复初	守仁续邹	石蒲段让
部丁光陈	马牧左权	绒甲卫营	郭种王轩
薄后淳义	寿骈墨香	量蔺贺荀	保运孤藏
伏席吴回	蒯缑开鞍	盍逮伍胥	佼较睦严
巴焦句滕	柴胡米莲	麻娄云凌	艾叶伸展
摸药杜钟	飞深秋烟	闻谢党生	菜霞娇鄢
松柏竹荷	桃穆柳杨	尖负忠任	弥侯采桑
黑牛充冬	支钞顾全	那苟言笑	达鞠勇刚
牟闻神尹	百亿希望	庄居滑稽	交谊宜藏
毛裘刑衣	蒋才郇练	钮扣依纽	介绍娄婉
秘密革职	伟戴羡漫	霭门竺扈	妙碧岂谈
姚鹏祝傅	莫及鞭婵	白日落露	渠窄需宽

卜从揭蒂　　布依曲弯　　别俱易格　　蹇贵巢双

管舒乌丌　　符合鱼养　　计瓮会骆　　欧乐余闪

睦佩斐翠　　亲毋诚方　　钦校慈母　　共益泥谭

覃郄邱戎　　瞧戚配旁　　千尉车龙　　筛沙狄房

恭敬校尉　　卓酒补凡　　更进奕步　　关察风向

敦迪克寇　　独皮恒当　　耿庚翟奚　　洛伊部汪

贡税狐弭　　郝赫轷单　　彻查费靳　　池荫赤蓝

仵曳仇赛　　继可枫潘　　抄习简问　　芦沈储延

哈腰巩息　　己梯浑染　　盛恩边菅　　冷血容阎

寄拓宿志　　呼奇邸狼　　索股付印　　锁穗紫檀

曾加浮屠　　致禚亢项　　姬吉阴危　　韶所郎坊

尼乜慕幕　　昝隗赔詹　　禄罗为胃　　鲍谷凤曼

缴伪岑莘　　缪斯侣栾　　各郅徂汲　　封候卞梁

家喻户晓　　这只廖湛　　直廉佘仇　　莒赖库阚

要么嫪雒　　润卡翁里　　咎油訾璩　　闵境审匡

坡箕雷瞿　　迟啜其宛　　逢戈丛荆　　灵郗佟鲜

倘邬蔚么　　隗股脱撒　　银铜铁木　　解椎覃盘

买舟宓冉　　诸葛令孤　　皇甫欧阳　　司马夏侯

上官呼延　　肖葛铃励　　颉俎贝浦　　束利扶暨

蓟鄂广弘　　茅蓬鄲郦　　贾麴麇斜　　越堵敖融

阙夔癹红　　空库咸诸　　胜豆刀德　　贯六伲奉

农沃宦雍　　慎终须仰　　曷鉴化位　　濮

（见《中国地方志·三晋史志文化专号》2003年增刊）

　　广泛流行的《百家姓》只收有438个姓，其中单字姓408，双字姓30个。张青同志统计的明初移民姓氏，竟多达869个，较之《百家姓》多出近一倍，可信吗？这是很容易引起人们质疑的问题。在中华民族姓氏发展史上，山西是多民族姓氏的形成地和集结地，在历史上，山西就是以姓氏众多彪炳史册的。直到1990年第四次人口普查统计，山西姓氏依然多达2363个。其中单字姓2281个，双字姓82个。由此可见，明朝初年洪洞大槐树迁徙出去的姓氏多达 869 个，是符合山西的历史实际的，是完全可信的。当然，其中许多姓氏并不起源于山西，许多姓氏的祖根也不在山西，但他们却是从山西迁出去的，他们的始迁祖在山西，山西洪洞大槐树就是他们始迁祖的出发地。

明初，从山西洪洞大槐树迁出去的这 869 个姓氏中，如若每个姓氏平均按迁出 10 人计算，迁出移民数就是 8690 人；如若每个姓氏按 100 人计算，迁出的移民数就是 86900 人。如若每个姓氏按 1000 人计算，迁出的移民数就是 869000 人。从史籍文献记载来看，明初洪洞大槐树移民不会少于一百万。因为据葛剑雄先生统计，仅就洪武年间迁入山东地区的山西移民，就多达 121 万。如果整个明初洪洞大槐树移民按一百万计算，每三十年为一代人计，至今已繁衍到二十多代了。洪洞大槐树移民后裔数量之庞大、分布之辽阔，是一目了然的。山西洪洞大槐树正是凭借这样的优势而闻名于世的。

第五章　载入史册的山西郡望

在山西这块古老的黄土地上，不仅产生了很多姓氏，而且还是许多姓氏的郡望所在地。不仅是汉族姓氏郡望所在地，而且还是许多少数民族姓氏郡望所在地。

第一节　山西的郡望

郡望的由来和演变

郡，系行政区划；望，指名门望族。郡望系指地方上的名门望族。郡作为行政建置，发端于春秋时代的晋国。其时晋国在内地设县，在边远地区置郡，均由国君直接统治。这是我国历史上郡县制的形成时期。韩、赵、魏"三家分晋"后，赵国在山西境内设有云中、雁门、太原、代、上党五郡。秦统一后，在山西境内设有：河东、太原、雁门、代、上党五郡。西汉至隋统一期间，山西境内郡的建置变化很大。隋统一后，置郡十四，计有：长平郡、上党郡、河东郡、绛郡、文城郡、临汾郡、龙泉郡、西河郡、离石郡、雁门郡、马邑郡、定襄郡、楼烦郡、太原郡。唐初依隋旧制，地方行政区划仍为州（郡）、县二级建制。高祖武德元年改郡为州，玄宗天宝元年，复改州为郡，肃宗至德二年，再改郡为州。至此，郡作为一级行政建置，就不复存在了。从春秋末年至唐中叶这一千多年间，是郡作为行政建置的存在时期，但郡望作为指地方上的名门望族的用语，一直延续了下来。

在我国历史上，魏晋南北朝时期，是谱学的鼎盛时期。早在东汉时，门第观念业已形成。名士之家，往往世代做大官。例如：弘农郡华阴杨氏，连续四代有四人位至三公；汝南郡汝阳袁氏，连续四代有五人位至三公；汝南郡平舆许氏，连续三代有三人位至三公，等等。于是弘农杨氏、汝南袁氏和许氏，皆为世人所羡慕，成为名门望族。魏晋时期，随着九品中正制的推行，只有地方上的名门望族，才有资格做官；只有门当户对，才能通婚。这样就形成了一种强大的门阀势力和士族制度。门阀，即门第、阀阅，特指祖先建立功勋者的家世，也就是名门望族。社会上出现了"上品无寒门，下品无士族"的现象。有些名门望族，在魏晋六朝时期，世代显赫。例如，琅琊郡临沂王氏，从汉代直至南朝陈，累计有十七代数百人位居高官，其中许多人官至丞相、尚书。又如，太原郡晋阳王氏，许多人世代做大官，成为具有重大影响的大家族。与此相伴，攀附名门、假托祖先、任意通谱、冒认同宗等奇特现象，亦广为流行。即或是卓有成就的社会名流，也都以攀附名门、血统高贵为荣。经过隋末农民战争的沉重打击，门阀势力才逐渐衰落下来。有唐一代，是士族地主和庶族地主双方力量此消彼长的时期，随着士族势力的衰落和科举制度的推行，门阀观念逐渐淡薄下来。唐末农民战争后，门阀势力才退出历史舞台。此后，名门望族亦演变为泛指地方上，或在政治方面，或在经济方面，或在文化方面，具有重大影响的姓氏和家族。

在我国历史上，很多姓氏，特别是一些人口众多的大姓，分布极广，人才辈出，支派繁多，所以很多姓氏的郡望都不是一个，而是几个或几十个。《广韵》记载，王姓有二十一望，张姓有十四望，刘姓有二十五望，李姓有十二望，朱姓有九望，周姓有八望，赵姓有五望，等等。

郡望是一个历史的概念。这不只是由于郡作为一级行政建置仅仅存在于春秋至唐中叶这一历史时期，即或是这一时期郡的设置也是变化很大的。例如，山西的高平郡，北周时设置，隋开皇初废；唐天宝初，又改泽州为高平郡，乾元元年复改为泽州。所以，高平郡的望族主要是指北周至隋这一时期的望族。

由于郡望系指地方上的名门望族，所以一郡之中，在不同的朝代会出现不同的名门望族。这些不同朝代的名门望族汇总起来，就形成了一郡之中出现几个或几十个名门望族的现象。因此，史籍中记载的郡望，都是不同朝代的名门望族的汇总，而不是同一朝代并存的数十个名门望族。山西各郡的名门望族，也都如此。

《百家姓》中的山西郡望

《百家姓》是北宋以来，对儿童进行启蒙教育的主要读本之一，传播极广，影响极大。《百家姓》出自《兔园集》，系宋初钱塘无名老儒所作。其所以用"赵钱孙李"开头，是因为宋朝皇帝姓赵。钱姓是五代十国时吴越国的王姓。吴越国据有今浙江大部，是后梁开平元年由钱镠创建的。传至其孙钱弘俶时，国力颇盛。后汉和后周时，中原王朝累授吴越王钱弘俶为天下兵马大元帅。宋太宗太平兴国三年，钱弘俶以所管十三州来献阙下，恩礼甚隆，累封邓王，卒谥忠懿。钱弘俶任太师尚书令兼国王凡四十年，为元帅三十五年，在钱塘老儒心目中，钱是仅次于皇族的显姓，故排为第二。孙姓是钱弘俶之妃，李姓系南唐后主之姓，所以赵钱之后，排为孙、李二姓，然后才排其他姓氏。

流行于世的《百家姓》本，是明代定型的。其后曾出现过不少《百家姓》改编本，诸如明末黄周星的《百家姓新笺》，清代以康熙皇帝名义编写的《御制百家姓》，咸丰时由丁宴改编的《百家姓三编》，等等，但这些新编的《百家姓》本，都未能取代原本的《百家姓》本，可见原本《百家姓》生命力之强。原本《百家姓》不仅在汉民族中广泛传播，在兄弟民族中也有其注音译本，如《蒙古字母百家姓》、《女真字母百家姓》等。

流行甚广的原本《百家姓》，共收录姓氏438个。其中，单字姓408个，编为102句；双字姓30个，编为15句；最后是"百家姓终"一句，总计118句，472字。鉴于流传极广的原本《百家姓》收录姓氏较少，清代后期又出现了《增广百家姓》，即在原本《百家姓》的"司徒司空"之后，新增补了30个双字姓，36个单字姓。加上原有的30个双字姓和408个单字姓，总计收录姓氏为504个。其中单字姓444个，双字姓60个。在这504个姓氏中，郡望在今山西境内者有82个，兹分述如下。

太原郡（著望 30 姓）

殷商时为唐国，西周时为北唐，春秋时为晋阳邑，战国时属赵。秦庄襄王四年，秦国攻克赵国之晋阳及周围大片领土后，始置太原郡。西汉初，改太原郡为国，后又复为郡。西晋时又改为国，北魏再复为郡。隋开皇三年改为并州，大业三年复为太原郡。唐初改为并州。

太原郡著望计有：王姓、郝姓、邬姓、祁姓、伏姓、祝姓、郭姓、霍姓、昝姓、弓姓、宫姓、武姓、韶姓、郁姓、能姓、阎姓、充姓、易姓、弘姓、沃姓、师姓、缑姓、亢姓、景姓、匡姓、越姓、尉迟姓、澹台姓、令狐姓、呼延姓。

平阳郡（著望 13 姓）

平阳古为帝尧之都。春秋时为平阳邑。战国属韩。秦置平阳县，属河东郡。三国时魏正始元年，始置平阳郡。唐武德年间改为晋州，天宝元年复为平阳郡，乾元元年，仍改置晋州。

平阳郡著望计有：汪姓、纪姓、解姓、邴姓、巫姓、仇姓、柴姓、步姓、欧姓、勾姓、饶姓、晋姓、牟姓。

河东郡（著望 13 姓）

河东郡始设于战国时期。战国中期，秦国夺取了魏国的西河以后，魏国为加强防守，遂置河东郡。其辖境相当于今沁水县以西、霍山以南地区，这里原是魏国的国都安邑所在地。后来，秦昭王任用魏冉为相，白起为将，在兼并战争中取得重大胜利。魏国被迫献出河东地四百里给秦，秦沿袭魏河东郡旧名，置河东郡，治所在安邑（今夏县西北禹王城），后移治临汾（今曲沃北）。两汉、三国魏晋南北朝至隋，亦多称河东郡，只是辖境有所不同而已。唐武德元年，改为蒲州，天宝元年又改为河东郡，乾元元年再次改为蒲州。

河东郡著望计有：卫姓、吕姓、柳姓、廉姓、薛姓、裴姓、陆姓、储姓、蒲姓、堵姓、满姓、聂姓、孟姓。

西河郡（著望 11 姓）

西河郡始置于汉武帝元朔四年，治所在平定（今内蒙古自治区东胜县境）。东汉永和五年移治离石（今山西离石）。汉献帝末年废。三国魏黄初二年复置西河郡，治所在兹氏（今汾阳）。西晋时称西河国，永兴后废。北魏太和八年复置郡，属汾州，北齐废郡，改为西汾州。隋大业初，复置西河郡。唐武德元年，改为浩州，三年改为汾州，天宝初复为西河郡，后又改为汾州。

西河郡著望计有：卜姓、毛姓、林姓、靳姓、栾姓、卓姓、池姓、宰姓、通姓、相姓、爱姓。

雁门郡（著望8姓）

雁门郡始置于战国时期。赵武灵王改革军制，实行"胡服骑射"后，赵国成为仅次于秦的强国。为加强边防，置雁门郡，治所在今右玉县南。秦汉因之。北周改为肆州，隋开皇五年改为代州，大业初复为雁门郡。唐武德元年复为代州，天宝初又改为雁门郡，乾元初再复为代州。

雁门郡著望计有：童姓、田姓、幸姓、薄姓、农姓、鱼姓、衡姓、文姓。

上党郡（著望5姓）

上党郡始置于战国时期。战国时韩国置上党郡，辖区在今山西沁河以东一带地区。韩国上党郡守冯亭，献十七县给赵国。赵国亦置上党郡，与韩国之上党郡相接。公元前247年，秦攻取了韩的上党郡；公元前236年，秦又攻取了赵的上党郡。上党地区全部为秦占有，遂置统一的上党郡。秦汉魏晋因之。隋开皇初废，大业初复置。唐武德元年改为潞州，天宝初复为上党郡，乾元元年再次改为潞州。

上党郡著望计有：鲍姓、樊姓、包姓、尚姓、连姓。

高平郡（著望2姓）

高平郡始置于北周。北周时，将北魏时的高都郡改为高平郡，治所在高都（今晋城东北），领有高都、高平二县。隋开皇初废。唐天宝初又以泽州改置高平郡，后又改为泽州。五代时，后唐又置高平郡，不久复废。

高平郡著望计有：范姓、巴姓。

以上是《百家姓》所载郡望在山西的姓氏。由于《百家姓》，包括《增广百家姓》，所收录的姓氏很不完全，自然郡望在山西的姓氏也不可能完全。为了更多地了解山西历史上曾经出现过的郡望，有必要对《山西通志》中记载的山西郡望，再进行一些考察。

《山西通志》中的山西郡望

明成化十一年刻印的《山西通志》是山西的第一部省志。嘉靖四十三年编修的嘉靖《山西通志》，设有"艺文"一目，著录三晋文献450余种，是最早的山西文献书目。万历四十四年修成，崇祯二年刻印的万历《山西通志》，出于军事防卫的需要，对边墙、边关、堡塞、隘口等地理形势记载特详。清代又修有康熙《山西通志》、雍正《山西通志》和光绪《山西通志》。光绪《山西通志》由曾国荃、王轩、杨笃等修。曾国荃，湖南湘乡人，于光绪三年任山西巡抚。王轩，山西洪洞人，同治二年进士，精通古籍，博学多才，曾主讲晋阳、令德两书院。光绪五年，他受聘为《山西通志》总纂，主持编修。杨笃，山西乡宁人，同治举人，山西学界一代名流，清末著名的方志学家、金石学家。光绪十三年，总纂王轩谢世，他力挑重担，总揽全局，光绪十八年《山西通志》终于问世，受到著名学者梁启超的赞誉。《续修四库全书提要》评价该志云："盖不独为《山西通志》之模范，且可为他省志书之准绳。"据光绪《山西通志》卷九记载，山西郡望（含北魏孝文帝迁洛著姓），以郡统计（同一姓氏著望两郡者，按两郡望计），多达292个，其分布如下：

太原郡（著望 39 姓）

计有：王、郝、祁、伏、祝、郭、霍、昝、弓、宫、武、温、阎、白、狄、乔、唐、邬、鄥、酉、祭、吞、韶、郁、易、弘、匡、沃、越、师、秦、元、蓼、毕、廖、令狐、鱼、仪、景。

河东郡（著望 43 姓）

计有：裴、柳、薛、卫、吕、储、蒲、聂、骐、堵、展、啖、义、壹（本树姓改）、舜、辅、戈、廉、戴、庞、胡、袁、韩、关、罗、滕、周、董、赵、贾、宁、郅、翼、陈、古成（即苦成）、田丘、费、王、宫、景、任、孙、茹。

上党郡（著望 10 姓）

计有：鲍、樊、包、尚、连、繁、尧、冯、续、上官。

西河郡(著望 18 姓)

计有：卜、毛、宋、孙、栾、卓、池、宰、通、相、临、贯、理、析、仪、任、马、相里。

雁门郡(著望 16 姓)

计有：田、薄、农、茹、居、衡、文、续、卑、曲、童、宿、苑、枝、鱼、解。

平阳郡(著望 23 姓)

计有：汪、纪、解、巫、仇、柴、步、欧、饶、敬、来、乘、牟、囊、丙、路、晋、邓、员、仵城、霍、贾、马。

高平郡(著望 6 姓)

计有：米、范、巴、翟、过、独孤。

绛郡(著望 6 姓)

计有：先、侯、铎、郭、尹、卢。

代北(著望 131 姓)

其中，旧单姓 6，旧复姓 83，旧三字姓 39，旧四字姓 3。

旧单姓 6。计有：

普氏，后改为周；俟亥氏，后改为亥氏；邢氏，庾氏，闾氏，茹氏。

旧复姓 83 个。计有：

拓跋氏，后改元氏；纥骨氏，后改胡氏；

拔拔氏，后改长孙氏；达奚氏，后改奚氏；

伊娄氏，后改伊氏；丘敦氏，后改丘氏；

乙旃氏，后改叔孙氏；车焜氏，后改车氏；

贺赖氏，后改贺氏；独孤氏，后改刘氏；

贺楼氏，后改楼氏；是连氏，后改连氏；

仆兰氏，后改仆氏；若干氏，后改苟氏；

拔列兰氏，后改梁氏；拨略氏，后改苏氏；

叱罗氏，后改罗氏；贺葛氏，后改葛氏；

是贲氏，后改封氏；薄奚氏，后改薄氏；

乌丸氏，后改桓氏；素和氏，后改和氏；

贺若氏，依旧；谷浑氏，后改浑氏；

匹娄氏，后改娄氏；牒云氏，后改云氏；

是云氏，后改是氏；叱利氏，后改利氏；

副吕氏，后改副氏；如罗氏，后改如氏；

乞扶氏，后改扶氏；可单氏，后改单氏；

俟几氏，后改几氏；贺儿氏，后改儿氏；

吐奚氏，后改古氏；出连氏，后改毕氏；

贺拔氏，后改何氏；叱吕氏，后改吕氏；

莫芦氏，后改芦氏；莫舆氏，后改舆氏；

纥干氏，后改干氏；是楼氏，后改高氏；

屈突氏，后改屈氏；沓卢氏，后改沓氏；

解枇氏，后改解氏；奇斤氏，后改奇氏；

须卜氏，后改卜氏；丘林氏，后改林氏；

尔绵氏，后改绵氏；盖楼氏，后改盖氏；

渴单氏，后改单氏；叱门氏，后改门氏；

秘邗氏，后改邗氏；土难氏，后改山氏；

乙弗氏，后改乙氏；茂眷氏，后改茂氏；

宥连氏，后改云氏；库狄氏，后改狄氏；

柯拔氏，后改柯氏；尉迟氏，后改尉氏；

叱干氏，后改薛氏；俟奴氏，后改俟氏；

展迟氏，后改展氏；费连氏，后改费氏；

綦连氏，后改綦氏；去斤氏，后改艾氏；

渴侯氏，后改缑氏；叱卢氏，后改祝氏；

和稽氏，后改缓氏；冤赖氏，后改就氏；

喝盆氏，后改温氏；达勃氏，后改褒氏；

贺兰氏，依旧；纥奚氏，后改嵇氏；

越勒氏，后改越氏；叱奴氏，后改狼氏；

羽弗氏，后改羽氏；斛律氏，依旧；

斛斯氏，依旧；尔朱氏，依旧；

可达氏，依旧；吐万氏，依旧；

拓王氏，本姓王，后魏赐姓拓王氏。

旧三字姓 39 个。计有：

丘穆陵氏，后改穆氏；步六孤氏，后改陆氏；

勿忸于氏，后改于氏；若口引氏，后改寇氏；

普陋茹氏，后改茹氏；阿伏干氏，后改阿氏；

可地延氏，后改延氏；阿鹿桓氏，后改鹿氏；

他骆拔氏，后改骆氏；吐谷浑氏，依旧；

俟力伐氏，后改鲍氏；吐伏卢氏，后改卢氏；

莫那娄氏，后改莫氏；奚斗卢氏，后改索卢氏；

步大汗氏，后改韩氏；没路真氏，后改路氏；

扈地干氏，后改扈氏；俟伏斤氏，后改伏氏；

嗢石兰氏，后改石氏；大莫干氏，后改郃氏；

壹斗眷氏，后改明氏；宿六斤氏，后改宿氏；

树洛干氏，后改树氏；纥豆陵氏，后改窦氏；

侯莫陈氏，后改陈氏；太洛稽氏，后改稽氏；

步鹿根氏，后改步氏；破多罗氏，后改潘氏；

独孤浑氏，后改杜氏；郁都甄氏，后改甄氏；

渴烛浑氏，后改味氏；库耨官氏，后改库氏；

乌洛兰氏，后改兰氏；一那蒌氏，后改蒌氏；

叱伏列氏，依旧；破六韩氏，依旧；

可朱浑氏，依旧；莫胡卢氏，后改阳氏；

譬历辰氏，后改辰氏或张氏。

旧四字姓 3 个。计有：自死独膊氏；井疆六斤氏；胡古口引氏，后改侯氏。

以上是光绪《山西通志》记载的山西郡望。在中华文明史上，山西是很重要的郡望集中地之一。

第二节　著名望族举要

在中国历史上，山西的很多名门望族，都是影响极大、名扬天下的。兹举数例如下。

太原王氏

太原王氏主要有祁县、晋阳两支。秦朝大将王翦裔孙王霸，定居太原，生有二子：长子王殷，东汉中山太守，食邑祁县，其后裔称祁县王氏；次子王咸，随父居晋阳，其后裔称晋阳王氏。

祁县王氏，自王允始，扬名天下。王允，字子师，太原祁人。少好大节，有志于立功，常习诵经传，朝夕试驰射。汉献帝初平元年，代杨彪为司徒、守尚书令，以董卓有不臣之心，潜结董卓部将吕布，刺杀董卓。董卓部将李傕、郭汜攻陷长安，吕布奔走，驻马青琐门外。吕布招王允去劝降，王允曰："若蒙社稷之灵，上安国家，吾之愿也。"其以国家为念，遂遇害，时年五十六岁。长子、次子及宗族十余人皆被诛害。唯兄子王晨、王凌，脱归乡里。天子感痛，百姓丧气。及朝廷平定李傕之乱，帝思王允之忠节，遣使奉策，改殡祭葬，封其孙为安乐亭侯，食邑三百户。王允之侄王凌，既免于叔父之难，以才能为魏武帝曹操知遇，任中山太守，有治声，后官至太尉。时人称赞他"文武俱赡，当今无双"。司马懿诛除异己，有不臣之心。他在寿春（安徽寿县）举兵讨伐，后兵败被杀。时论评议他是"固忠于魏之社稷者"。王凌有四子，长子、次子、三子，均才武过人；四子王明山最知名，善书法，被时人视为楷模。后来四个儿子都被司马懿所杀。

王玄谟是祁县王氏中影响很大的历史人物。南朝宋武帝时，王玄谟南讨有功，封曲江侯，后迁平北将军、徐州刺史，加都督。宋文帝即位，王玄谟官至顾命大臣。明帝即位，四方反叛，以王玄谟领水军南讨。后为左光禄大夫、开府仪同三司。年八十二卒，谥曰庄公。其后，家世相传，显于南朝。王玄谟子王宽，光禄大夫。从弟王玄载，兖州刺史。王玄载弟王玄邈，雍州刺史。曾孙王茂，仕梁朝，为开国元勋。梁武帝以王佐许之，事无大小皆询焉。后徙江州刺史，不取俸，狱无滞囚，宴然有秩，死于州任。赠太尉，谥曰忠烈。与王玄谟同时，汉司徒王允之兄王懋的七世孙王懿，亦显贵南朝。东晋末年，王懿自前秦出奔江南，时值宋武帝刘裕举兵时期，王懿被任为中兵参军，每战必克，后以战功显赫进镇北大将军。卒，谥号桓侯。

南朝梁时，祁县王氏后裔王神念仕梁，为右卫将军，卒，谥号忠公。其子王僧辩，博学，有凌云之气。梁元帝时，为中兵参军，督诸道兵马，平定侯景之乱，功居第一，加侍中、尚书令，累迁大司马，成为出将入相、左右时局的大人物，后为取代梁朝的陈霸先所害。王僧辩长子王顗，在梁朝为侍中；次子王颁，仕周为汉中太守，拜同三司，隋朝时官居代州、齐州刺史。唐太宗时宰相王珪，即王顗之后。王珪卒，唐太宗素服哭别，赠吏部尚书，谥曰懿。后王珪子王崇基，官至主簿员外郎；次子王敬直，为驸马都尉，封南城县男。

祁县王氏迁居河东的一支，以博学多才，著称于世。王通、王绩兄弟及其孙王勃，是其中的佼佼者。王通的六世祖王玄则，仕南朝宋，历太仆、国子博士，撰《时变论》六篇，言化俗推移之理；五世祖王焕，为江州刺史，著有《五经决录》五篇，言圣贤制述之意；四世祖王虬，于南齐高帝萧道成代宋后，奔北魏，任并州刺史，定居河汾，称晋阳穆公，著《政大论》八篇，言帝王之道；三世祖王彦，官至同州刺史，因悲永安惨案（胡太后杀明帝，尔朱荣沉胡太后和幼主钊于河，杀王公、官民两千余人），退居龙门，遂为河东龙门人，著《政小论》八篇，言王霸之业；祖父王杰（亦作王一），官济州刺史，谥曰安康献公，受田于龙门，著《皇极说义》九篇，言三才之去就，并有《龙门禹庙碑》传世。父王隆，字伯高，隋开皇初，奏《兴衰要论》七篇，言六代之得失，文帝称善，后出任昌乐县令，再迁铜川县令，秩满归里。王通兄弟七人，王通排行第三，王绩排行第五。王通中秀才高第后，于仁寿三年，西游长安，向隋文帝奏太平十二策，稽古验今，文帝大悦，但为公卿所嫉，未被重用。后王通任蜀郡司户书佐、蜀王侍读，大业末，弃官归里，著书立说，聚徒讲学，历九载完成其巨著《续六经》。卒后，被尊为"文中子"。王通以明王道为己任，重振孔子之学，提出了很多有价值的思想和主张，被后人称为隋唐时期儒学复兴的先驱。其孙王勃，才气横溢，文思出众，与杨炯、卢照邻、骆宾王齐名，被誉为"初唐四杰"。王通之弟王绩，字无功，唐代著名文学家，有《王无功集》（又名《东皋子集》）传世。

太原王氏晋阳支，自东汉始，日益显贵。王咸裔孙王柔、王泽兄弟，博学多才，得名士郭林宗品评而知名。后分别官至北中郎将和代郡太守，奠定了晋阳王氏显贵的基业。王柔子王机，仕魏，官至东郡太守；王泽子王昶，仕魏，官至司空，著有《治论》和《兵书》，魏末因助司马氏代魏有功，西晋建立后，子孙青云直上，登上了超级贵族之高位。王机子王沈，由叔父王昶收养，事昶如父，以佐命之功迁尚书令、散骑常侍，封博陵郡公。王沈之子王浚，官至大司马，父子皆登三公之位。王昶子王浑，晋武帝时率大军，灭孙吴，实现统一，以军功官司徒，增封京陵侯爵为京陵郡公，食邑八千户。王浑子王济，被晋武帝招为驸马，官至骠骑将军。从西晋建立至永嘉之乱的四十多年间，晋阳王氏，鼎贵一时，是其黄金时代。东晋时，晋阳王氏亦是继琅琊王氏、颍川庾氏、谯郡桓氏、陈郡谢氏之后，独霸东晋朝政达数年之久的显贵。东晋哀帝、简文帝和孝武帝的皇后，都是晋阳王氏之女。一门三后，其荣贵无双。王述，字怀祖，以门第显贵为司徒王导重用，官至散骑常侍、尚书令。其子王坦之，字文度，与谢安共辅幼主，迁中书令，领丹杨尹，卒，追赠安北将军，谥曰献。王坦之有四子，三子王国宝为安帝重用，参与朝政，威震内外，迁尚书左仆射，领选，加后将军、丹杨尹。自王述至国宝，祖孙三世为相，权倾天下。其后因政局变动，连遭家祸。王慧龙渡江北奔，后入北魏，宰相崔浩之弟崔恬，妻之以女，王慧龙遂与北朝首族清河崔氏联姻。王慧龙在北魏被授安南大将军左长史，以军功为太武帝器重，从而奠定了其家族的显贵地位。北魏孝文帝定族姓时，纳慧龙孙王琼之女为妃嫔，从此王氏又得到皇帝的扶持。由于有皇帝的扶持、大族的提携，王慧龙的后裔终于登上了北方一流大族的显贵地位，王氏遂与崔、卢、李、郑四姓，合称北朝五族，即所谓"世之言高华者，以五姓为首"。王琼后来官至征北将军、中书监、并州刺史，封长杜伯。王琼有四子：遵业、广业、延业、季和，并有时誉，各自分房立支，人称四房王氏。遵业为大房，子孙显贵于北朝至隋唐，后世王溥，为唐末昭宗时宰相；广业为二房，显贵略逊大房，后裔知名者有北齐胶州刺史王野父，唐御史中丞王珺儒，中书舍人王孝远，太常博士王仙客等人；延业为三房，季和为四房。三房和四房无后，故不显于世。晋阳王氏除王琼后裔外，还有多支显贵。如南朝齐，有王道宝，任晋安太守；道宝子王玮，为梁武陵王记室参军；王玮子王元规，为梁陈时名儒，陈文帝时任国子祭酒，入隋后，官至秦王府东阁祭酒。又如，北魏太武帝时，王景仁归魏，官至敦煌镇将；景仁子王公礼，任平城镇司马，家于平城；公礼子王延，任兰陵郡守；王延子王士良，迁居河右，仕东魏、北齐，又仕北周、隋；士良子王德衡，北周末年任仪同大将军，等等。

唐代是门阀势力衰落、庶族地主兴盛的转折时期，尽管世代相传的豪门大族史不绝书，但是随着科举制度的推行，家世和门第不再作为选官的凭据，晋阳王氏亦随之而衰落了下来。从汉至唐，太原王氏一直是名声显赫、影响巨大的名门望族。有些本来属于其他衍派的王氏家族，由于本族世系记载不明，加之太原又是王氏开宗立姓之地，所以便将自己的家世直接归系于太原王氏之下，这样就使太原王氏越传越多，以致有"天下王姓出太原"之称。随着时间的推移，这种说法在海内外，广为流传。

河东裴氏

河东裴氏，自裴晔始显。裴晔有二子，长子裴羲，任汉桓帝时尚书令，封开国公；次子裴茂，字巨光，灵帝时历任郡守、尚书，因率诸将平定李傕之乱有功，封阳吉平侯。裴茂有四子：徽、潜、辑、缙。其后分房立眷，各领风骚，成为名垂青史的名门望族。

裴茂长子徽，字文秀，魏冀州刺史、兰陵武公、金紫光禄大夫。后子孙多仕西凉，故号西眷，裴徽即为西眷之祖。裴徽有子四：黎、康、楷、绰。长子裴黎，字伯宗，游击将军，任秘书监。裴黎有子二：粹、苞。裴粹，晋武威太守。粹孙名憬，徙居解县洗马川，号洗马裴，仕前秦，官至大鸿胪。裴懂乃洗马裴氏之祖。裴苞，晋秦州刺史、太子少师，封清河公，赠司空。四世孙裴邕，随晋室南渡，徙居襄阳，任晋州刺史。六世孙裴叔业，仕南齐，高帝时任骠骑行参军、广平太守；武帝时又任右军将军、东中郎将咨议参军。齐明帝很欣赏叔业的才华，遂以叔业为给事黄门侍郎，封武昌县开国伯，食邑五百户。齐明帝驾崩，东昏侯萧宝卷继位，滥行杀戮，屡起事端。裴叔业遂北归，事北魏。魏世宗诏拜叔业为持节散骑常侍，都督豫、雍、兖、徐、司五州诸军事，征南将军，豫州刺史，封兰陵郡开国公，邑三千户。因叔业自江南北归，再加上又是驰骋沙场、屡建军功的大人物，叔业之后裔遂称为南来吴裴，叔业即南来吴裴之祖。可见，洗马裴和南来吴裴，分别出自裴黎之长子和次子，都是裴黎的后裔，都源于西眷。

裴茂子潜，字文行，仕曹魏。他治军有方，为太祖所器重，入朝为散骑常侍，魏明帝继位后，官至尚书令，封清阳亭侯，食邑二百户。死后又赠开国公，谥曰"贞侯"。其后裔多在中原做官，故归属中眷。裴茂子绾，东汉献帝时，任尚书令。本人显贵，但无后裔。其兄徽之裔孙裔，仕晋官至咨议参军、并州别驾，号曰中眷。裴裔，即中眷之祖。又裴裔系西眷之祖裴徽之后裔，可见中眷源于西眷，中眷和西眷均系裴徽之后裔。

裴茂第三子辑，东汉献帝时，任工部尚书，金紫光禄大夫，其后裔为宦者，多在京燕淮襄等处，故称东眷。裴辑，即东眷之祖。

起源于闻喜裴城即裴柏之裴氏，随着时间的推移，定著五房：一曰西眷裴，二曰洗马裴，三曰南来吴裴，四曰中眷裴，五曰东眷裴。尽管世远族分，但都源于裴柏，故有"天下无二裴"之说。

魏晋南北朝时期，正是裴氏家族定著五房的形成和确立时期，同时也是裴氏家族人才辈出、建功立业的时期。诸如，裴潜子裴秀，不仅官至黄门侍郎、散骑常侍，而且是我国古代杰出的地图学家，他提出的制图六体说，一直沿用到明朝末年。裴秀子頠，字逸民，颇有其父之遗风，不仅官至国子祭酒、尚书侍中，而且还是西晋时反对玄学的代表人物，他的《崇有论》，对玄学进行了系统批判，在中国思想史上占有重要地位。其子裴嵩，官至黄门中侍郎；次子裴该，被招为驸马，授散骑常侍。又如，裴松之，字世期，生于世宦之家，祖父裴昧，光禄大夫；父亲裴珪，官员外郎。裴松之本人自幼好学，博览典籍，二十岁便任殿中将军。东晋孝武帝太元年间，朝廷招社会名流议政，裴松之以才当选，颇得同仁赏识，后拜员外散骑侍郎。刘裕代晋称帝，更国号曰宋。宋文帝刘义隆很器重裴松之，故诏令他为《三国志》作注。他悉心搜寻，补缺漏，条异同，正谬误，论得失，历时三载，书成，注文超越《三国志》正文三倍，被尊为史学大家，成为史学史上史注体例的开创者。其子裴骃，继承家学，在史注体例的基础上，又创立了以荟萃众说为特点的集解、集注形式，撰《史记集解》八十卷，成为名垂青史的传世之作。其曾孙裴子野，亦以文著称，是我国历史上著名的史学家。再如，裴佗父子，以文学才华，扬名天下。裴佗五举秀才，再举孝廉，以秀才高第拜中书博士，迁赵郡太守。他为政有方，政绩显赫，后以病弃官还乡，生前遗令，死后不要朝廷赠谥，不受他人礼物。其后诸子均遵照执行。裴佗有四子：让之、诹之、谳之、谒之，他们都秉承父志，各有作为。魏晋南北朝时期，是裴氏家族群星灿烂、人才辈出的时期。公卿将相，比肩而立；文史成就，名垂青史。

隋唐时期旧的世家大族犹如江河日下，衰败了下来，然而裴氏家族却依然放射着灿烂的光辉，进入它的全盛时代。在隋代，裴政是一位杰出的法学家。他的高祖裴寿孙跟从宋武帝刘裕南下，迁居安徽寿县，后仕梁，官至卢江太守；他的祖父裴邃，戍守边关，忠心仕梁，战功显赫，不事二主，是驰骋疆场的英雄；他的父亲裴之礼，仕梁，官黄门侍郎、少府卿。裴政一生经历梁、北周、隋三个王朝，他以长于政事、勇于攻战，又明典故，晓刑法，善断案，有政绩，受到三朝帝王的赏识。隋文帝时，他主持编修的《开皇律》是我国历史上第一部完整意义上的刑律，具有划时代的意义。裴矩，是隋朝杰出的外交家，在通西域方面作出了重大贡献，入唐后，又为联络西突厥出谋献策，取得了预期效果。唐太宗继位后，裴矩被任为吏部尚书。他撰写的《西域图记》价值极高。原书虽已失传，但从《隋书·西域传》中还能找到它的影子。裴寂，隋大业年间即与李渊、李世民父子友善，李渊父子起兵后，他运筹帷幄，为李唐王朝的建立和巩固立下了赫赫战功，高祖封他为司空、魏国公，又迁尚书员外郎。太宗继位，又加封裴寂一千五百户。有唐一代，裴氏家族的宰相就有十七人之多，被欧阳修列为唐朝宰相世系表之首姓。以定著五房计，西眷裴有裴寂、裴矩；洗马裴有裴谈、裴炎；南来吴裴有裴耀卿、裴行本、裴坦；中眷裴有裴光庭、裴遵庆、裴枢、裴贽；东眷裴有裴居道、裴休、裴澈、裴垍、裴冕、裴度。

从东汉时裴羲任尚书令始至唐哀帝时裴枢为宰相止，这一期间裴氏家族先后出宰相59人，大将军59人，尚书55人，侍郎44人，御史11人，刺史211人，太守77人。其中封爵为公者，89人；为侯者，33人；为伯者，11人；为子者，18人；为男者，13人。有谥号者，59人。值得注意的是，裴氏家族中这些灿烂的群星，在隋唐时期很多人都是通过科举考试进入仕途的。据《裴氏世谱》记载，有进士68人，举人65人。正因为裴氏家族人才辈出，所以在旧的世家大族急骤衰败的唐代，依然谱写了光辉灿烂的一页。正如明末清初的思想家顾炎武在他撰写的《裴柏村记》中所说："观裴氏之兴，唐存亡亦略可见矣。"

介休范氏

介休范氏是兴起于明末、鼎盛于清前期的大皇商。它与清廷有过特殊的关系，对清王朝用兵西北有过重要的贡献，对清王室的经济生活有过重大的影响。介休范氏乃是康熙和雍正皇帝的掌上明珠，盛极一时。

介休范氏兴起于范永斗，鼎盛于其孙范毓馪。明朝中叶，张家口已是边界贸易的重镇。介休的范至刚则是经常出入于张家口的商人。范至刚的八世孙范永斗主持范氏家族的商务时，范家已是张家口八大商家之一了。这八大商家都是山西籍人，他们操纵了整个张家口的贸易活动。明末张家口的贸易，具有特殊的重要意义。努尔哈赤在做明朝建州都督时，边界贸易是在明朝指定的抚顺、清河、宽甸、瑷阳四关进行的。皇太极称帝建立清朝后，与明朝处于敌对状态。此时，清已据有辽东，交战地带迫近山海关，原来的四关贸易已无法继续进行了。然而，清朝的物资供应却依靠内地，所以张家口一跃成为清与关内贸易的基地。操纵着张家口贸易的八家大商，源源不断地为清朝输送各种物资，特别是军用物资，深受清廷青睐。他们经常往返于关内关外，在输送物资的同时，又为清廷提供了各种情报，包括某些军事动态。清廷对张家口八家大商的重要性是了如指掌的。所以，入关后，顺治皇帝在紫禁城便殿设宴，亲自召见这八家大商，封他们为"皇商"，隶籍内务府。范永斗还被任命主持贸易事务，并"赐产张家口为世业"。这样，范永斗又较其余七家，略高一筹。此后，范永斗不但为皇家采办货物，而且还凭借皇家威势经营各种买卖，例如经营河东和长芦盐业，垄断东北乌苏里、绥芬等地的人参市场，被称为"参商"。转眼间，范永斗便成为百万之富的皇商，成为八大皇商中的佼佼者。

范永斗的儿子名曰三拔，字琼标，是其父的助手。他不仅协助其父经营边界贸易，而且还深入内地市场，进行绸布茶粮等各种贸易。他继承其父的家业后，经营规模和贸易范围都更加扩大，但他体弱多病，力不从心，不久便将家业交给颇有才华的三儿子范毓馪主持，毓馪时年仅二十多岁。范三拔生有五子：长曰毓馨、次曰毓馥、三曰毓馪、四曰毓得馪、五曰毓馪，兄弟五人不仅经商有方，而且与清廷打得火热。在范毓馪主持下，范氏的商务经营达到了登峰造极的地步。特别在运送军粮以及与日本进行铜业的贸易上，范氏大受清廷宠信，备受重用。

范毓馪是康熙四十年代其父范三拔主持家业的。康熙五十九年，准噶尔部再度发生骚乱，清军远征，军粮供应便成为军机大事。康熙帝苦于三十五年、三十六年御驾亲征准噶尔时，官运军粮一石，竟需一百二十两白银，且尚难如期运到之困难，范毓馪闻讯，依仗自己熟悉塞外之路的优势，便与其弟毓馪联名上奏康熙帝，请求承担运送军粮任务，且费用只需官运军粮的三分之一。康熙帝阅奏大喜，遂准其请。结果范氏家族按照预定计划和用兵要求，出色地完成了运粮任务，为清廷节省了大笔开支。雍正五年，清廷再次用兵准噶尔时，范毓馪再次承担运送军粮任务，运送谷米百余万石，较之官运费用节省白银六百余万两。雍正九年至十年间，朝廷又一次用兵准噶尔时，还是由范毓馪承担运粮任务，因北路中计，全军溃退，损失谷米十三万余石。范毓馪辞谢了雍正帝准其"据实报销"的恩赐，其亏损由自己拿一百四十四万两白银补偿失数。不仅如此，范毓馪还慨然解囊，为各路运户补交白银二百六十二万余两，致使军中将帅万分感激范氏兄弟。他们上奏清廷褒奖其功，雍正帝遂赐范毓馪为太仆寺卿，用二品服，复赐为布政使参政。从此，范氏由皇商兼获高官，名声大振。乾隆年间，范毓馪还为清廷边远仓库运粮，如运粮四万石于鄂尔昆仓内存贮等。

与日本进行的铜的贸易，既是范氏大发横财的一项贸易业务，同时也是范氏家族走向没落的导火索。起初，由日本采买铜料是沿海民商承办的。范三拨看到这桩生意有厚利可图，于是联络各家皇商，奏请包办，并提出减价交售清廷的竞争条件。康熙帝鉴于此举可为清廷节省大笔开支，遂于康熙三十八年准其所请。从此，由日本采买铜料业务逐渐被皇商包办。康熙四十年，范毓馪代其父主持家业后，借助熟悉铜务和内外关系等优势，每次都能保质保量，出色地完成任务，深受清廷赏识。其时，范氏拥有贩铜船六七艘，是皇商中的大户。这时随着商品经济的发展和政府铸造铜币的急骤增加，范氏家族大发横财。然而，好景并不长久。康熙五十三年，日本政府颁布了限制铜料出口的政策，规定中国每年由日本采购铜料不得超过三百万斤，而当时清朝每年从日本采购铜料高达六七百万斤。于是，皇商包办的从日本采购铜料的任务不能完成。康熙五十五年，清廷撤销了皇商采购铜料的包办权，交由江苏、安徽、江西、浙江、福建、湖北、湖南、广东八省督抚办理，范毓馪退出了从日本采购铜料的贸易。乾隆皇帝即位后，为扭转铜料短缺、不足鼓铸的局面，重新起用范毓馪办铜，规定每年从日本采买二百万斤铜料。范毓馪为报答皇恩，唯命是从。乾隆三年，范毓馪毅然再度派船赴日办铜。正当范毓馪为清政府扭转铜料短缺全力拼搏之时，乾隆九年户部提出要范毓馪偿还拖欠旧债一百一十四万两白银的奏议，议定以每年办铜料一百三十万斤来偿还，并限定从乾隆十年开始，分六年还清。由于日本限制铜料出口，再加上清廷不公平的待遇，直到乾隆十五年范毓馪谢世，这笔欠款也未还清。范毓馪谢世后，由其子范清注主持家业，继续承担赴日采铜任务。由于日本铜的产量锐减，价格上扬，而运往日本易铜的中国商品价又被日方一压再压，致使贩铜成本大为增高，而清廷却仍以原价收买，使得范氏入不敷出，亏欠日深。范清注于乾隆二十七年，郁郁而死。范清注死后，由其兄范清洪继续接办铜务。范清洪深知对日贩铜前景暗淡，拟"弃产变价，告退招商"，摆脱是业，但清廷不允。乾隆二十九年，内务府奏请以范毓馪之侄范清济取代范清洪，继续接办铜务。范清济接办时，拖欠清廷白银总计已达到一百七十一万两之多。清廷责令范家于乾隆二十五年内以每年多交铜五万斤抵偿。范清济无可奈何，只好接受。尽管范清济为求转机，"日夜筹思，汗流心裂"，但也未能摆脱困境。清廷鉴于范氏家族已毫无用处，在乾隆四十八年，遂下令查抄范氏，没收家产，范清济便由昔日的皇商变成了乾隆皇帝的阶下囚。

介休范氏从范永斗、范三拔、范毓馪到范清注、范清洪、范清济兄弟，四代皇商，效忠清朝，称雄商界长达一个多世纪，是明清时期这一类名门望族的典型代表。

第六章　源晋姓氏与赤子寻根

在中华姓氏发展史上，许多姓氏起源于山西，许多姓氏的根在山西，许多姓氏的始迁祖在山西，许多姓氏的郡望也在山西，因而山西历来就是许多姓氏寻根谒祖的圣地。改革开放以来，移居海外的太原王氏、移居新加坡的郭子仪后裔以及移居全国各地的傅说后裔、洪洞大槐树移民后裔先后回山西寻根谒祖的盛况，集中体现了源晋姓氏怀念先祖的血缘亲情。

第一节　海外太原王氏后裔寻根太原

太原王氏受到人们的关注，是从 20 世纪 80 年代两封海外来信引起的。1985 年 6 月 1 日，"缅甸太原王氏家族会"致函太原市王茂林市长，要求查找开族始祖王子乔及其后裔分布情况的资料，以便回来寻根谒祖。来信说："我们缅甸的王氏后裔大多是福建人，是五代时闽王王审知的后代，王审知是从河南固始县来到福建的。我们希望知道王氏祖先传布的概况。太原是我王氏宗族的发祥地，我们希望今后有条件时能赴太原寻根谒祖。现在，我们请您惠赐协助，转达有关部门，提供王氏开族立姓及传布情况的历史资料，如有始祖王子乔塑像的图片，更加欢迎。"1986 年，泰国王氏宗亲会又通过一家旅行社给我国国务院侨办来函说，他们的祖籍有南京说和太原说两种，不知道哪一说正确，要求太原和南京帮助查证落实，还说："若获他们的祖祠确切地点，王氏宗亲会理事长王捷枝先生，将亲自带团去。望协助查询。"

这两封海外王氏来信引起了山西省和太原市领导的重视。1986 年 7 月，太原组建了"太原王氏研究会"，围绕两封海外来信，收集资料，准备复函。1987 年 2 月，山西省侨办牵头，组织了"太原王氏调查组"，到南京、福建、广东等地搜集资料、调查研究。通过实地考察，特别是通过对旅居泰国的王氏祖籍宗派——福建南靖"珩坑王氏"的考察，在取得许多第一手资料后，调查组便向泰国王氏宗亲会通报了考察情况。当泰国王氏宗亲会接到回函后，立即组织了以王济达为团长的十九人考察团，于 1988 年 11 月 26 日，回到太原"寻根谒祖"，这样就揭开了海外王氏赤子寻根的序幕。

王姓由来与太原王氏起源

王氏为姓，意指"王家之后"或"帝王之裔"。帝舜、殷商、西周诸王的后裔都以王氏为姓。其后，入主中原的少数民族亦有改姓为王者，这样就形成了王姓起源的多元性。宋代郑樵在《通志》中把出自"帝王之裔"的王氏，归纳为三大类：其一是出自帝舜后裔的妫姓王氏，其二是出自殷商王子比干后裔的子姓王氏，其三是出自周文王后裔的姬姓王氏。

在出自周文王后裔的姬姓王氏中，又分为三支，一支是出自毕公高后裔之王氏，另一支是出自周考王弟揭之王氏，第三支是出自周灵王太子晋之王氏，这支王氏又称为太原王氏，是所有王氏中人数最多、分布最广、影响最大的一支。王姓人口中十之七八都属于这一支，侨居海外异国他乡的王氏后裔，绝大多数也属于这一支。

太原王氏始祖是周灵王的太子，他名晋，字子乔，亦称王乔，史称太子晋。太子晋的事迹，在《国语》、《逸周书》、《潜夫论》、《新唐书》等史籍中都有记载。太子晋，幼有成德，聪明博达，温恭敦敏。其时王权旁落，年仅十五岁的他便以太子的身份辅佐朝政，令诸侯宾服。据说，晋平公派叔向入周觐见，太子晋能言善辩，令叔向感到吃惊。叔向回到晋国后，对晋平公说："太子才十五岁，竟如此厉害，我和他辩论，竟被他问得哑口无言。我们还是及早归还先前侵占的周王室的土地吧，不然，我们就会大祸临头。"在一旁的师旷听后很不服气，他要求到周廷去同太子晋辩论。师旷是一位主张民为社稷主体的思想家。师旷问太子君子之德，太子侃侃而答，师旷异常钦佩，连连称是。因为太子晋的"民为贵，社稷次之，君为轻"的思想与师旷的民本思想完全相合，所以师旷赞不绝口。

周灵王二十二年，谷、洛二水泛滥，危及王宫。灵王决定以壅堵洪。太子进谏曰："不可。自古为民之长者，不堕高山，不填湖泽，不泄水源。天地自然有其生生制约之道。"他提出用聚土、疏川等办法，来疏导洪水。他还以"壅堵治水"的鲧为例指出，若借"壅堵洪水"之机而修饰王宫，"皆亡君之所为也"。他又以周王室的历史，追述厉王暴虐而流亡，幽王昏乱而西周亡，平王不修内政而衰微为殷鉴，指出这些都是君主自己所为而致。这些祸害还没有完全消除，现在又来彰祸，必将祸及子孙。太子晋的直谏，触怒了周灵王。太子很快便被废为庶人。从此，太子晋忧心忡忡，又二年而卒，年仅十七岁。太子晋卒后两年，灵王驾崩。太子晋的弟弟贵嗣位，是为景王。后来，太子晋的儿子宗敬官至司徒，看到周室衰微，天下将乱，便请求致仕，避居太原，时人呼之为"王家"，遂以王为氏。王氏子孙尊太子晋为系姓始祖，此即太原王氏之起源。《新唐书·宰相世系表》曰："王氏出自姬姓，周灵王太子晋以直谏废为庶人，其子宗敬为司徒，时人号曰'王家'，因以为氏。"

太原王氏之播迁与衍派

太原王氏自周灵王太子晋开宗立姓以后，其子宗敬就定居太原，死后又葬于此地，称曰"司徒冢"。宗敬的后裔，瓜瓞绵绵，人才辈出，发展为太原著姓。传至八世孙错，为魏将军。十世孙渝，为上将军。十五世孙翦，为秦大将军。在兼并六国过程中，王翦北征燕、赵，南平楚、越，无攻不克。秦始皇论功行赏，王翦与大将蒙恬共执牛耳，王姓与蒙姓同居天下之先。始皇驾崩，二世胡亥继位，矫诏赐公子扶苏死，又夺蒙恬兵权。横征暴敛，民不聊生。陈胜、吴广揭竿而起。其时，王翦之孙王离为统兵大将，与项羽战于巨鹿，兵败自杀，后被封为武城侯。王离有二子：长子名元，避秦乱，徙居琅琊，是为王氏琅琊祖；次子名威，仍居太原，继续称太原王氏。这样原来的太原王氏就分成了"以王元为始迁祖的琅琊王氏"和"以王威固守祖地的太原王氏"两大支。隋唐以后，特别是唐末及两宋王朝更替、社会动荡期间，王氏家族大批南迁，遂使太原王氏和琅琊王氏遍及江南各地以及东南亚许多国家。

留守太原的王威，西汉时，曾经做官扬州刺史，所以其子孙大都散居扬州各地，传到九世孙王霸时，王氏已负盛名。王莽代汉后，王霸辞官不仕，拒绝与政界往来，隐居于家，以寿终。王霸有二子：长子曰殷，东汉中山太守，食邑祁县，是为祁县王氏之祖，传至其五世孙王允，官至司徒，名声大震；次子曰咸，随父居晋阳，是为晋阳王氏之祖，其后裔称为晋阳王氏。传至王柔、王泽兄弟，晋阳王氏成为魏晋名门，迎来了黄金时代。北魏孝文帝特定"太原王氏"为天下四大姓之一。唐太宗修订《氏族志》时，"太原王氏"又被列为天下五大姓之一。这里所说的"太原王氏"，指的就是太原王氏中的晋阳王氏这一支。

据世传家谱和近人研究统计，从北朝至隋唐时期的京兆万年王氏、河东蒲州王氏、武威姑臧王氏、乐陵王氏、河内（又称怀州温县）王氏、汾州王氏、同州下邽王氏、河中王氏、绛州龙门王氏等都出自太原王氏。隋唐以后，太原王氏各派后裔或因出外居官，或因躲避北方战乱，纷纷南迁，支派遍及南国。据族谱记载，安徽婺源王氏、武口王氏、武溪王氏、丰洛王氏、碧溪王氏、藤溪王氏、海川王氏等，均属太原王氏祁县支派的后裔。后来，这些支派的后代，有的又迁居江苏常州、湖北荆门以及浙江等地。

据《皖桐太原王氏谱》记载，安徽绩溪王氏，系太原王氏晋阳支派大房之后。这一支王氏，于元末避乱南迁安徽绩溪、婺源等地，后来又徙居桐城、古塘等地，故被称为桐城王氏或古塘王氏等。桐城王氏中还有一支是从鄱阳迁来的，史称东楼王氏或龙眠王氏，而东楼王氏或龙眠王氏也是太原王氏的支派。

三槐王氏是以"堂号"闻名的王氏家族。据三槐王氏始祖王祐的正宗后裔编修的《王氏三沙全谱》记载，三槐王氏出自太原王氏祁县支，三槐王氏始祖王祐，是祁县王氏文中子王通的后裔。这是自宋以后，太原王氏诸多衍派中影响很大的一支。

据《洞庭王氏家谱》记载，洞庭王氏也出自太原王氏。洞庭王氏是以王鏊而闻名的。王鏊，字济之，洞庭人，明代成化进士，正德元年，进户部尚书兼文渊阁大学士。时宦官刘瑾专权，大学士焦芳趋附刘瑾，王鏊乃辞官归里，家居十四年，廷臣交荐不出，一心攻读学问。他知识渊博，尚经术，文章明快，言简意赅。在他的带领下，弘治、正德年间的文体，为之一变，王鏊被尊为文体变革的旗手。他著有《姑苏志》、《震泽集》、《震泽长语》、《震泽纪闻》等。王鏊别号守溪，学者称他为震泽先生，谢世后，谥曰文恪。《洞庭王氏家谱》称其为文恪公。《洞庭王氏家谱》，是洞庭王氏家族流传下来的最具有代表性的一部家谱。巴蜀书社 1995 年出版发行的《中华族谱集成》王氏谱卷，第十六至第十七册，全文收录了该谱。《洞庭王氏家谱》二十八卷，首末各一卷，光绪末年王熙栏等修。该谱以百八公为洞庭王氏一世祖。宋高宗南渡，百八公随之南下，徙居洞庭东山，是为洞庭王氏始迁祖。溯其渊源，乃太原王氏后裔。故《洞庭王氏家谱》之封面题名为《太原家谱》，在扉页上才题名《洞庭王氏家谱》。文恪公事业有成，高风亮节，为太原王氏家族中之佼佼者。

在浙江东阳一带，王姓多有家谱，根据这些家谱记载，这里的王氏家族，分别出自琅琊、太原两大郡望。其中，属于太原者有四支：一曰厚里王氏。据《太原郡东阳厚里王氏宗谱》载，该支王姓人家，于唐德宗时迁东阳玉峰之南里，后又迁石塘、厚里，最终定居于此，称厚里王氏。宋沿江制置副使王霆和明山西道观察御史王乾章，皆出自厚里王氏。二曰青口王氏。谱载，太原衍派世居山西祁县，遇五代之乱，后裔王彦超自祁县迁绍兴，后迁义乌青口。二十七世孙王世德，于明万历初年再迁东阳十七都和尚岩，称义乌青口王氏东阳分支。三曰画溪王氏。《太原郡东阳画溪王氏宗谱》载，太原王氏裔孙王安，五代时出镇东阳金华，病卒于任所，长子王望为随军监军，遂定居画溪。清嘉庆进士王铁、总兵王国斌等人，皆是其后裔。四曰鹤州王氏。《东阳鹤州王氏宗谱》载，王氏出河汾，乃太原分支。晋室南移，随晋室择括苍而居。裔孙王宏，唐懿宗时，游学东阳合浦，既而居之，遂为鹤州王氏开基祖。唐浦江县丞王章，即其族人。

在江西吉安，有一支奉宋庆历进士王该为祖先的王姓族人，也是当年太原王氏后裔。王该，字蕴之，官邓城令，与王安石友善，常以诗章相唱酬，出自太原王氏。其后裔王辅泰曾讲学于湖南岳麓书院，誉满三湘，后来，卜居湘潭南乡泉冲，是为吉安王氏入湘始祖。其子孙繁衍于湖北、广东、福建、贵州等地。这支王氏家族，人才辈出，享有盛誉，其裔孙王仲厚，诗书传家，兼习时务，后徙居新加坡，成为新加坡久负盛名的王氏家族。

在福建晋江市沙塘，有沙塘王氏。他们奉元末诗人王翰为始祖。王翰曾任潮州路总管，其先自太原迁灵武，亦是太原王氏传人。其子王偁，明初参与修撰《永乐大典》，定居福建晋江沙堤，子孙繁衍于闽南，其祠堂及裔孙房舍皆悬挂"太原衍派"匾额。其后裔出海谋生者，有很多人侨居菲律宾、印尼等地。

琼崖王氏出自三槐，琼崖王氏始祖王悦是三槐王氏始祖王祐的后裔。王悦父瑞（为王祐的四世孙），字子祥，举人，广西桂林府临桂县令，迁礼部尚书，卒，赠太保。王悦，字习之，一字刚中，又名居正，生于北宋元祐元年，卒于南宋绍兴二十一年，享年六十六岁。南宋高宗建炎三年，王悦中第七名举人，联捷会试第十二名进士，殿试中二甲第一名，钦点翰林院编修，累升侍讲学士，三年后拜兵部侍郎。绍兴十一年升礼部尚书，十四年选授观文殿大学士、同平章事，拜丞相。王悦因抨击宰相秦桧奸佞，累遭迫害。绍兴十五年，出任粤东密察，又迁海南琼州府同知护理太守。时金兵南侵，王悦难归故里，遂偕夫人周氏及长子斗魁、次子斗赳，卜居琼崖。从此，王氏子孙，遂落籍琼崖，王悦被尊于琼崖王氏始祖。王悦后裔，人丁兴旺，人才辈出，先后播迁南洋各地。清嘉庆十年，后人在琼崖合建"王氏大宗祠"共祭始祖王悦时，从东南亚回来参加祭祀活动的几乎占了一半，可见，王悦裔孙徙居海外之多。

播迁海外与赤子寻根

台湾自古就是中国的领土，早在三国时已有王氏先民迁台定居，但大批徙居台湾，则是明末清初之事。清顺治十八年三月，郑成功在大陆抗清失败后，率部进军台湾。其时，台湾为荷兰殖民者所统治，同年十二月，郑成功大败荷兰军，收复台湾。康熙元年，清廷为了切断大陆对郑成功的支援，下令迁界。北起辽东，南至广东，沿海居民一律内迁三十里，实行坚壁清野，结果引起极大混乱。闽、粤居民，纷纷渡台求生。据《台湾郑氏始末》卷四记载，郑氏政权此时大肆"招沿海居民不愿内徙者数十万人，东渡以实台"。所招流民大部是漳州人和泉州人。当时有一位名叫王忠孝的，就是福建惠安人。康熙三年，忠孝入台，受到郑成功的厚遇。其后，特别是乾隆二十九年撤销限制汉人渡台条例后，惠安、同安、晋江、漳州以及广东惠州、潮州等地的王氏族人，大批迁台定居。他们主要徙居于台南、台北、台中、嘉义、新竹、南投等地，为开发台湾，发展生产，做出了历史性贡献。据1954年美国哥伦比亚大学人类学系主任傅瑞德和台湾地区学者陈绍馨合著的《台湾人口姓氏分布》记载，台湾共有1027个姓氏，其中按人口多少排名，前十位的大姓是：陈、林、张、王、黄、李、吴、蔡、刘、郭，王姓排名第四。据统计，台湾的王姓人口共有703878人，其中属于太原王氏后裔者，亦不会很少。

太原王氏一向有走海外、闯世界的传统。早在隋唐时期，已有王氏族人闯世界的记载。隋大业三年，王君政与常骏一行，就曾经专访过赤土国。唐太宗贞观年间，又有王玄策奉命率团出使天竺（即印度）。其时，天竺分为东、西、南、北、中五部分，各自为政，互不相属。后来，中天竺经过六年的战争，统一了其他四国，建立了统一的国家，称摩加陀王，遣使与中国通好。中国亦遣使降玺书，慰问之。摩加陀王见中国使至，热情接待，并遣使入中国朝贡。从此，中国与天竺便建立了友好关系。摩加陀王死后，国内大乱。大臣阿罗那顺篡位，改国号为帝伏那帝国。中国使臣王玄策至，帝伏那帝国发兵以拒王玄策。王玄策与副使蒋师仁及从骑三十人被围。后来，只有王玄策与副使蒋师仁逃了出来，其他人全都被俘。王玄策与蒋师仁逃出后，就到吐蕃去借兵。其时正值松赞干布新娶文成公主之时，对唐朝特别友好。所以，王玄策顺利地借到精锐部队一千二百人，又得步骑八千余，随即向天竺进军。奋战三日，大获全胜，并擒帝伏那帝国首领阿罗那顺，俘余众一万二千多人。贞观二十二年五月，王玄策凯旋，受到唐太宗的隆重嘉奖，并晋升王玄策为朝散大夫。从此，唐朝的声威，远播印度半岛，唐朝与天竺又重新建立了友好关系。唐朝与天竺的友好往来，日益频繁。

王氏族人大量播迁海外，在异国他乡，安家立业，繁衍生息，则始于明清时期。据文献记载，明洪武八年，文莱国主将其独生女儿嫁给中国的钦差大臣王三品，永结同好。王三品遂徙居文莱，后来当了文莱国王，王姓子孙便在文莱繁衍生息起来。清道光二十二年，在泰国，东莞王氏后裔王晋卿，首创"广肇别墅"，为到泰国来谋生的王氏族人，兴办学校，设立医院，建置坟场。这样，投奔他的王氏族人日益增多。其后，他又为华人兴办多种慈善事业，成了闻名海外的华侨领袖。同治九年，徙居菲律宾的太原王氏族人王彬，同菲律宾民众一道反抗西班牙殖民主义者，王彬在斗争中，有勇有谋，功勋卓著。菲律宾民众为纪念他，将马尼拉的一条街，命名为"王彬街"，并在街头塑了高大的王彬全身铜像。同治十一年，在新加坡的王友海、王求和、王宗周三人，联合购置"姓王山"，供王氏族人使用。王友海七岁丧父，母亲抚养三男三女，家境十分贫寒。他年仅十七岁，就外出经商，凭借"正直、诚信"，经过二十多年的奋斗，终于成功了。1856年，他创办的"王友海公司"，闻名海外。后来，王友海与另外在新加坡的两位王姓族人成了好友。一位叫王求和，是兴办"新加坡铁路股份有限公司"起家的；另一位叫王宗周，是靠发展船务致富的。他们三人各出五百大洋，在新加坡购得22.5英亩山地，无偿地提供给前来新加坡打工的王姓族人居住和种植使用。因居住这里的人全都姓王，所以被当地人称为"姓王山"。1919年，殖民当局征用这块山地时，却找不到所有主，遂将征地款存于高等法院待领。1922年，法院开庭审理此案时，才找到王宗周之子王祁顺与另外两位名叫王三杰和王文达的人。他们三人领出此款后，又投资于"王氏慈善事业"。因为他们都是太原王氏后裔，遂将"姓王山"更名为"太原山"。因此，新加坡"太原山"就是太原王氏徙居当地最有力的物证。

总之，播迁海外的太原王氏后裔，都为当地的经济发展和社会进步作出了历史性的贡献，为太原王氏家族增了光，添了彩。

徙居海外的太原王氏后裔，不忘其所出，都在当地组建了自己的宗亲社团。由新加坡教授王秀南主纂的《王氏立姓开族百世谱暨海外王氏宗亲会联谊录》，重点记载并介绍了"新加坡开闽王氏总会"、"菲律宾太原王氏宗亲总会"、"新加坡江兜王氏公会"等十八个宗亲社团。所有这些宗亲社团，都是为了不忘其祖而创建的，都是以团结族人、祭祀祖先、教育子孙为宗旨的。血缘情、桑梓情和爱国情，就是贯穿宗亲社团的一条主线。

播迁、繁衍、生活在异国他乡的太原王氏后裔，始终不忘他们的祖籍，不忘他们的主根所在地——太原，许多宗亲社团的名称就充分体现了这一点。这些宗亲社团的思乡之情，是生活在祖国大陆的人们体会不到的。1988年11月26日，泰国王氏宗亲会代表团首次回到太原寻根谒祖，一个个都激动的热泪盈眶，久久说不出话来。

1992年8月8日至10日，太原召开了"海外太原王氏联谊筹备会"，参加这次"筹备会"的，除省、市有关领导外，应邀出席的海外宗亲团体有泰国、新加坡、菲律宾、马来西亚、印度尼西亚、缅甸、越南以及台湾地区、香港地区等地三十多个王氏宗亲社团。这次筹备会，经充分讨论和民主协商，就子乔祠的修建以及塑像选定等问题，达成共识，写入会议纪要，载入史册，分别保存。太原"海外太原王氏联谊筹备会"的召开，揭开了海外太原王氏大规模"寻根谒祖"的序幕。

经过九个多月的突击修建，1993年5月，光彩雄伟的"子乔祠"，在晋溪书院落成。山西省委书记胡富国、省长孙文盛，太原市委书记王云龙、市长张泽宇，分别为子乔祠题词。1993年6月6日至8日，大规模的"世界王氏恳亲联谊暨经贸洽谈会"在太原隆重举行。全国人民代表大会常务委员会副委员长王光英，为大会发来了贺信。"世界王氏恳亲联谊暨经贸洽谈会"开幕后，首先在"子乔祠"前，举行了隆重的揭匾仪式和落成典礼，山西省委常务副省长郭裕怀，太原市市长张泽宇，分别代表省政府和市政府，发表了热情洋溢的讲话。接下来，海外各宗亲代表团站在"子乔祠"前，按照海外宗亲代表团的习俗，举行了特别隆重的祭奠仪式。随后，海外各宗亲代表团先后致词，捐款，敬献花蓝，悬挂锦旗、牌匾，各代表团又相互赠送礼品，气氛十分热烈。6月7日，举行了"世界王氏经贸洽谈会"，太原市副市长王昕，代表太原市政府发表了要为海外王氏投资兴业提供各种有利条件的重要讲话。随后，海外各宗亲代表团纷纷表示，建设始祖发祥地，回发祥地投资兴业，是我们渴望已久的共同心愿。"世界王氏经贸洽谈会"期间，参会者举行了隆重的经贸洽谈签字仪式。会议通过并发表了《1993年海外太原王氏联谊会会议纪要》。这次会议的成功举行，是山西省、太原市与世界太原王氏联谊史上的一大盛事，这次会议进一步加强了山西省、太原市和世界王氏族人的联系和友谊，标志着山西太原同海外王氏族人及广大海外华人、华侨的联系与友谊发展到了进行经贸往来的新阶段，从而有力地推动了山西省特别是太原市引进外资、投资兴业的迅猛发展。

会议期间，《太原日报》记者先后采写并发表了多篇催人泪下的访问记。

记者在"月是故乡明"的标题下，访问了泰国王氏宗亲总会副理事长王继智先生。王先生刚一落座便爽朗地说："我已是第五次来太原了，虽然我的出生地是潮州，可是太原是王氏开宗立姓的发祥地，我是把它当作第一故乡的。"谈到对"故乡"的感受时，王先生说："月是故乡明，人是故乡亲。海外王氏家族与太原王氏，是枝相连、气相通、血脉相贯的一家人。遍布海内外的王氏宗亲，都是根连祖籍，情系太原的。特别是改革开放以后，祖国的发展，日新月异，祖国的国际地位大大提高。这些，都使海外太原王氏感到无比的骄傲和自豪。现在泰国王氏宗亲会，约有四千多人，大家都想回来看看家乡翻天覆地的巨大变化。"王继智先生这番话，说出了所有王氏子孙的共同心声。

记者在"人是故乡亲"的标题下，访问了菲律宾王氏宗亲总会理事长王赐荣先生。在菲律宾，王先生是资深的教育家。作为菲律宾华侨界最大的一所大学的常务理事，王先生对中华文化有一种与生俱来的"热恋"。王先生颇感欣慰地说："我们的学院是菲律宾有较大影响的大学，创办五十三年来，培养了数万名华侨学生。"在王先生的倡导下，该校始终坚持一日一堂华文课。这在菲律宾乃至东南亚都是独一无二的。王先生作为教育家，在菲律宾致力于中华文化教育的世代传承；王先生作为实业家，又在为中、菲经济交流贡献自己的力量。他说，菲律宾华人大部分是从福建、广东、海南等地迁徙过去的，他们都想为家乡建设出一份力。这次来太原参加王氏宗亲联谊活动的代表就有五十九人，他们都想和太原工商界的朋友建立联系，都愿为家乡建设办一些实事。

记者在"同是故乡人"的标题下，访问了马来西亚王氏恳亲团团长王富金先生。王富金先生是槟城王氏太原堂正家长、《光华日报》董事会主席。谈到《光华日报》时，他说："《光华日报》是孙中山先生1910年在南洋倡导革命时创刊的一张华文报纸，已有八十多年的历史了，如今它仍然是马来西亚最有影响的华文报纸之一，发行量多达十几万份。"谈到这次回来的感受时，王先生说："我是第一次来太原，太原给我的印象非常好。太原气候很舒服，城市建设也很壮观，文化艺术水平很高。昨天晚上，我们看歌舞《黄河儿女情》、《黄河一方土》，很有感染力，太精彩了，希望他们能到槟城去演出。"

记者在"情是故乡浓"的标题下，访问了新加坡王氏公会恳亲团团长王金祥先生。王先生已是年近花甲之人了，这两天活动虽说很多，但王先生并没有感到累，反而很兴奋。他动情地说："水有源，树有根，做人不能忘本，这是海外华人时时牢记在心的一句话。"王先生说着，从身后拿过一个华贵精美的旅行皮箱，取出几本介绍新加坡太原王氏公会出席此次恳亲联谊会代表团成员的名册和打印好的年内太原地方产品赴新展销洽谈的初步计划书，送给记者。然后，他本人表示愿意为太原产品进入新加坡牵线搭桥。他说："中国近年来有些厂家带产品去新加坡搞展销，效果很好。如果太原厂家去新加坡展销产品，我一定设法邀请尽量多的商家前去参观，借机争取新加坡及东南亚地区的外商，多来太原投资。"

上述四篇采访记，生动地展现了海外赤子寻根谒祖的血缘情以及思念和建设发祥地的桑梓情、爱国情。这既是他们血浓于水的亲情与亲和力的真实写照，同时也是中华文化认同感、向心力和凝聚力的具体表现。

第二节　海外郭子仪后裔寻根汾阳和阳曲

郭子仪的籍贯是陕西华阴县，但他的封号却是汾阳王，再加上山西汾阳又保存了许多郭子仪的遗物、遗迹，小虢城、大虢城又都在汾阳，所以山西汾阳县首先就成了子仪公后裔"寻根谒祖"的圣地，但郭氏开宗立姓之地却是山西阳曲县，所以追根溯源，山西阳曲就成了海外郭氏祖籍所在地。

阳曲——郭氏开宗立姓之地

山西阳曲是郭氏开宗立姓之地。《新唐书·宰相世系表》记载："郭氏出自姬姓。周武王封文王弟虢叔于西虢，封虢仲于东虢。西虢地在虞、郑之间，平王东迁，夺虢叔之地与郑武公，楚庄王起陆浑之师伐周，责王灭虢。于是平王求虢叔裔孙序，封于阳曲，号曰郭公。'虢'谓之'郭'，声之转也，因以为氏。"这段关于郭氏起源的经典论述，有力地说明，"虢"转声为"郭"，因以为氏，就是因为虢序受封于阳曲而来的，也就是说，阳曲乃是郭氏开宗立姓之地，也就是郭氏的发祥地。尽管有人对这一记述提出过种种质疑，但许多郭氏族谱，都是按照这一记述编修的，也是为郭氏族人所认可的。

郭氏在阳曲开宗立姓后，太原就是郭氏族人最早的聚居之地。《新唐书·宰相世系表》记载："后汉末，大司农郭全代居阳曲，生蕴。"就是说，后汉末年，大司农郭全代居阳曲，生子郭蕴。郭蕴之子郭淮，《三国志·魏志》记载，"郭淮，字伯济，太原阳曲人。"郭淮是继郭嘉之后曹魏集团中又一重要成员，他为维护曹魏政权作出了重要贡献。在其后的一些记述中，有的就把代居阳曲的郭全、郭蕴、郭淮之一支，称为太原郭氏。也有一些郭氏后裔，直接就将自己称作太原人。例如，《元和姓纂》称："华阴隋大将军蒲城公郭荣，称本太原人，后居华州。"许多支出自阳曲的著名郡望，也都说他们出自太原，比如，河南颍川郭氏、陕西华阴郭氏、河北昌乐郭氏，都说他们出自太原。其实，这里所说的太原，指的就是太原阳曲。

河南颍川郭氏出自太原

《新唐书·宰相世系表》记载："后汉末，大司农郭全代居阳曲，生蕴。蕴生淮、配、镇。镇，谒者仆射、昌平侯。裔孙徙颍川。"郭氏经过数百年的繁衍生息，到汉代已成为郡中望族。三国时曹操谋士郭嘉，颍川

源晋姓氏与寻根

阳翟（今河南禹县）人，就是颍川郭氏的杰出代表。

河北昌乐郭氏亦出自太原

河北魏州昌乐郭氏也是由太原迁去的。《新唐书·宰相世系表》记载："昌乐郭氏亦出自太原。后汉郭泰，字林宗，世居介休，司徒黄琼辟太常，赵典举有道，皆不应，世称郭有道。裔孙居昌乐。" 郭泰，生于汉顺帝永建二年， 卒于汉灵帝建宁二年， 是东汉时期一代儒林宗师。"林宗振汉" 与"子仪鸣唐"是郭氏家族史上大书特书的两大亮点，郭林宗和郭子仪一文一武，一前一后，在中国历史上占有十分重要的地位。

陕西华阴郭氏出自太原

《新唐书·宰相世系表》记载："华阴郭氏亦出自太原。汉有郭亭，亭曾孙光禄大夫广智，广智生冯翊太守孟儒，子孙自太原徙冯翊。后魏有同州司马徽，徽弟进。"颜真卿为郭子仪之父郭敬之作的碑文说："溯其先，盖出周之虢叔，虢或为郭，因而氏焉。代为太原著姓。汉有光禄大夫广德，生孟儒，为冯翊太守，子孙始自太原家焉。后转徙于华山之下，故一族今为华州郑县人。"以上两条材料说明郭子仪的祖籍是太原，到郭孟儒当了冯翊太守，才迁到冯翊（今陕西高陵）。

马来西亚首富郭鹤年先生，于1994年回山西寻根访祖期间，山西省委书记胡富国亲自出面接见，常务副省长郭裕怀全程陪同。在欢迎郭鹤年先生的宴会上，副省长郭裕怀代表省委、省政府，向郭鹤年先生赠送了两件礼品，一件是汾阳王郭子仪的狂草拓片——诸葛亮的《后出师表》（长14米，宽1米），另一件是故宫南薰殿收藏的汾阳王郭子仪像，纵八尺五寸五分，横五尺。汾阳王画像是副省长郭裕怀请山西省画院的专家，按照南薰殿收藏的原品临摹的。郭鹤年先生看了这两件礼品特别高兴，并说，他要修建一个展厅，专门陈列这两件礼品。郭鹤年先生还特意将他请两位美籍华人专家为他家新修的马来西亚《郭氏族谱》打印稿，赠送给山西省社科院"家谱中心"收藏。据该家谱记载，徙居马来西亚的郭氏家族，其得姓始祖就是受封于阳曲的郭序，他们都是汾阳王郭子仪的后裔。郭鹤年的父亲是1911年，从福州徙居马来西亚的。当郭鹤年事业有成后，从20世纪70年代起，就向香港和中国大陆投资，相继在北京、上海、杭州、福州、厦门、深圳、广西、合肥、辽阳，创建他的公司。1994 年 5 月 13 日，他回山西寻根谒祖时，还亲自出席了香港嘉里集团与西山矿务局合资经营太原可口可乐饮料公司的签字仪式。从此，山西太原也有了他的公司。当记者问他为何要在山西投资时，他倾吐出了肺腑之言："我的祖先在山西，我的心在山西。"

台湾首富郭台铭的家谱记载，他们家族的得姓始祖也是受封于阳曲的郭序，他们也是汾阳王郭子仪的后裔。当郭台铭在台湾百大富豪排名之首后，2003 年 10 月，他回到故乡山西，在太原投资 10 亿美金，创办了富士康科技工业园暨鸿富精密电子有限公司。2005 年 5 月，他又决定在故乡晋城投资 5 亿美金，创建富士康晋城科技工业园。据晋城南岭乡郭台铭的家谱记载，郭台铭先辈中的"德"字辈，就能与阳曲县保存的《郭氏族谱》中的"德"字辈相互对应上。这种状况，极大地拉近了郭台铭与阳曲县的距离，增进了郭台铭与阳曲县的感情。郭台铭回到阳曲考察后，提出在阳曲创建镁合金基地，作为对得姓之地的一种回报。这十分令人钦佩！

由此可见，思念与建设发祥地的血缘情、桑梓情、爱国情，这是海外赤子的共同心愿和优良传统。这种共同心愿和优良传统，正是中华文化巨大的向心力和凝聚力的具体表现，也是中华文化亲和力和认同感的真实写照。

汾阳——子仪公后裔寻根圣地

徙居海外的郭氏，很多都是汾阳王郭子仪的后裔。山西汾阳保存了汾阳王郭子仪的许多珍贵遗迹，所以成为他们向往的寻根圣地。

郭子仪，陕西华州郑县（今陕西华县）人，生于则天皇帝神功元年，卒于德宗建中二年，享年八十五岁。郭子仪一生经历了则天皇帝、中宗（哲）、睿宗（旦）、玄宗（隆基）、肃宗（享）、代宗（豫）、德宗（适）七朝，历事玄、肃、代、德四朝，以一身而系天下之安危达二十余年。郭子仪驰骋疆场，武功卓著，是平息"安史之乱"的主帅、"再造唐室"的勋臣。他出将入相，忠心护主，是反对分裂、维护统一的不贰之臣。他襟怀坦白，不计荣辱，是安邦定国的名相。他才华横溢，尤工狂草，为历代书家所赞许。

郭子仪的战功、食邑与山西

唐玄宗天宝十四载十一月，安禄山举兵反唐。次年初，郭子仪奉命率朔方军平叛。四月，进军河东，收复云中（山西大同）、马邑（山西朔州），打开了东进河北的通道。郭子仪旗开得胜，唐玄宗升他为三品御史大夫。从此，郭子仪便与山西结下了不解之缘。

唐肃宗至德元年，郭子仪以山西为基地率大军出井陉关，在嘉山（河北正定西）大败叛军。叛将史思明坠马逃窜，退守博陵（河北定县）。七月，肃宗诏令郭子仪率军勤王，任命郭子仪为兵部尚书、同中书门下平章事。至德二年，郭子仪派人潜入河东，联络内应。二月，又进军河东，叛将崔乾佑兵败逃走，河东平定，山西再次成为郭子仪的前进基地。郭子仪进而出兵潼关。其子郭旰，英勇奋战，于是役阵亡，但此役打开了关、陕通道，肃宗下诏晋升郭子仪为一品司空，关内、河东副元帅。同年八月，郭子仪光复长安，叛将安守忠逃出潼关。接着，郭子仪又率军东进，攻克东都洛阳，至此河东、河西、河南州县悉平。郭子仪以功加司徒，封代国公，食邑千户。肃宗曰："虽吾之国家，实由卿再造。"

唐肃宗时期，河中（山西南部）军因粮饷不足，发生骚乱，节度使李国贞被部下处死，太原府尹邓景山亦为部将所杀。肃宗担心这两支军队与叛军联合，遂任命郭子仪为朔方、河中、北庭、潞、绛、泽、沁等州节度行营兼兴平、定国军副元帅，进封汾阳王，屯兵绛州（山西新绛县）。在危难之际，郭子仪奉命再次来到山西。由于郭子仪长期转战山西，他在山西军民中，威望极高。所以，郭子仪得到军民的大力支持，很快平息了河中、太原骚乱。

代宗即位后，广德元年，诸镇兵乱再起。仆固怀恩屯兵汾州，阴召回纥、吐蕃寇西河。吐蕃军直抵奉先（陕西蒲城）、武功，京师告急。在千钧一发之际，代宗任命郭子仪为关内副元帅，镇守咸阳。邺城之败后，郭子仪兵权尽释，部曲离散。郭子仪出任关内副元帅时，仅有骑兵数十，只得征集民间马匹，补充军营。郭子仪进驻咸阳时，吐蕃军已越过渭水，直抵长安，代宗已逃往陕州。郭子仪闻讯，急速返回长安，收编散兵，稳定军心，坚持抵抗，以智斗敌，击鼓喧山，迷惑敌人。吐蕃军素知郭子仪威名，遂连夜引兵出城，郭子仪再次光复长安，创建了战争史上的又一奇迹。代宗以军功任命郭子仪为京城留守，赐郭子仪崇功免罪之丹书铁券。

广德二年，仆固怀恩屯兵汾州反唐，纵兵掠并、汾属县。代宗任命郭子仪兼河东副元帅、河中节度使，平定叛乱。仆固怀恩部下原是郭子仪旧部，对郭子仪极为尊敬。郭子仪一到山西，仆固怀恩部下很快倒向郭子仪一边。仆固怀恩的儿子仆固场驻扎榆次，亦为帐下所杀，其部迅速归附郭子仪。仆固怀恩仓惶逃往灵州，河东平定。但仆固怀恩西逃后再次诱骗吐蕃、回纥入侵长安。郭子仪自河中奉命入朝，屯兵奉先。永泰元年，仆固怀恩带领吐蕃、回纥联军，进入醴泉、奉先，京城大震。代宗令郭子仪驻扎泾阳。此时，郭子仪只有一万人马，敌军以三十万之众包围泾阳。在这紧急关头，郭子仪单骑入回纥，动之以情，晓之以理，终于与回纥结成联合攻打吐蕃的同盟。吐蕃闻讯，引兵退去。唐王朝再次转危为安。代宗加郭子仪实封二百户。次年，郭子仪还军河中。

郭子仪旗开得胜之地是山西；军民敬仰郭子仪、配合郭子仪，首推山西；郭子仪食封之地在山西；郭子仪单骑入回纥、化险为夷后，又还军山西。山西是郭子仪的根据地、大本营，是立功之凭借，食封之所在。

郭子仪的书法艺术与山西

郭子仪不仅是叱咤风云、战功盖世的武将，而且是酷爱艺术、尤工狂草的书法大家。代宗广德二年秋，郭子仪出任河东副元帅、河中节度使，平定仆固怀恩屯兵汾州的叛乱后，戎马倥偬之余，挥笔书写了诸葛亮的《后出师表》。这是一幅气吞山河的狂草，深为书法名家所器重，后来被南唐李后主（煜）珍藏。

宋太祖开宝七年，都监曹彬任统帅，奉命攻南唐。南唐李后主（煜）降，曹彬待以宾礼。曹彬虽为武将，但酷爱书画，每次打了胜仗后，他特别重视搜集珍贵书画。南唐李后主是有名的大收藏家，曹彬当然不会放过。曹彬在说明郭子仪狂草真迹的由来时，写道："余承命下江南，伪主李煜所藏晋、唐名迹颇多，目遴其最佳者得其数十。而此郭汾阳之迹亦与焉。"

曹彬的姨母张氏是后周太祖郭威的贵妃。五代之时，"周祖受禅，召彬归京师，隶世宗（柴荣、郭威养子）帐下，后晋升为河中都监"。所以曹彬对郭氏先辈郭子仪的手书真迹，特别珍惜。据曹彬后人记载，范仲淹曾观此真迹于宝敕堂。说明早在宋代，曹彬所珍藏的子仪公手书《后出师表》，已引起范仲淹等社会名流的极大关注。

明初，御史中丞兼太史令、诚意伯刘基，亦曾看过郭子仪的手书真迹，还写了一段非常精辟的评语："郭公为唐第一人物，而书亦为第一。合作向藏天府，以基有凉德爱以宠锡什袭世守天恩与名迹，共垂不朽。"

刘基之所以得见郭子仪的真迹，与刘基的家世以及他本人的经历有关。刘基，字伯温，青田人。其曾祖刘濠原做过宋朝翰林掌书。而刘基本人又是明太祖的幕僚，他身居要职，所以有条件看到郭子仪的手书真迹。

到了明代中叶，诗人、书法家祝允明亦曾目睹郭子仪的手书真迹，他对郭子仪书法赞叹不已。祝允明，字希哲，因生枝指，自号枝山，又号枝指生，长洲（江苏苏州）人，弘治举人，与唐寅、文征明、徐贞卿并称"吴中四才子"。郭子仪的书法能使大书法家祝允明赞叹不已，可见郭子仪书法成就之高。祝允明的祖父祝显，为正统四年进士，曾出任山西参政，对山西的名人胜迹相当熟悉。祝允明是通过什么渠道看到子仪公真迹的，因无记载，难以判断，但很可能与他祖父有关。

汾阳王郭子仪狂草《后出师表》影印件，原本是山西省社会科学院研究员、书法家谢启源先生的家传墨宝。在山西省社会科学院家谱中心为新加坡郭氏宗亲会寻找郭子仪遗迹期间，谢启源先生作为山西省社会科学院的书法家无偿地把传家宝提供给了家谱中心，并亲自摩勒上石，将手稿影印件全部镌刻在六块长2米，宽0.8米的石碑上。石碑排列起来，长达12米。镌刻有郭子仪狂草《后出师表》影印件的这六块石碑，原本是山西省社会科学院家谱中心的资产，但为了引进外资、扩大郭子仪故里汾阳县的影响，就赠送给了汾阳县子仪公纪念馆。这六块石碑初拓原件，经装裱后长达14米，十分壮观。副省长郭裕怀代表省委、省政府馈赠给了专程寻根访晋、投资办厂的郭鹤年先生。

汾阳王庙坐落于山西汾阳

郭子仪长期生活、战斗在山西，为山西的古代文明增添了灿烂的光辉。山西军民对郭子仪十分推崇，十分敬仰。明神宗万历十三年，汾州知州白夏（颍州人，万历十年任），在汾阳城北二十里之大相村改一佛寺为汾阳王庙，塑金身像于坛台之上。由于几经战乱，年久失修，现今只有遗迹留存，此遗迹即大相村崇胜寺汾阳王祠。

万历四十三年，第二座汾阳王庙又在汾阳县城南关落成，该庙是由汾州府同知杨伯柯倡议并主持修建的。

杨伯柯，南直淮安人，万历十四年丙戌科进士，三十一年出任汾州府同知。"同年冬，（杨伯柯）策马谒汾阳王庙，以为庙貌必有规制。至则见一废寺中，旁有隙地一区，围墙一堵，庙内破屋三楹，中设一神桌，一木主，前有一磁炉而已。俯身一拜，潜然叹息。嗟呼！此何等功业，而今庙貌竟卑陋毁至此。非守土者之愧而谁愧！非守土者之责而谁责耶！乃建议建庙，请于抚台李公而允之，且发金以助其役，因买于南关之隙地一方，长十七丈有奇，广八丈有奇，上建大殿五间，塑王像于上，及官将像于两旁。瞻仰者肃然起敬，不复视昔之玩视矣！大约用银伍佰两有奇，除动支官帑伍拾两、抚台叁拾两外，皆本府捐奉为之，而各州、县亦量助焉；经始于乙巳（万历三十三年）七月，万历三十七年秋月大殿告完，庙貌整备。因北地山寒，冬季不便修筑，所有门廊物料皆俱。俟开春后继续修建，其时已完成十之八九。柏柯以迁秩将行，未毕之工付之汾阳尹公。"汾阳尹公，即汾阳知县尹觉民。尹觉民，北直冀州人，万历三十二年甲辰进士，三十三年出任汾阳知县，任职期间，廉干有能声，以利民善俗为务。尹觉民出任汾阳知县之年，正值杨伯柯主持修建汾阳王庙开工之时，万历三十七年杨伯柯离任后，他主持了汾阳王庙的续建工程。碑之题额为篆字，由万历三十七年己酉举人矫九高书。该庙落成后，汾阳人又掀起了一次祭祀郭子仪的热潮。乾隆《汾州府志》录有《谒汾阳王庙》一首，作者辛显祖。全文如下：

维唐七叶山逢鬼，天子蒙尘狼嚏尾。

令公手扶半壁天，克复两京绩何伟。

吐蕃突尔兵氛起，仓皇敕公一幅纸。

夺海内于群盗区，大河南北复姓李。

蓦地酋兵惊若雷，都讶令公天上来。

罗拜欢呼还起舞，灵台单骑捷音回。

呜呼！

补天裕日功如此，血食千秋应不死。

下马擎觥酹断碑，庙貌嵯峨俨仰企。

这座闻名天下的汾阳王庙，于1942年，被日本侵略者毁掉了。但健在的老年人，都还能描绘出庙宇之威严和郭子仪之塑像形象。当年，庙门两侧的琉璃狮子，现在还完整地保存在汾阳县博物馆。住在汾阳王庙附近的老乡，把庙砖、庙石、琉璃瓦等物，都当做珍品保存下来。更为难得的是，南关一家郭氏后裔珍藏着一幅郭子仪的全身画像。画像长94厘米，宽42.5厘米，像的左侧书有"汾阳王郭子仪像"七个字。郭子仪身穿唐服，手持笏板，一派忠武风采。

郭氏之根在山西汾阳

据史籍记载，郭氏出自姬姓，起源于山西。华阴郭氏亦是由山西太原迁去的。郭氏是以分封国名转化而成的姓氏。在古代，"虢"与"郭"同，因以为氏。

据记载，虢的宗庙社稷在下阳（今山西平陆县境），史称北虢。周平王东迁时，西虢的部分居民迁都于上阳（今河南陕县境），史称南虢。《左传》载，晋献公假道于虞以伐虢，克下阳。因下阳为宗庙社稷所在，故下阳亡而虢亡。北虢灭亡三年后，晋献公又复假虞国，克上阳，南虢亡。晋献公回军途中，又灭虞。至此，虢、虞两国皆亡。

晋献公灭虢、虞两国后，迁两国之民于汾阳，此即今汾阳小虢城与大虢城（今属孝义）及虞城之由来，换言之，迁居小虢城、大虢城之郭氏，乃是郭氏开宗立姓始祖的群体后裔。《太平寰宇记》在谈到虞城与虢城之得名时写道："虞、虢二城，相传晋灭虞、虢，迁其人于此，筑城以居之。"

如果说，阳曲为虢叔之后裔郭序之封地的话，那么，汾阳之小虢城、大虢城，则是虢氏后裔聚居之地；如果说，阳曲是郭氏开宗得姓之地的话，那么，汾阳则是郭氏的根之所在。明代罗伦《郭氏族谱序》云："郭得姓自周虢叔。林宗振汉，子仪鸣唐，太原、汾阳著望天下，上下数千年由二人而郭氏大焉。"

郭子仪的品德和业绩深为人们所敬仰。明朝万历二十三年，为顺乎民心，朝廷干脆以郭子仪的封号取名汾阳县。先有汾阳王，后有汾阳县，这就是汾阳的历史。所以郭子仪后裔中的很多人与山西多所联系。

郭子仪长子郭曜，封太原郡公。次子郭旰，随父由山西出发，攻克潼关，在攻打永丰仓（陕西华阴县境）时阵亡。四子郭昢，封为清源县开国男。五子郭晤，封为乐平县开国男。六子郭暖与代宗之女升平公主结为夫妇，郭暖袭封为代国公，升平公主追赠为虢国大长公主。七子郭曙，追封为祁国公。八子郭映，封为寿阳县开国男。

郭子仪的侄子，郭昢封为晋阳县开国男，郭晌封为太原县开国男等等。

清乾隆《汾州府志》载，郭子仪的后裔郭企忠，字元弼，金太宗天会四年出任汾州知事。正值石州阁先生率众数万，围攻汾州。汾州官吏担心内变，提醒郭企忠注意。但企忠很有把握地说："吾于汾人有德，保无他。"遂率军民坚守，待援军赶到，里外合击，大破石州阁先生军。由此可见，郭子仪在汾州影响之深远。

不仅在汾阳，整个三晋大地都有关于郭子仪的足迹、传说和遗迹。从至德元年初，郭子仪率军赴河东平叛，收复云中、马邑，打开东进河北的通道开始，他多次赴河东、河中平叛，从北到南，从东到西，踏遍了三晋大地。山西历来是兵家必争之地，唐高祖李渊就是誓师晋阳，然后下汾晋，取关中，建立了李唐王朝的。山西是李唐王朝的发迹地，所以唐朝皇帝格外重视山西。在平定"安史之乱"的过程中，主帅郭子仪"匡济之功，多出河东"。值得注意的是，唐太宗平叛的地方和留有遗迹的地方，郭子仪都倍加重视。唐高祖武德二年，王行本据蒲州反叛，吕崇茂据夏县反叛，李世民奉旨率师讨伐。途次汾阴县（今万荣荣河北），唐军曾在张瓮、解店（今万荣城）、古城三地屯兵，战事结束后，李世民在上述三处各修建东岳庙一座，在解店、张瓮两处又分别盖乐楼一座，此即万荣飞云楼之由来。传说，郭子仪曾多次到解店东岳庙瞻仰，并登上飞云楼缅怀太宗皇帝"金戈铁马，气吞万里如虎"的雄伟战绩。

据史籍记载，在山西洪洞县城东北霍山南麓，东汉建和元年曾创建一寺庙，取名俱卢舍寺。唐初，李世民下河东，曾在这里会战，战后写了一首雄浑豪放的诗，名曰《广胜寺赞》。所谓"广胜"，就是"广大于天，名胜于世"的意思。郭子仪亦曾瞻仰"俱卢舍寺"。代宗大历元年，郭子仪奉命赴华州平定周智光谋叛。次年，在灵州又大败吐蕃军。大历三年，郭子仪回到河中。大历四年，他上疏代宗，奏请扩建、重修俱卢舍寺。获准后，郭子仪亲自组织人员扩建、重修寺庙，竣工后，郭子仪便以太宗皇帝《广胜寺赞》诗名，取名曰广胜寺，此即洪洞广胜寺之由来。时至今日，洪洞民间依然流传着很多郭子仪的故事。

在古代北虢宗庙社稷所在地下阳（今山西平陆县境）也有很多关于郭子仪的传说，在与平陆毗邻的芮城县博物馆，还收藏着一幅《郭子仪拜寿图》。此图，高约 1.6 米，长 3 米许，是用金丝彩线绣成的立体图案，固定在屏风之上，名曰"堆卷"，是国家重点保护文物。

晋剧《打金枝》，更是山西家喻户晓、妇孺皆知的传统剧目。这是描写给郭子仪祝寿的一出戏。许多晋剧名角都长于唱《打金枝》，清同治九年，老十三旦侯峻山，进京演出《打金枝》，名振朝廷，誉满京师。1948年春，毛泽东主席到晋绥，贺龙元帅也点名让演《打金枝》。1952年全国首次戏曲观摩演出，由著名晋剧表演艺术家丁果仙主演的晋剧《打金枝》又进入中南海。其后，该剧几经加工，拍成影片，广为流传。

总之，郭子仪是以山西为基地，大败叛军并取得收复两京的显赫战功的。郭子仪的食封之地在山西，手书狂草复制件收藏于山西，子孙后代很多封邑亦在山西。郭氏凭借郭子仪的英名，誉满天下，汾阳凭借郭子仪的英名著望海内外。郭子仪与山西汾阳是铸为一体、永远分不开的。

第三节　傅说后裔寻根平陆傅岩

　　傅姓是一个源远流长、历史悠久的姓氏。据1990年第四次人口普查统计，山西全省共有傅姓人口71 055人，按姓氏人口数量排列，居全省第73位。

　　平陆县境内的傅岩（今平陆县东隐贤社），就是傅说后裔的寻根圣地。

傅岩与傅氏起源

　　傅岩，位于平陆县境内的傅岩山间。这里两山高耸，涧水中流，每逢雨季涧水暴涨，道路被冲毁，行旅受阻。早在商代，就在这里常年驻守着一批"胥靡"（古代对奴隶的一种称谓，因被绳索牵着强迫劳动，故名），负责治水筑路，保证道路畅通。

　　商朝从盘庚迁都于殷（今河南安阳小屯一带）后，出现了一个兴盛时期。但盘庚之后的小辛、小乙两个商王却没什么作为，因之又衰落了下来。继小乙而立的商高宗武丁，决心重新振兴国家，便希望找到一位能够辅佐他的得力大臣。有一天晚上，武丁梦见一个叫"说"的人，认为就是理想中的圣人。第二天，武丁以梦中所见在群臣百吏中寻找，没有找到，于是立即命令群臣按照他说的模样四处寻访那个人，终于在傅岩找到了那个叫"说"的人。原来他是个从事版筑（筑土墙）的奴隶。武丁与他交谈后，认为他真的是个"圣人"，便任用他为相，同时还让他以劳役之地为氏，是为傅氏。因为当时"贵者有氏，贱者有名无氏"，"说"乃是最卑贱的"胥靡"，当然不会有氏。只有当他被任用为相、身份改变后，才能以傅为氏。对此，《史记·殷本纪》有具体记载："武丁夜梦得圣人，名曰说。以梦所见视群臣百吏，皆非也。于是乃使百工营求之野，得说于傅险（即傅岩）中。是时说为胥靡，筑于傅险。见于武丁，武丁曰是也。得而与之语，果圣人，举以为相，殷国大治。故遂以傅险姓之，号曰傅说。"据孟世凯先生研究，目前发现的甲骨文中，占卜"梦"的卜辞有一百七十多条，其中绝大多数为武丁时期的占卜。《史记·殷本纪》关于武丁夜梦圣人傅说的记载，应该说是这一历史时期的真实写照，而不是作者的虚构（《商史与商代文明》，上海科学技术文献出版社2007年版，第112页）。所以，傅氏起源傅岩，傅说乃傅姓开宗立姓之始祖，为傅氏后裔所认可，并为许多学术著作所引用。

傅说的治国思想与业绩

商高宗武丁任用傅说为相后，君臣二人进行了推心置腹的对话。《尚书·商书》中《说命》上中下三篇，对他们的对话，特别是傅说治理朝政的主张，进行了记载。在对话中，高宗表现了对傅说的恭谨、期望和信任。而傅说通过对话，全面而系统地陈述了他治国安邦的纲领和主张。他的这些纲领和主张，不仅是高宗中兴的治国纲领，而且对我国后来的治国安邦都产生了巨大而深远的影响。

武丁召见傅说，讨论兴国之要。武丁说："望赐教于我，使我能够遵循着先王的道路，踏着成汤的足迹前进，让天下百姓安居乐业。"傅说回答："我很高兴君王对我寄予厚望。木头经过木工用的墨线，就会砍得正直，君王如能接受谏言，就能圣明。"傅说接着说："君王顺天建邦，设置都城，立天子，封诸侯，任命各级王室官员，不是让他们安逸享乐，而是要他们治理国政，安抚百姓的。"

傅说继续说："要使天下百姓安居乐业，国泰民安，对君王来说：一、不要轻易发号施令，使老百姓无所适从；二、不能随便动用军队，引起不应有的战祸；三、要赏罚严明，受赏赐的官吏，一定要称职，是老百姓真心拥戴的官吏；四、要兵器藏在府库中，不可轻易授予人，必须深切洞察任用的将帅是否称职。君王如果能从以上四个方面有所戒备，就能使政治清明，社会安定。"

傅说又说："做任何事情，事前都要有准备，有备才能无患；不要宠爱小人而自讨轻侮，不要有过错而文过饰非。如果行为举止都像上面所讲的那样，朝政大事就会治理完美。祭祀大事，如轻慢不庄重，是为不敬，但祭祀的礼节过于繁琐，就会显得紊乱。时刻要记得：'非知之艰，行之维艰。'"

153

傅说的一席话，说得商王武丁心服口服。在傅说的辅佐下，武丁执政时期，出现了生产发展，民生改善、国富兵强、四方归服的局面，史称"武丁中兴"，这是商朝历史上最强盛的时期。傅说以他的治国思想和光辉业绩，成为我国历史上最早的"圣人"。

傅说后裔名垂青史

傅说辅佐商王武丁实现中兴，被傅姓族人奉为开宗立姓始祖，其后裔人才辈出，名垂青史，深受世人敬仰。

西汉时，傅介子，从军为官，立功西域，被封为义阳侯，是为北地傅氏开基始祖。东汉时，傅燮，官至护军司马，在宦官专权、朝政极端黑暗的状况下，敢于挺身而出，抗拒邪恶势力，被誉为"两汉第一流人物"。三国时，傅嘏，字兰石，北地泥阳（今陕西耀县）人，傅介子后裔，魏正始年间，官至尚书郎，迁黄门侍郎，后为河南尹，迁尚书，因功被封为阳乡侯。唐代有学者傅奕，相州邺（今河北临漳西南）人，唐高祖即位，拜为太史丞。其时，国制草具，多仍隋旧，傅奕上书言"承乱世之后，当有变更"，提出"改正朔，易服色，变律令，革官名"。他精通天文历数，对于当时佛教祸国殃民的状况，给予深刻的揭露和批判。武德七年，他上疏请除佛法，指出："今僧尼十万，刻缯泥像，以惑天下，有不亡乎？"他要求"陛下以十万之众，自相夫妇，十年滋产，十年教训"，这样就可以收到"兵农两足"的成效。他还将魏晋以来议驳佛教的言行汇集在一起，编为《高识传》十卷，行于世。

宋代有隐居不仕的傅霖。明初有统军名将颍国公傅友德。明清之际有著名思想家、书法家、反清义士傅山。傅山在《傅史》一文中，列举了历代傅氏名人达九十三位之多，加上傅山本人以及清代学者傅以渐，近代第一位女状元傅善祥（南京人），爱国名将傅作义，画家傅抱石，人民解放军上将傅秋涛、傅钟，中将傅连暲，等等，傅氏名人超过百人。在当今按人口多少排列的中国姓氏中，傅姓居于第三十六位。傅氏家族，可谓人才辈出，名垂青史。

傅说的历史地位

傅说死后，因他的历史功绩卓著，商朝在他的版筑处修建了"傅说祠"，他以前隐居的洞穴被封为"圣人窟"。"圣人窟"前小河沙涧被易名为"圣人涧"。傅说成为历史上最早荣获"圣人"封号的人，比孔子取得"圣人"称号早近八百年。今天平陆县政府所在地就设在圣人涧镇。在平陆一带至今仍有许多关于傅说的美丽传说，例如说，傅说死后灵魂升了天，变成了一颗星，名叫"傅说星"。

千百年来，文人学士、达官显贵每过平陆，必到傅岩凭吊，作赋填词，顶礼膜拜，表达敬仰之情。历经丧乱，"傅说祠"及其他古迹均湮没不存，仅有几块残碑供后人凭吊、研究，为傅说事迹的传承和研究，增添了重重阻力。党的十一届三中全会后，平陆县政府开辟了"傅岩旅游区"，"傅说故里"已被运城确定为对外开放的旅游景点，傅说终于又"回到了"人民中间。

2006 年 5 月，在山西平陆召开的"首届傅圣文化学术研讨会"上，学者们通过稽古钩沉，正本清源，才使中国历史上最早的"圣人"——傅说的治国思想和光辉业绩，为人们所了解。会议认为，傅说与孔子，是两位上古时期中华民族优秀文化的杰出代表。

2008 年 9 月，在山西平陆召开了"第二届傅圣文化学术研讨会"，来自全国二十多个省、市、自治区从事先秦史和文物考古研究的专家、学者（其中包括中国先秦史学会的顾问和理事二十二名）以及傅氏宗亲代表八十余人，围绕傅说事迹和傅圣文化，进行了全面、深入的探讨。他们认为傅圣文化，内涵极其丰富，涉及面十分广泛。多数学者认为，《尚书·说命》是记载傅说事迹和治国思想的珍贵文献。自宋代以来，因受疑古思潮的影响，《说命》三篇被朱熹、阎若璩诸儒判为"伪书"，致使"学人多不敢征引利用"。这次大会上，杨善群、黄怀信等先生旁征博引，指出阎若璩诸儒"关于《说命》之伪的具体证据"，"皆属似是而非的伪证"，是"完全经不住推敲"的。因此，他们认为包括《说命》三篇在内的今文和古文《尚书》"都是先秦保存下来的文献"。"《说命》三篇是古文中的精品佳作，具有极高的学术含量与借鉴价值"，因而显得"弥足珍贵"。接下来，许多学者依据甲骨卜辞和文献记载，对于傅说的治国之道和傅圣文化内涵，进行了深入而具体的探讨，认为发掘傅圣文化内涵，弘扬傅圣文化精神，不仅具有重要的历史意义，而且还具有积极的现实意义。最后，许多学者认为，傅说的籍贯是山西平陆傅岩（今山西平陆县东隐贤社），这是证据确凿、没有争议的。因为傅说长期在傅岩作胥靡服刑，从事版筑劳动，后又用傅岩之"傅"作为其姓氏，因此"傅险"或"傅岩"就是他的故里，这是顺理成章的。《史记·殷本纪·正义》引《括地志》云："傅险即傅说版筑之处，…… 在今陕州河北县北七里。"唐代陕州河北县即今山西平陆县，今县北仍有傅岩遗址、商相祠和傅说之墓，还有大臣村，据说是傅说的出生之地。这里离当时的殷都不远。武丁在青少年时期曾经"遁于荒野，入宅于河，自河徂亳"（《尚书·商书·说命下》）。在这个过程中，他在黄河边上结识了从事劳作的胥靡说，他登上王位后又派人到处寻找说，并把说请入宫中，举以为相。因此，山西平陆就是圣人傅说的劳作之地、养育之地、奇遇之地、发迹之地，就是傅说的故乡，就是傅圣文化的发祥地。山西平陆通过开发和弘扬这份珍贵的文化遗产，打响以傅圣文化为核心的文化品牌，在遍布世界各地傅氏宗亲的热情支持下，必将极大地提高山西平陆的知名度和号召力，并在建设"小康平陆、生态平陆、和谐平陆"的进程中，发挥巨大的推动作用。

傅山研究的开展，推动了傅氏研究的深入发展

1983 年，山西省社科所提升为山西省社科院后，就将傅山研究列为重点课题，开始搜集整理有关傅山的资料和研究现状，积极筹备举行全国规模的傅山学术讨论会。山西省傅山书法研究会副会长谢启源，因发表过多篇研究傅山书法的文章，受到邀请，参加了傅山学术讨论会筹备会和全国第一次傅山学术讨论会。他在回忆录中写道："一九八三年年底某天，尹协理先生光临寒舍告知：省里拟举办全国傅山学术讨论会。会议由山西省社会科学院副院长张海瀛先生负责筹备。当时，我与张海瀛先生还素不相识，是傅山研究，使我们后来走到一起的，而且也是海瀛副院长发现我的。当时我在太原书法家协会任专职秘书长，在太原市委宣传部副部长赵望进与太原市文化局副局长袁旭临二位的领导下主持会务，主要研究方向为傅山书法，并发表了一些相关文章。海瀛副院长关注到了我的文章，正式邀请我作为专家学者参加筹备会。我因此有幸参加了一九八四年二月在太航招待所召开的傅山学术研讨会筹备会。海瀛副院长在会上发表了重要讲话。讲话稿以文件形式打印，到会者人手一份。这份文件至今我还保存着。"

又说："同年八月，全国第一次傅山学术讨论会在太原如期召开。来自全国各地大专院校、科研院所的著名专家学者云集太原。在会上我有幸结识了蔡尚思、卫俊秀等学术界、书法界名宿，并结下了珍贵的友谊，令我终身获益良多。每当我翻阅与这些前辈往来的书信时，心情久久不能平静。假如没有这次盛会，此等善缘不知何时能结。"（见《回眸集》，天马图书出版有限公司1992年版，第168页至170页）

2007年，在"纪念傅山先生诞辰四百周年学术研讨会"上，研究傅山的学者和晋剧创作者，在太原市委宣传部范世康部长的支持、策划和具体指导下，将"傅山进京"搬上了晋剧舞台。按照"和而不同"的原则，傅山和康熙经过一番曲折复杂的对弈后，终于重新认识了对方，从而塑造了傅山和康熙两位历史人物同台并立的双赢形象，进一步提高了人们对研究傅山要"与时俱进"的认识。

傅山先生是特别重视傅史研究的，早在"甲申之变"后，年仅三十八岁的傅山就怀着"国破家亡"之痛，开始撰写名垂青史的名著——《傅史》上，其后，经过多年的积累，才写完《傅史》下和补遗部分。傅山在《傅史》上、下以及补遗中，对历代傅氏名人逐个进行了评论。在这些评论中，既有他前期剧烈的反清情绪的表现，也有他客观而理性地评论傅氏名人的反映。但长期以来，尚无人对《傅史》进行研究。笔者为迎接2007年"纪念傅山先生诞辰四百周年学术研讨会"的召开，在读《傅史》随笔的基础上，经过多次修改，写成了题为《傅山论历代傅氏名人》一文，受到研究傅氏学者的普遍关注。《中华傅氏通谱》撰稿人傅珉认为，《傅山论历代傅氏名人》一文的问世，填补了研究傅山名著《傅史》的空白，为他们研究傅史拓宽了思路，推动了《中华傅氏通谱》的编写和出版，《傅山论历代傅氏名人》对于整个傅氏家族的贡献，怎么说都不过分！

第四节　大槐树移民后裔寻根洪洞

明初，山西洪洞大槐树移民，规模大，持续时间长，移民后裔遍布各地。他们寻根欲望，特别强烈。近代以来，由于种种原因，寻根活动受到压抑，党的十一届三中全会后，随着改革开放的深入发展，被压抑了多年的寻根热情，像火山一样迸发了出来。

寻根热的兴起与祭祖园的创建

1982 年初，洪洞县委书记王德贵到无锡参加了一次全国性的乡镇企业会议，当他说自己是洪洞县委书记时，许多人对他异常热情。因为他们都自认为是洪洞大槐树移民的后裔，把洪洞县委书记视为"老家人"，开会间隙，让他讲讲"老家的事"。这种热情洋溢的乡谊，让王德贵书记非常感动。回到洪洞后，他将这种感受告诉副书记刘郁瑞后，刘郁瑞也感同身受。他们两位忽然觉得自己肩上的担子重了起来，共同感到作为洪洞县委领导，应该为海内外大槐树移民后裔寻根谒祖做些工作，提供些方便。于是决定：在祖传大槐树及其附属设施周围，加以保护、维修和扩建，为海内外大槐树后裔寻根祭祖提供一个威严壮观的场所，此即"寻根祭祖园"的由来。

但要建成一个像样的"寻根祭祖园"，只修建祭祖堂等硬件设施远远不够，还应该有关于移民的家谱、碑文等史籍文献，供前来寻根祭祖者参阅，这样才有说服力，才完整。他们便于 1982 年 8 月，以洪洞县志办的名义在《参考消息》上发布了一则三百字的启事，征集有关洪洞大槐树的移民资料。这则毫不显眼的启事，竟然引来了出奇的效果。启事登出不满两个月，各地的来信，与日俱增，来信者有工人、有农民、有机关干部、有部队战士，他们在来信中，有的讲述当地关于大槐树的传说，有的请求洪洞县志办帮助查找他们先祖的遗迹。此外，洪洞县志办还收到来自全国二十一个省市乃至海外寄来的族谱、碑拓等，多达四百余件。洪洞县志办主任张青同志，那时刚从山西大学毕业，分配到洪洞县志办工作，每天都为写回信忙个不停，张青说："每一封都要回复，要尊重人家，当时回复的信少说也有几千封。"

在创建洪洞大槐树寻根园过程中，许多省的地方志办公室，对洪洞大槐树寻根园给予了极大的支持。1983 年，陕西吴堡县地方志的薛耀厚、薛宝堂、高凤林等人发现吴堡县上、下高家庄村民的先祖，都是从洪洞北郭村迁来的，霍家山、霍家沟等地的霍氏村民也都说他们的先祖是从山西洪洞迁来的。吴堡县的薛、慕、李、王、丁、高、刘、张等大姓，在接受薛耀厚、薛宝堂、高凤林等人访问时，也都说他们的祖先来自洪洞大槐树。为了弄清楚原委，薛耀厚、薛宝堂、高凤林三人特到洪洞调查走访。他们到洪洞县志办，看到了"一尺厚"的各地大槐树后裔来信，翻阅了一部分后，再根据在洪洞所做的人口和语言方面的调查，认为吴堡移民来自洪洞是有根据的。

1984 年底，大槐树寻根祭祖园在大槐树遗迹处落成，除改扩建原有的碑亭、茶室、牌坊外，还新建了祭祖室、望亲亭、移民壁画、大门等许多重点设施，成立了洪洞大槐树公园管理机构和接待机构，正式向海内外开放。1998 年 8 月公园更名为大槐树寻根祭祖园管理所，2005 年 10 月改为大槐树寻根祭祖园有限公司。该公司注册资本两千万元，总资产五千余万元，先后被国家、省、市授予"省级文明景区"、"省级文明管理先进单位"、"省级巾帼文明示范岗"、"全国档案优秀集体"等多项荣誉。为扩大大槐树规模，满足亿万大槐树后裔寻根祭祖的愿望，体现大槐树根祖文化底蕴，打造"老家"品牌，当地现已对大槐树迁民遗址进行了全方位开发建设。

新的大槐树景区总投资 2.2 亿余元，分三期建设完成。第一期工程已于 2006 年 12 月完成并正式对外开放。新的大槐树景区集名胜古迹区、祭祖活动区、风景游览区为一体，既体现了丰富的移民文化内涵，又满足了游人休憩、餐饮、购物的需求。扩建开发的新园区增添了洪崖古洞、祭祖堂、望乡阁、溯源阁、根雕大门、莲花塘、献殿、莲馨桥、槐香桥、鹳鸣桥、同源渠和思源潭等景点。新建的祭祖堂是整个祭祖园的核心，总体仿明代建筑风格，以祠堂格局为主，庄重典雅，错落有致，主题突出，风格独特，是连接大槐树移民后裔和先祖的神圣桥梁。在第一代大槐树的东侧同根滋生的第二代古槐已有近四百年的历史，同根滋生的第三代槐树，已有近百年的历史，枝繁叶茂、茁壮成长，人们在老槐树下缅怀先祖，祈求平安，悬挂挂件，把美好的愿望托付到大槐树上，极大地增添了寻根气氛。

寻根祭祖节的创立与发展

1985年，洪洞大槐树寻根祭祖园正式对外开放后，回来寻根祭祖的人数，越来越多，而且特别热情。有鉴于此，1991年初，洪洞县委、县政府经研究决定，每年清明节前后，即每年4月1日至10日，定为"寻根祭祖节"，并于1991年4月1日至10日，举办了首届"寻根祭祖节"，前来祭祖者多达数万人。从1991年起，每年一届，前来祭祖的人员，与日俱增。

1992年，前来祭祖的人员中，有六十位台湾的老者，来到祭祖园内，齐刷刷地跪在大槐树下痛哭，高喊："先祖啊，我们回来了。"特别令人感动。1994年，一位在泰国生活了半个多世纪的老人，带着全家老小来到洪洞大槐树下，让孩子从大槐树下捡起大槐树的枝叶，拿在手里，全家合影留念。1995年，三名旅居马来西亚的华侨，专程赶到洪洞大槐树下祭祖，都希望能在洪洞找到他们先祖居住的确切地址。

2002年10月1日，江苏丰县刘家营刘氏家族的三位老人，为了寻根千里迢迢来到洪洞。他们随身带了明万历十四年修的刘氏家谱，正是这一份家谱，在目前可见的明清家谱中，第一次明确记载了先祖来自"山西洪洞县野鹊窝"。三位老人期望能在洪洞找到同宗，把家谱的源头续上。根据家谱留下来的线索，他们遍访了洪洞相关的刘氏家族，但却无法找到与他们家族有直接联系的线索。最后，他们从洪洞县城刘氏一块记录着家族传承的木质谱系图上，推断出两个家族之间可能存在关联。据说有人经过不断搜寻后，在洪洞找到了家谱中的故乡。2008年3月16日，江苏丰县张氏家族张大彪等十一人来到洪洞寻根，希望续接族谱与故土的联系。出发前，他们在欢口镇水坑洼村张氏家祠中，举行了告祖仪式，表示了他们的决心。依据家谱记载，他们先祖所在的村庄在洪洞县城南十三里处。他们到了洪洞后，根据这个线索，找到了洪洞的冯张村。冯张村张氏家族热情地接待了他们。该村的张觉敏拿出家谱（1938 年续修）与张大彪带来的张氏家谱（1770 年修）对照后发现，这两部家谱所记的方位、距离和时间正好一致，于是认定两地张姓原本是一家。冯张村张氏家族和前来寻根的十一位宗亲，都非常高兴。张大彪说，据先祖口耳相传，在 1770 年之前，也就是丰县张氏家族修谱那年，张氏族人就曾到山西寻根，但并没有结果。而这次前来寻根，终于找到了冯张村，十一位代表一致认为"六百多年的愿望终于实现了，终于了却了历代列祖列宗及族人的一片怀念故土之情"。确定是同宗的当天，丰县张氏与冯张村张氏在张觉敏家堂屋列祖列宗神位前，举行了亲切而隆重的祭祀仪式。由于族谱记载不详，祭祀仪式是以同根同祖之宗亲举行的。尽管如此，祭祀仪式依然唤起了血浓于水的亲情。堂内祭祀仪式结束后，张大彪、张觉敏等一起又到坟地进行祭祀，丰县张氏取坟地根土，带回丰县欢口镇水坑洼村张氏家祠供奉，其情感之真挚，特别令人感动。

2007 年第十七届寻根祭祖节，由省政府主办，有党政领导、新闻媒体以及移民省市代表参加，是"寻根祭祖节"举办以来，规格高、规模大、影响深远的一次寻根祭祖节，不仅有众多港澳台的移民后裔，而且有东南亚、美国、日本等国的移民后裔。鸣礼炮、读祭文、文艺表演、锣鼓喧天，隆重而热烈，极大地提高了寻根祭祖节的知名度和吸引力。

2013 年 4 月 4 日上午 9 时许，第二十三届寻根祭祖节在祭祖园开幕，彩旗招展，锣鼓喧天，鸣礼炮二十三响，上万名移民后裔与党政领导、新闻媒体聚集一堂，宣读祭文，陈列贡品，披挂彩带，向先祖敬"汾水"，奉"舜土"，缅怀先祖业绩，在多姿多彩的文艺表演陪衬下，显得特别隆重，特别热烈，特别令人怀念和向往。

《洪洞古大槐树志》的编修与电视剧拍摄

洪洞县志办的张青等人在接待访客和回信给大槐树后裔的同时，加紧移民资料的收集和编撰。民国年间，景大启、柴汝桢二人曾先后汇编《大槐树志》二册，但这两本书除了序、跋之外，内容多为怀乡吟咏的诗文，1986 年 11 月，林中园、张青等人在二十一个省、四百多个县（市）的大槐树后裔寄来的家谱和碑文资料基础上，编成《洪洞古大槐树志》一书。中国现代著名史学家傅振伦先生亲自为《洪洞古大槐树志》作序。傅振伦先生说，他自己就是洪洞大槐树的后裔，他的十二世祖，是明成化十一年从洪洞大槐树迁到河北省新河县的。他对洪洞大槐树移民十分关注，早在 1928 年，傅振伦先生推出的第一部著作就是《新河县志》。他们在编修《新河县志》过程中，曾到全县各村进行过调查，据统计，六十二个村的家谱和碑文，明确记载其先祖是明初从洪洞大槐树迁来的。傅振伦先生在《洪洞古大槐树志·序》中说："山西洪洞县志办公室，就国人传颂的洪洞迁民资料，博采史籍、方志、碑刻、谱牒、传说，辑为《洪洞古大槐树志》，这一部谱学专门史志，不是封建士族的家谱，而是移民之史、人民之史。"还说："以爱桑梓之情，并喜此书资料丰富，翔实可信，可补旧作《新河县志·洪洞移民考》之缺，因应命序于简端。"

北方地区，许多地方志都详细记载了大槐树移民情况，例如《温县志》、《宝丰县志》、《宁阳县志》、《丹凤县志》、《商南县志》、《山阳县志》等，都具体记载了老百姓在洪洞大槐树下集结，然后迁往各地等情况。至今山东、河北、河南等地仍然流传着这样的民谣："问我祖先在何处？山西洪洞大槐树。祖先故居叫什么？大槐树下老鹳窝。"洪洞大槐树，就是海内外数以亿计的移民后裔寻根祭祖的圣地。

《洪洞古大槐树志》于 1988 年出版后，学界围绕这个问题所做的论文和专著明显多了起来。据山西大学历史文化学院教授乔新华统计，从 1988 年到 2007 年间，有关洪洞大槐树的论文有二十多篇，论著有十多部。

为了弘扬爱国主义文化，突出民族血脉亲情，再现移民壮举，一部长达四十集的移民电视剧《大槐树》于 2006 年 8 月 15 日正式开拍，该剧由著名导演王文杰执导，知名演员陈好、陆毅、鲍国安、李琦、方圆等人通力合作，气势恢宏、震撼人心。本剧是以林屹的命运为主线，展现其办理、安置移民的艰难曲折，和其在家族矛盾、爱情中复杂的情感历程。同时，本剧也展现了移民王成祖，大喜一家，富全一家及林峙、林峻等人的移民历程和生活变迁，全景式地展现了洪武年间这次大移民。全剧有极强的曲折性和故事性，冲突激烈，集集有悬念，人物性格鲜明且场面宏大，是一部有着丰富内涵且具有欣赏性的历史巨片，是一部思想精深、制作精良、艺术精湛的优秀文艺作品。

2007 年电视剧《大槐树》在央视一套推出后，引起很大反响。许多地方台，先后转播，在国内激起一股巨大的寻根热，前来祭祖的人，成倍增长。

总而言之，《洪洞古大槐树志》的编修与电视剧《大槐树》拍摄、热播，极大地提高了洪洞大槐树的知名度和影响力。

第七章 山西省社科院与山西谱牒研究的兴盛

改革开放以来，在为海外侨胞寻根谒祖提供咨询服务的过程中，山西省社科院做了大量工作，有力地推动了山西谱牒研究的兴盛，其主要表现为：中国谱牒学研究会在山西成立，家谱中心在山西省社科院建成，新中国第一部《中国家谱目录》由山西省社科院家谱中心编辑出版，《谱牒学研究》、《谱牒学论丛》、《中华族谱集成》、《太原王氏》、《汾阳王郭子仪谱传》等均由山西省社科院家谱中心主编或主持编撰，新闻记者的采访报道和寻源文化中心的创建进一步扩大了山西省社科院的影响。另外，山西省社科院家谱中心成员以个人名义发表的一批很有影响的文章和著作，也为山西省社科院家谱中心争得了荣誉。所有这些综合起来，就使山西省社科院家谱中心声名鹊起，享誉国内外。

第一节 谱牒学研究会的成立与族谱研究的兴起

谱牒的形成发展与冷遇及复兴

在我国，谱牒是一门源远流长的古老学科，早在殷商时代的甲骨文中，就已出现了用文字记载的家族世系。到了西周时期，周王朝在家族世系的基础上，又建立了一整套严密而系统的宗法制度。在宗法制度下，天子和诸侯的权位，只能由嫡长子继承。基于这种需要，记载家族世系的谱牒，得到了长足发展。周代的官府均设有史官，掌谱牒，定世系，辨昭穆。当时的晋国，还设有专职官员，掌管王族事务及谱牒，以防宗族昭穆的错乱，确保宗法制度的推行。其时世系之学，还被列为官府必修课，用以教育贵族子弟。可惜这些谱牒早已亡佚。在传世的古籍中。我们只能从史学大师司马迁的《史记》中看到较为完整和系统的关于先秦时代家族谱牒的记载。这些关于帝王家族世系的完整记载，都是依据谱牒文献编修的。梁启超在《中国历史研究法》一书中指出，司马迁的"十表"，是"稽牒作谱，印范于《世本》"。《世本》是中国谱牒的开山之作，它记录了自黄帝至春秋时帝王、诸侯及卿大夫的世系。司马迁在撰写《史纪》时引用了《世本》的许多谱牒资料。

魏晋南北朝时期，是谱牒之学发展的黄金时代。由于九品中正制度的推行和门阀制度的形成，在选官、婚姻方面，无不以谱牒为凭，出现了"人尚谱系之学，家藏谱系之书"的局面。谱牒作品，大量涌观。这一时期还出现了许多谱学世家。

唐代是谱学由盛到衰的转折时期。唐王朝的建立，使陇西李氏成为天下皇族，打破了魏晋以来世族门阀垄断政权的格局。但魏晋以来以血统来划分尊贵卑贱的习惯势力依然有很大市场，即使是当朝皇帝也不能摆脱这种影响。所以，贞观年间编修的《氏族志》，仍以皇族为第一等，后族为第二等，全书"合二百九十三姓，千六百五十一家，分为九等"，贞观十二年书成，诏颁天下，藏为永式。但是随着唐代科举制度的确立和发展，越来越多的庶族寒门出身的知识分子踏入仕途，官居要职。因此，《氏族志》所规定的等第状况，越来越不符合新贵们的意愿。唐高宗永徽六年，出身商人之家的武则天被立为皇后，参与朝政，与高宗并称"二圣"。武则天为了巩固自己的政治地位，积极主张修改《氏族志》。修改后的《氏族志》，更名为《姓氏录》，高宗显庆四年，颁行天下。从谱学的变化来看，《姓氏录》已将当朝高官全部收入谱牒，这样就形成了"混士（魏晋以来旧家）、庶（唐代新起豪门）于一书"的局面。其时，士、庶合流已成为不可阻挡的历史潮流。

到了宋代，族谱的性质、作用、内容、体例以及编纂与管理，都发生了巨大而深刻的变化，具体表现为：第一，宋代及其以后的族谱，已不再是划分社会地位和政治地位的依据了，魏晋时期官府中掌管图谱之官，亦随之废除；第二，宋代及其以后随着旧的士家大族的没落和科举取士的发展，士、庶界线日益模糊，"家之婚姻，必由谱系"的状况亦随之而改变；第三，宋代及其以后的族谱，均以"敬宗睦族"、"尊祖收族"为宗旨，记载内容亦以宗族内部之事为主，诸如世系图表、谱系本纪、恩荣宦迹、忠臣孝子、家规族训、祠堂族产、坟茔墓志，等等，现存的族谱，主要是宋代以后编修的。山西省社科院家谱中心收藏的族谱，全部是宋代以后编修的。

正因为如此，宋代及其以后编修的族谱，全部是以特殊形式记载的宗族发展的史书，从史料学的角度看，它带有最基础的性质，其数量之大远远超过了正史和方志。可以说，谱牒是一个内容极其庞杂而丰富的大型资料库，它为我们研究历史学、社会学、人才学、人口学、民族学、方志学，等等，提供了取之不尽、用之不竭的史料，是中华民族特有的传统文化宝库。

然而，1919 年"五四运动"打倒孔家店以后，谱牒被视为封建糟粕，遭到严厉批判。在很长一段时期内，这门古老的学科遭到了冷遇。20 世纪二三十年代，只有潘光旦、杨殿珣等几位学者，发表过一些论著，其他学者很少问津。新中国成立后，直到 1978 年党的十一届三中全会召开后，学界才迎来谱牒的春天，国家档案局才开始接触谱牒。

1980 年初，国家档案局对二十三个省（市）、自治区的档案馆、图书馆、博物馆等单位收藏家谱情况进行了调查，据不完全统计，就有四千多部。1983 年，南开大学历史系对北京几家公共图书馆和大学图书馆收藏的家谱情况也进行了统计，其数量亦相当可观。所以 1984 年春，国家档案局二处、南开大学历史系、中国社会科学院历史研究所图书馆通力合作，决定在此基础上进一步扩大调查统计、联合编纂覆盖全国的《中国家谱综合目录》。为此，国家档案局会同文化部、教育部联名向全国各图书馆、博物馆、文管会、文化馆、档案馆发出《关于协助编好〈中国家谱综合目录〉的通知》（以下简称《通知》）。据中国社会科学院历史研究所参与调查统计的学者透露，《通知》下达后，有四百多个单位报送了他们收藏的家谱目录或本地区个人收藏的家谱目录，共有一万余条。再加上台湾地区以及日本、美国出版的家谱目录中的有关部分，总共收录家谱条目达 14719 条。

其时，就国家档案局牵头调查家谱收藏情况一事，在社会上引起质疑，致使一些直接参者产生顾虑。《中国家谱综合目录》本来定稿很早，但一直拖延到 1997 年，才由中华书局出版发行。

中国谱牒学研究会筹备会在太原举行

中国谱牒学研究会这样一个全国性的学术团体，本应由国家档案局牵头发起并成立，然而在当时的历史条件下，在国家档案局牵头对二十三个省(市)、自治区的档案馆、图书馆、博物馆等单位收藏家谱情况进行调查过程中，已经遭到质疑，再由国家档案局牵头发起并成立中国谱牒学研究会，许多人更是心有余悸，于是就打算选择一个目标较小的地方社科院发起成立，试探一下社会反响。恰好这时山西省从省政府到省社会科学院的领导，都对家谱很重视，因而引起了有关各方的极大兴趣。那时，促成山西重视家谱的直接原因是两封海外来信。一封来信是 1985 年 6 月，"缅甸太原王氏家族会"致函太原市王茂林市长，要求查找开族始祖王子乔的资料；另一封来信是 1986 年，国务院侨办转给太原市的"泰国王氏宗亲总会"来信，说他们的始祖有南京和太原两说（其实是始祖与始迁祖的区别而已），要求帮助查证哪一说可靠。这两封来信引起了山西省和太原市领导的重视，为回复这两封来信，山西组织了专门班子，收集资料，调查研究。这样，收集与研究家谱遂被列入议事日程。其时，山西省社会科学院已经收集了一批家谱，而且与国家档案局、中国社科院、中华书局都取得了联系。在这种情况下，各方代表一致倡议，由山西省社科院发起并举办中国谱牒学术研讨会，于是 1988 年 3 月 5 日至 7 日，在太原太航大酒店举行了为期三天的中国谱牒学研讨会筹备会。

参加太原筹备会的有：国家档案局的杨冬荃，中华书局的冯惠民，中国社科院的刘重日、张显清、武新立，山西省社科院的张海瀛、高可。大家通过磋商议定：

第一，首届中国谱牒学研讨会由山西省社科院发起并举办，地点定在山西五台山南山寺，时间定为 1988 年 8 月，会议经费，全部由山西省社科院提供。

第二，在首届中国谱牒学研讨会上，将通过民主选举，成立中国谱牒学会。会长，拟由山西省社科院院长刘贯文担任，副会长拟由山西省社科院副院长张海瀛、国家档案局的郝存厚、南开大学的冯尔康担任，秘书长由张海瀛兼任。

中国谱牒学研究会的成立

太原中国谱牒学研讨会筹备会后，经过三个多月的酝酿准备，首届中国谱牒学研讨会于 1988 年 7 月 11 至 14 日，在五台山南山寺隆重举行。来自北京、上海、天津、西安、广州、成都、沈阳、保定等高等院校、科研院所的数十名专家学者出席了会议。山西省副省长白清才，出席了开幕式。出席会议的还有美国犹他家谱学会会长斯考特先生、犹他家谱学会亚太地区负责人沙其敏先生、澳门学者赵文房先生等海外贵宾，台湾学者陈大络教授还为大会发来了贺词。会议通过民主选举，成立了中国谱牒学研究会。山西省社会科学院刘贯文院长当选为会长，山西省社会科学院张海瀛副院长当选为副会长兼秘书长，国家档案局郝存厚研究员和南开大学冯尔康教授当选为副会长，武新立当选为常务理事并兼任《谱牒学研究》主编。其后，研究会按程序办理了挂靠中国社会科学院的相关手续，并呈报民政部审批。1991 年 8 月 19 日，研究会得到了民政部颁发的由部长崔乃夫签名的《中华人民共和国社会团体登记证》，1991 年 10 月 5 日《人民日报》刊出《中华人民共和国民政部社会团体登记公告》第 4 号，正式向社会公布中国谱牒学研究会的编号为"0473"。1988 年 9 月 21 日的《光明日报》刊出中国谱牒学研究会成立的消息后，在国内外学者中引起强烈反响。澳大利亚侨胞马纪行致函中国谱牒学研究会说："于 9 月 21 日《光明日报》上看到'首届中国家谱研讨会'的报道，不胜欢耀！家谱对于我们华裔来说，非常重要。……考我华族移民澳洲已有百多年之历史。最高峰时期，华人曾占居民总数四分之一。今日之澳洲人其实许多人是有我中国人血统的，可惜多不自知。有些知道自己有中国血统的人，对我华裔特别好感，亦反对种族歧视。" 1990 年 7 月 29 日，泰国的"泰华研究会"致函中国谱牒学研究会说："我们成立'泰华研究会'的目的是深入研究泰华族谱，增强泰华人民的亲密友谊。"

第二节　家谱资料中心的创建与族谱研究的兴盛

家谱资料中心的创建和发展

中国谱牒学研究会成立后，组织和团结全国广大会员和学者，揭开了征集、复制、整理和研究族谱的新篇章，由于广大会员和学者的大力协助与积极配合，经过几年努力，很快便征集、复制了两千多部族谱。1990 年12 月30 日，山西省社科院科研处主办的《山西社科通讯》第 6 期，刊登了一则关于"中国家谱资料中心"业已在山西省社科院建成的报道，并宣布自 1991 年 3 月 1 日起，正式向国内外学者开放，可为他们提供咨询服务。《人民日报》（海外版）1991 年 2 月 23 日，转载了这一报道，并说："我国最大的家谱资料中心在山西省社会科学院建成。近两年来，中国谱牒学研究会和山西省社会科学院通过拍摄、交换、购置等方式，已收集整理出 708 盘拍有中国家谱资料的缩微胶卷，每盘 3000 画幅，6000 个页码，总字数达 8.49 亿。"1991 年 2 月 25 日，《光明日报》第二版，以"中国家谱资料中心落成"为题，转载了这一报道。其时，该中心由中国谱牒学研究会副会长、山西省社会科学院副院长张海瀛研究员兼任主任，主持工作。

1992 年 4 月，山西省社科院中国家谱资料中心就其所收藏的中国家谱，编纂了一本《中国家谱目录》，由山西人民出版社出版发行。该《目录》收录家谱 2565 部，收录姓氏 251 个。按族谱收藏数量排列，依次为：王氏 255 部，陈氏 126 部，张氏 114 部，李氏 85 部，吴氏 77 部，刘氏 75 部，黄氏 69 部，徐氏 63 部，朱 60 部，等等。就地域分布而言，收藏量在 200 部以上的计有：江苏、浙江、福建、湖南、安徽。尽管该《目录》收录的家谱和姓氏，都不算很多，但它却是 1949 年新中国成立后中国大陆出版的第一部《中国家谱目录》，而且所收录的家谱全部是山西省社科院中国家谱资料中心收藏的。所以，《中国家谱目录》于 1992 年 4 月在香港"中华族谱特展会"上一经展出，就引起了轰动。因为许多港台学者原以为经过"土地改革"和"文化大革命"，中国大陆的家谱早已荡然无存了，万万没有想到，仅山西省社科院中国家谱资料中心就收藏有这么多，而且有很多大部头、高质量的家谱。香港《快报》和《华侨日报》都报道了这次展出。1992 年 6 月 11 日上海《社会科学报》以"大陆家谱展令港人大吃一惊"为题，报道了这次展出，令山西省社科院中国家谱资料中心扬名国内外。

《人民日报》（海外版）1992 年 8 月 4 日又以"联系海外侨胞的一条纽带"为题，发表了记者采访山西省社科院中国家谱资料中心主任张海瀛的报道。美国侨胞李极冰看了报道后来信说："昨天从《人民日报》海外版得知成立了'家谱资料中心'，特致此函。"又说："我是山西人，祖籍大同县嘛峪口村。"他要求查证家族的始祖资料。当中心将查证的始祖资料寄给他后，他特别高兴，从此与中心书信不断。1996 年 8 月 12 日，李极冰终于回到大同县嘛峪口村，实现了他梦寐以求的寻根祭祖的夙愿。1993 年 4 月 27 日，法国侨胞时波来信说："我是旅法华人，去年 8 月 4 日《人民日报》海外版报道贵中心备有大量资料供华人寻根，甚幸。"他要求查证时姓起源及其分布，并希望与时姓族人建立联系。当我们将查证情况及时姓分布情况复信后，法国侨胞时波与山西省社会科学联合会的时新先生，建立了书信往来关系。此外，《今日中国》1995 年第 9 期，还刊登了题为"华胄归宗，寻根有路"访问记，用英、法、德、西班牙、阿拉伯五种文字，向全世界介绍了山西省社会科学院中国家谱资料中心家谱收藏整理以及为海外侨胞"寻根谒祖"提供服务等情况。从此，家谱资料中心遂扬名海外，并与美国、法国、泰国、澳大利亚、新加坡、马来西亚、日本、韩国、加拿大等国的侨胞以及专家学者，建立起了广泛的联系。

咨询服务的发展变化

山西省社科院家谱资料中心自 1991 年 3 月 1 日正式向国内外学者开放后，为来访者提供咨询服务，就成了家谱资料中心的一项雷打不动的经常工作。随着家谱资料中心收藏数量的增多和咨询服务美名的传播，特别是《人民日报》（海外版）1992 年 8 月 4 日发表了采访山西省社科院家谱资料中心的报道后，来访的专家学者日益增多。

家谱资料中心，不仅家谱种类多、收藏量大，而且还有现代化储藏手段和阅读设备。家谱资料中心收藏的家谱，全部是缩微胶卷。其时，家谱资料中心还备有从日本进口的缩微阅读复印机。来访的专家学者，均可无偿地借用缩微阅读机，阅读家谱。如若复印，A4 纸，每页成本费加资料费只收 1 元，是国内同行中收费最低的，所以来访者很多。1992 年山西省社科院家谱资料中心收藏的《中国家谱目录》正式出版后，国内外学者按照《中国家谱目录》提供的信息，来中心复制家谱的人数，大幅增加。20世纪末，缩微阅读机报废后，家谱资料中心又将所收藏的缩微胶卷，转换成光盘，用电脑为来访者提供咨询服务。

从到家谱资料中心查阅资料人员构成来看，2004 年前后，有很大变化。2004 年以前，到家谱资料中心查阅资料的人员主要是国内外的专家学者，他们查阅和复制家谱，主要是为了研究，多半用于写书、写文章。2004 年以后，到家谱资料中心查阅资料的人员中，用于编修新家谱的人数逐渐增多。2012 年以后，查阅家谱，用于编修新谱的人员占了大多数。为了反映这种变化，2014 年出版的《谱牒学论丛》第 6 辑，还特意编辑了一组关于编修新家谱的文章。

谱牒丛书的编辑出版

中国谱牒学研究会的成立，揭开了谱牒研究的新篇章。为给广大会员提供发表意见、相互切磋的平台，学会决定，创办中国谱牒学研究会会刊，定名《谱牒学研究》，并以丛书形式出版发行。1989 年 12 月，《谱牒学研究》第一辑由山西省社会科学院家谱资料中心编辑出版，刊登文章 十九篇，北京书目文献出版社出版，向国内外发行。《光明日报》（1991 年1 月 2 日）和上海《社会科学报》（1992 年 2 月 13 日）先后发表了张锡禄和方冶的评介文章，认为，《谱牒学研究》的编辑出版，把国内外的谱牒研究者和爱好者联络了起来，有力地推动了谱牒研究的深入发展。 1991年 8 月，山西省社会科学院又在太原召开了中国谱牒学研究会第二届学术研讨会，会议收到论文四十多篇。研究的深度和广度，同第一届相比，有了很大提高。其突出的特点是把谱牒学作为一门独立的学科，展开了研究。会后，我们将这些论文编入《谱牒学研究》第二辑，该书出版后很快就被一抢而空，在当时国内图书市场疲软的情况下，这种现象是十分罕见的。1992 年 12 月及 1995 年 5 月，学会又分别编辑出版了《谱牒学研究》第三辑、第四辑，对谱牒学的形成发展，按历史顺序进行了深入研究。其后，由于中国谱牒学研究会停止活动，《谱牒学研究》亦随之停刊。

失去交流平台以后，广大会员和谱牒爱好者，深感不便，纷纷给山西省社科院家谱资料中心来信，希望尽快恢复为他们提供发展意见、相互切磋的平台。

进入新世纪后，经过多方联系和协商，议定另行创办《谱牒学论丛》，由山西省社会科学院家谱中心主办，美国犹他家谱学会资助并协办，由王岳红担任主编，钱正民、刘宁担任副主编，以丛书形式出版，向国内外发行。2006 年 8 月，《谱牒学论丛》第一辑出版发行，收录论文四十一篇，共三十五万字，著名史学家李学勤还为《谱牒学论丛》写了序言，他看了第一辑后来信说："《论丛》印制精美，内容充实，说明你们已成为国内这一学科的中心。"从 2006 年至 2011年间，先后编辑出版了五辑。

2011 年，王岳红调离山西省社会科学院后，家谱中心主任由李中元院长兼任，副主任由图书馆馆长李书琴兼任。从 2012 年李中元院长兼任家谱中心主任起，山西省社会科学院原"家谱资料中心"和"家谱资料研究中心"等称谓，统一改为山西省社会科学院家谱中心。《谱牒学论丛》从第六辑起，主编由李书琴担任，副主编仍由钱正民和刘宁担任，聘请山西省社科院院长兼家谱中心主任李中元为首席顾问，聘请沙其敏、廖庆六、张海瀛、武新立、李吉，为学术顾问，由李书琴、钱正民、刘宁、张晨组成编辑部，张晨为责任编辑。

2013 年是山西省社科院发起成立中国谱牒学研究会二十五周年。中国谱牒学研究会的成立，揭开了搜集、整理、研究和利用中国家谱的新篇章。为纪念这个具有特殊意义的年代，《谱牒学论丛》第六辑，编辑了一组纪念文章。《中国的家谱及其学术价值》一文，是 1988 年中国谱牒学研究会成立后，我院武新立先生在国家一级期刊——《历史研究》上发表的论文，也是我院在《历史研究》上发表的唯一的一篇关于家谱研究的学术论文。该文的发表，引起了学术界的极大关注，为山西省社科院和中国谱牒学会赢得了很好的声誉。为纪念中国谱牒学研究会成立二十五周年，特将该文重新予以刊载与几篇回忆中国谱牒学研究会及寻根谒祖的文章一起重温昔日的辉煌。

总而言之，《谱牒学研究》和《谱牒学论丛》的编辑出版，在联络和团结谱牒爱好者和研究者方面，发挥了积极的桥梁纽带作用，有力地推动了谱牒研究的深入发展。

《中华族谱集成》的问世

《中华族谱集成》是正式列入国家古籍整理出版规划的国家级项目。

自 1991 年 3 月 1 日起，山西省社科院"家谱资料中心"向国内外专家学者开放后，引起了有关方面和人员的极大关注。1992 年 2 月，四川巴蜀书社陈大利编辑给山西省社科院家谱资料中心来信说，他们愿与山西省社科院家谱资料中心合作，编辑出版《中华族谱集成》，并望山西省社科院回信。当山西省社科院回信同意后，1992 年 4 月 28 日，陈大利二次来信提出，要山西省社科院提供专家论证方案和《中华族谱集成》的编纂框架。随后，陈大利亲自到山西省社科院家谱资料中心当面磋商，并出席专家论证会，听取意见。专家论证会一致认为，编辑出版《中华族谱集成》，十分必要，而且应当列入国家古籍整理出版规划。据此，巴蜀书社遂向国家古籍整理出版规划小组，报送了"关于编纂《中华族谱集成》并申请专项出版补贴的报告"。1994 年 4 月 9 日，国家古籍整理出版规划小组回复，同意该报告，并将所需经费列入 1995 年度补贴项目，指出："希望你社与山西省社科院家谱资料中心同心协力，把工作落到实处，切实保证编纂出版工作的质量。" 1994 年 5 月 2 日，山西省社科院副院长兼家谱资料中心主任张海瀛、研究员武新立，赴成都与巴蜀书社社长林万清，正式签署了《中华族谱集成》出版合同，随后就开始了一年多的紧张工作。

卢秉钰同志，在回忆录中写道："《中华族谱集成》由张海瀛、武新立、林万青主编，首批收录李、王、张、刘、陈五姓，共九十三部家谱。这九十三部家谱，全部是缩微胶卷。要用缩微阅读机将缩微胶卷还原到A4纸上，变成出书用的稿纸，才能影印出版。而将缩微胶卷还原成书稿，其工作量是特别艰难、特别巨大的。李、王、张、刘、陈五姓，每个姓二十册，共一百册，全部是十六开双栏影印本。每册九百页，双栏影印本就是一千八百页。一百册就是十八万页。我的任务就是负责将这十八万页的缩微胶卷，用缩微阅读机还原成出书用的书稿，具体操作缩微阅读机的是刘宁、刘西并等人。开始阶段，还原复制工作进行的相当顺利，但到后来机器经常出故障，刘宁、刘西并修不了，只好找我。缩微阅读机是从日本进口的，国内无法维修，请日本厂家维修，就要按售价的百分比收费，再说停止工作等维修，也耽误不起，于是我想到了我院的相似论专家——张光鉴研究员，他是从工厂来的，是革新能手，什么机器都懂，我只好去求他帮忙。张光鉴研究员知道《中华族谱集成》是海瀛副院长的课题，所以就特别热情地答应了我的请求。但对于缩微阅读机，张光鉴也是第一次见到，他是从解剖结构开始研究维修办法的，他下了很大的功夫，才摸索出一些维修办法来。他每次维修，都要耗费很多时间，但却随叫随到，特别热情，使我十分感动。后来张光鉴才告诉我，他到社科院后，海瀛副院长对他特别热情，特别帮忙。他是省内第一批评上突贡专家的，山西大学文理科加在一起，才上了一个，我们院一次就上了两个。他的上报材料是海瀛副院长到他家中亲自采访并整理的，没有海瀛副院长辛勤工作，他的材料整不出来、报不上去，也就不会有他的今天。他为海瀛副院长的课题出点力、帮点忙，是应该的。可以说，没有张光鉴研究员的大力帮忙，我的任务是根本无法按期完成的。1995年12月，当我看到正式出版的《中华族谱集成》内页上署着'胶卷还原：卢秉钰、刘宁、刘西并'等人的大名时，我特别感谢张光鉴研究员的大力帮忙。"（见《回眸集》，天马图书出版有限公司1992年版，第192页至193页）

在《中华族谱集成》问世之前，《光明日报》于1995年4月26日，以"古籍整理出版大动作"为题，对《中华族谱集成》的编辑出版进行了报道。报道说："《中华族谱集成》是经国家古籍整理规划小组批准立项，由中国谱牒学研究会、山西省社会科学院家谱资料研究中心和巴蜀书社联合编纂，并由巴蜀书社独家编号出版、限量发行的大型古籍整理出版项目。编委会由众多史学家和多年从事家谱研究的专家组成，由著名明史专家、中国谱牒学研究会副会长兼秘书长、山西省社科院家谱资料研究中心主任张海瀛教授和武新立教授等任主编。"

《中华族谱集成》首批收录《万姓统谱》及李、王、张、刘、陈五大姓族谱九十三部。《万姓统谱》是《古今万姓统谱》的简称，明万历进士、工部员外郎凌迪知编纂。开篇是自序、凡例和目录，正文由卷首"帝王世系"六卷和"万姓统谱"一百四十卷组成，共一百四十六卷，收录姓氏三千七百多个。该谱是一部打破地域限制把分布于各地的同族名人总贯于一的统谱。在自序部分，作者说明了编修《万姓统谱》的由来和要旨。凌迪知说："余读眉山苏氏族谱引，感而辑姓谱云"，又说："夫天下，家积也。"谱可联家，"则联天下为一家，反掌耳。故观吾之姓谱者，孝弟之心或亦可以油然而生矣，此余辑谱意也"。就是说，作者凌迪知是读苏洵的谱引而产生了辑天下姓谱之念头。天下是由家集而成的，谱可以联家，则联天下为一家，易如反掌，所以观吾之谱者，孝悌之心可油然而生，这就是该谱的纂修要旨。《中华族谱集成》前两册，收录《万姓统谱》，意在统帅全书。

《万姓统谱》开篇，是《中华族谱集成》的总序。五大姓九十三部族谱中，李氏族谱十七部，分装二十册；王氏族谱二十部，分装二十册；张氏族谱二十二部，分装二十册；刘氏族谱二十部，分装十八册；陈氏族谱十四部，分装二十册。对所收族谱，均以姓氏为主线，分类编排，保持原貌，影印出版，为方便读者阅读和使用，对五大姓氏的九十三部族谱，分别作了简要介绍。

《中华族谱集成》外加锦盒函套包装，百册并立，十分壮观。出版后，外销美国、法国、英国、加拿大等国，在国内成为巴蜀书社、上海图书馆、北京中国书店所陈列的门面书。2003年2月，中央电视台10套播出的百家姓系列专题片在介绍上海图书馆谱牒研究中心时，陈列的也是这部百册并立的《中华族谱集成》。可以说，《中华族谱集成》是20世纪

《太原王氏》和《汾阳王郭子仪谱传》编辑出版

《太原王氏》，由北岳文艺出版社于 1994 年出版发行。1992 年，为适应海外王氏回太原来寻根谒祖之需要，太原市决定，在晋祠的"晋溪书院"内，修建太原王氏始祖——王子乔祠，由"海外太原王氏联谊后援会"负责这项工作。山西省社科院家谱中心的代表，被聘请为"海外太原王氏联谊后援会"领导组成员。山西省社科院家谱中心承担了编写《太原王氏源流》和《太原王氏历史名人传》两书的任务。1992 年 8 月 6 日至 8 日，在太原举行了"海外太原王氏联谊筹备会"。当海外太原王氏宗亲会的代表，聚集一堂，看到《太原王氏源流》和《太原王氏历史名人传》两本书时，格外高兴。此后，他们又参观了山西省社科院家谱资料中心，深信这两本书提供的资料，是确凿无疑、真实可靠的。1993 年 6 月，"太原王氏恳亲联谊暨经贸洽谈会"在太原正式举行。这次会议对太原市的改革开放、招商引资，起了极大的推动作用。会后，"海外太原王氏联谊后援会"将《太原王氏源流》和《太原王氏历史名人传》两本书合在一起，改名《太原王氏》，交由北岳文艺出版社出版发行，此即《太原王氏》一书的由来。

由省政协主席郭裕怀主编的《汾阳王郭子仪谱传》，赠送海外郭氏宗亲团体后，极大地提高了我省的知名度，有力地推动了我省的对外交往，扩大了汾阳王郭子仪在海内外的影响。郭裕怀主编特别高兴。1992 年 12 月 2 日，山西近代史研究会举办《缅晗集》、《治史集》、《山西保矿运动历史研究》首发式时，曾邀请郭裕怀主编参加首发式，郭裕怀因有要事未能赴会，但也为首发式签署了书面发言。

他在书面发言中说："邀请我参加首发式，让我想起了接待郭鹤年寻根访晋的往事。1994 年 5 月 13 日至 14 日，香港嘉里集团董事长郭鹤年先生回山西来寻根访祖，由我全程陪同。郭鹤年先生为什么要回山西来寻根访祖呢？这同省社科院家谱中心为海外郭氏寻根访祖提供咨询服务是直接相关的。由张海瀛同志主持的省社科院家谱中心，根据文献资料和家谱记载，多次赴汾阳进行实地考察，经过一年多的辛勤工作，为海外郭氏宗亲会提供了丰富而确凿的汾阳王郭子仪在山西的遗物、遗迹，引起了海外郭氏宗亲会对山西汾阳的关注和向往，所以郭鹤年先生才回山西来寻根访祖。在同一天举行的宴会上，我代表省委、省政府，向郭鹤年先生赠送了两件礼品：一件是汾阳王郭子仪的狂草拓片——诸葛亮的《后出师表》（长十四米，宽一米）；另一件是故宫南薰殿收藏的汾阳王郭子仪像，纵八尺五寸五分，横五尺。我请省画院的专家，按照南薰殿收藏像的原大，临摹了一幅。这两件礼品，郭鹤年先生看了特别高兴，并说，他要修建一个展厅，陈列这两件礼品。在场的人看了这两件雄伟、壮观的礼品，说我把国宝送给郭鹤年先生了。其实，这两件礼品都是复制品……这些珍贵资料，后来都收集在由我主编的《汾阳王郭子仪谱传》一书中。"

最后，他说："前些时，海瀛同志让我为他的著作《缅晗集》和《治史集》题写书名，小事一端，我立即写好还给了他。《山西保矿运动历史研究》我看过了。张海瀛同志是山西近代矿史研究会的名誉会长，为保矿运动研究做了许多工作，《山西保矿运动历史研究》一书和《会议论文集》，都收录有张海瀛同志研究保矿运动的文章，以《缅晗集》、《治史集》和《山西保矿运动历史研究》首发式，祝贺海瀛同志八十华诞，是很有意义的。仁者寿，我祝贺海瀛同志健康长寿！"（见《回眸集》，天马图书出版有限公司 1992 年版，第 18 页至第 19 页）

家谱中心个人署名的著作

山西省社科院家谱中心，设在图书馆内，从主任到成员变化很大。历任中心主任的就有：张海瀛、李吉、王岳红、李淑琴四位，从中心调出发表过著作的有：马志超和周芳玲。其中，张海瀛的《太原王氏史略》、《太原张氏史略》、《中华姓氏·张》、《族谱姓氏研究集》、《缅晗集》（张海瀛谱牒研究文选）等，李吉和马志超的《郭氏史略》，李吉的《中华百家姓图典》、《姓氏族谱与寻根文化》，李吉和王岳红的《中国姓氏》，周芳玲的译著《中国宗谱》等，都是很有影响的，都为山西省社科院"家谱中心"争得了荣誉。

第八章　新修谱牒史志序言及史志评论选

第一节　新修谱牒序言选

湖北孝感《鄂澴青石桥胡氏宗谱》序

　　家之有谱，犹国之有史。尚谱学，睦宗族，矫风俗，以安社会，此国之传统。西周初，胡氏先祖，官为陶正。胡公满继承父业，陶艺精湛，深得文王赏识，后以长女配胡公，封于陈。其公族以祖名为姓者，即为胡姓；以国名为姓者，即为陈姓。此即胡、陈一家之由来。胡公满父子以制陶闻名，流芳千古。东汉时，胡广举孝廉天下第一，官至太尉，练达事体，明解朝章。南宋枢密院编修胡铨，上疏请杀秦桧，被贬新州，抗金主张，毫不动摇。宋末元初，胡三省注《通鉴》，以爱国学者，名垂青史。明初将领胡大海，从太祖朱元璋起兵，纪律严明，屡建奇功。"俱往矣，数风流人物还看今朝。"当今胡氏遍布海内外，业绩卓著者，不胜枚举。如能通晓他们的建树，记述他们的业绩，标明他们的"根"之所在，必将进一步增强炎黄子孙的向心力和中华民族的凝聚力。操办此业，不失为有益之举。所以，我在兴奋之余，信笔抒发，是以为序。

1993 年 2 月

于太原

《中华族谱集成》序

中华民族是一个历史悠久、文化昌盛的伟大民族。中华文化，博大精深，内涵丰富，在人类文明史上占有极其重要的地位。我国的史籍大厦是由正史、方志、族谱（俗称家谱）以及其他史籍共同构成的。族谱是以特殊形式记载的关于家族和宗族起源、迁徙、分布、盛衰历程的史籍。它记录着各大家族和宗族祖祖辈辈创业的经过，记录着中原文化形成、发展、传播以及各地区之间经济文化交流的丰富内容，折射着中华民族灿烂的文化之光。其数量之巨大，内容之丰富，并不亚于正史和方志。它是研究历史学、方志学、社会学、人口学、人才学、民族学、遗传学等学科极为珍贵的资料宝库。但是由于宋代以来编修的族谱，大量散存于民间，且秘不示人，所以能够提供给专家学者查阅和研究的族谱为数甚少。目前我国的各种类型的古籍集成，都已问世，唯独没有族谱集成。随着改革开放的发展和对于我国国情研究的不断深入，为有效地抢救族谱资料、利用族谱资料、填补古籍整理和出版的空白，为弘扬中华文化，编纂族谱集成已为一项刻不容缓的历史任务。鉴于此，在邀请国内专家反复论证的基础上，国家古籍整理出版规划小组将《中华族谱集成》正式列为规划项目，由山西省社会科学院家谱资料研究中心主持编纂，巴蜀书社出版发行。

山西省社会科学院家谱资料研究中心经过多年的努力，征集拍摄了大量的族谱。现藏有经过编目整理的族谱缩微胶卷近千盘，每盘三千画幅（一画幅为两页），近三千万画幅。著录姓氏二百七十个，族谱近三千种。1991 年 2 月 23 日《人民日报》（海外版）报道称该"中心"为"我国最大的中国家谱资料中心"。1992 年 4 月，该"中心"应邀参加了在香港举办的"中华族谱特展"，受到观众的热烈欢迎和普遍赞扬。目前，该"中心"已同香港、澳门、台湾地区以及法国、美国、日本、韩国、新加坡、泰国、缅甸、菲律宾、印度尼西亚、澳大利亚等地的学者及有关机构，建立了广泛的联系。该"中心"，还备有一整套现代化的设备，诸如拍摄机、冲洗机、拷贝机、超声波接片机、缩微阅读还原复印机，等等，还有受过专家培训的技术人员。读者可在该"中心"查阅或复制所需要的家谱资料。所有这些，都为主持编纂《中华族谱集成》，提供了得天独厚的优越条件。

巴蜀书社是以出版大型古籍图书闻名国内外的专业出版社，该社相继推出的《古今图书集成》、《道藏辑要》、《藏外道书》、《佛藏辑要》、《中国野史集成》、《全宋文》等大型古籍，受到国内外专家学者的普遍赞扬。他们多年来出版大型古籍名书的实践，为出版《中华族谱集成》，积累了极其宝贵的经验。

族谱，是人类血缘世系的记录和反映，是人类社会的一种文化现象。随着人类社会的发展。族谱所记载的内容，越来越丰富多彩。我国的族谱，源远流长。殷商时代的甲骨文中，就已出现了用文字记载的家族世系。到了西周时期，周王朝在家族世系的基础上，又建立了一整套严密而系统的宗法制度。在宗法制度下，天子和诸侯的权位，只能由嫡长子继承。基于这种需要，记载家族世系的谱牒，得到了长足的发展。周代的官府均设有史官，掌谱牒，定世系，辨昭穆。各诸侯国亦设有官员，掌管诸侯国王族事务及谱牒，以防宗族昭穆的错乱，确保宗法制度的推行。当时世系（谱牒）之学，还被列为官府之学的必修课，用以教育贵族子弟。可惜，这些谱牒早已亡佚。在传世的古籍中，我们只能从史学大师司马迁的《史记》中看到较为完整和系统的关于先秦时代家族谱牒的记载。例如，《史记》中的《五帝本纪》、《夏本纪》、《殷本纪》、《周本纪》以及《三代世表》等，这些关于帝王家族世系的完整记载，都是依据谱牒文献编修的。东汉时，桓谭的《新论》记载："太史公三代世表，旁行邪（斜）上，并效周谱。"司马迁在《史记》中亦多次提到"余读牒记"、"读春秋历谱牒"之事。可见，在西汉时还能看到先秦谱牒。梁启超在《中国历史研究法》一书中指出，司马迁的"十表"，是"稽牒作谱，印范于《世本》"。《世本》是中国谱牒的开山之作。据《汉书·艺文志》记载："《世本》十五篇。古史官记黄帝以来讫春秋时诸侯大夫。"《世本》在唐代已残缺，南宋亡佚。《世本》的注本，有刘向、宋衷、宋均、王氏、孙氏等多种。这些注本，都是推广《世本》之作，亦在南宋以后相继亡佚。最早辑录《世本》的人，应推南宋高似孙，他的辑本早已不存。清代中叶，辑佚之风大盛，从事《世本》纂集工作的，不下十余家。现存清人辑本，共有八种，全部收入商务印书馆1957年出版的《世本八种》一书。

秦统一六国后，制度多不师古。两汉时期，编修谱牒之风，又开始盛行起来。除帝王谱外，应劭的《士族篇》、颍川太守的《聊氏万姓谱》、扬雄的《家谱》等，都是比较著名的。魏晋南北朝时期，是谱牒之学发展的黄金时代。由于九品中正制度的推行和门阀制度的形成，在选官、婚姻方面，无不以谱牒为凭。郑樵《通志·氏族略》指出："自隋唐而上，官为簿状，家有谱系。官之选举，必由于薄状；家之婚姻，必出于谱系。"出现了"人尚谱系之学，家藏谱系之书"的局面。谱牒作品，大量涌观。诸如晋代挚虞的《族姓昭穆记》十卷，晋代贾弼的《十八州百一十六郡谱》七百十二卷，南朝宋何承天的《姓苑》十卷、《后魏河南宫氏志》若干卷，南朝宋刘湛《百家谱》二卷，南朝齐王俭《百家集谱》十卷、《新集诸州谱》十二卷、《诸姓谱》一百十六卷，南朝齐贾希鉴（又作镜）《氏族要状》十五卷，南朝梁王僧孺《百家谱》三十卷、《百家谱集》十五卷、《东南谱集钞》十卷、《梁武帝总责境内十八州谱》六百九十卷、《范氏谱》若干卷、《徐义伦家谱》一卷，南朝梁徐勉《百官谱》二十卷，南朝梁贾执《百家谱》二十卷、《百家谱抄》五卷、《姓氏英贤谱》一百卷，等等。南朝梁刘孝标为《世说新语》作注，引用了《王氏谱》、《谢氏谱》、《庚氏谱》、《刘氏谱》、《羊氏谱》、《桓氏谱》、《许氏谱》、《殷氏谱》、《温氏谱》、《袁氏谱》、《陈氏谱》、《华侨谱》、《周氏谱》、《挚氏谱》、《顾氏谱》、《魏氏谱》、《郗氏谱》、《吴氏谱》、《孔氏谱》、《冯氏谱》、《陆氏谱》、《诸葛氏谱》、《杨氏谱》、《傅氏谱》、《虞氏谱》、《卫氏谱》、《曹氏谱》、《李氏谱》、《索氏谱》、《戴氏请》、《贾氏谱》、《郝氏谱》、《韩氏谱》、《张氏谱》、《荀氏谱》、《王氏家谱》、《祖氏谱》、《阮氏谱》、《司马氏谱》等三十九种族谱资料，达一百〇六条之多。而刘孝标所引用的这些族谱，早已亡佚，所以他的注，就特别珍贵。这一时期还出现了许多谱学世家。例如贾弼，东晋大元中，做官员外散骑侍郎，谱学作品，名扬天下；其子贾匪子，继承家学，官大宰参军；其孙贾希鉴撰《氏族要状》；其四世孙贾执，谱学著作甚多；其裔孙贾冠，又是隋初谱学名家。贾氏自贾弼至贾冠，由东晋至隋，王朝更替五次，而一门家学始终不坠，是一个典型的谱学世家。

唐代是谱学由盛到衰的转折时期。唐王朝的建立，使陇西李氏成为天下皇族，打破了魏晋以来世族门阀垄断政权的格局。经过隋末战乱，一方面士族门阀势力大为衰落，另一方面魏晋以来以血统来划分尊贵卑贱的习惯势力依然有很大市场，即使是当朝皇帝也不能摆脱这种影响。所以，贞观五年，唐太宗令高士廉、韦挺、岑文本、令狐德棻编修贞观《氏族志》。该志以皇族为第一等，后族为第二等，全书"合二百九十三姓，千六百五十一家，分为九等"，贞观十二年书成，凡一百卷，诏颁天下，藏为永式。这是唐代第一部大型官修谱牒。随着唐代科举制度的确立和发展，越来越多的庶族寒门出身的知识分子踏入仕途，官居要职。因此，《氏族志》所规定的等第状况，越来越不符合新贵们的意愿。唐高宗永徽六年，出身商人之家的武则天被立为皇后，参与朝政，与高宗并称"二圣"。武则天为了巩固自己的政治地位，积极主张修改《氏族志》。修改的政治原则是"以仕唐官至五品者皆升士流"，即是说，姓氏等级"各以品位高下叙之。故虽出身士族而品位低下者亦不得入谱，反之，虽出身庶族而官位至五品以上者，则可入谱。修改后的《氏族志》，更名为《姓氏录》，高宗显庆四年，即贞观《氏族志》成书后的第二十一年，颁行天下。从谱学的变化来看，《氏族志》与《姓氏录》都是将当朝官高者收入谱牒，混士（魏晋以来旧家）、庶（唐代新起豪门）于一书，反映了唐代士、庶合流的客观趋势。半个世纪以后，士、庶力量消长，又发生了一系列的大变化。玄宗开元二年，柳冲等人继承《氏族志》和《姓氏录》的遗风，遵循"叙唐朝之崇，修氏族之谱"的原则，又编修了一部名曰《姓族系录》的大型官修谱牒，这是唐朝开国以来，地主阶级内部各种矛盾、斗争反映到谱学上的一个总结。此后，士、庶界限日益模糊，官修谱牒作为士、庶斗争的工具，已逐步失去它的重要作用，从而走向衰落。《姓族系录》既是唐代官修谱牒发展到全盛时期的主要标志，同时也是唐代官修谱牒走向衰落的界碑。

到唐宪宗时，仅是为了封邑的需要，才命太常博士林宝撰《元和姓纂》，元和七年书成，凡十卷。唐代宗永泰二年编修的，《皇室永泰谱》及唐文宗开成四年编修的《续皇室永泰谱》，从其编修的范围和内容来看，已经由原来"刊正天下姓氏"、区分门第高下的合修总谱变成了李唐王朝的皇家谱，这是唐代宫修谱牒的尾声。

在唐代谱学著述中，除官修谱牒外，还有不少私家编修的谱牒，其中多以家谱为主。例如，王方庆著《王氏家牒》十五卷、《家谱》二十卷，刘知几著《刘氏家史》十五卷及《谱考》三卷，等等，这些私家著述与官修总谱是大不相同的。因为私家著述都不是划分姓氏等级的凭据，只是家族世系的考订与记载而已。

唐代谱学与唐以前之谱学有一个显著的不同点，这就是唐代的谱学家多为史官，而在唐以前魏晋南北朝时期的谱学家多为选官。例如，南朝宋初，王弘任尚书仆射加散骑常侍，是著名的谱学家，曾因"日对千客，可不犯一人讳"传为美谈，王僧绰继承家学，"尝掌选事"，其子王俭既是谱学大家，著作甚多，又掌选事，影响极大。

而唐代的谱学家，几乎无一不是当时之史官。例如，路敬淳、柳冲、韦述、柳芳、吴兢、萧颖士等，都以修国史扬名天下，而他们又都是影响巨大而深远的谱学家。路敬淳还被誉为唐代谱学宗师。

到了宋代，族谱的性质、作用、内容、体例以及编纂与管理，都发生了巨大而深刻的变化。这些变化主要表现在以下几个方面。

首先，宋代及其以后的族谱，已不再是划分社会政治地位的依据了。六朝以来，用血统的尊卑来划分社会政治地位高下的历史，一去不复返了。所以，魏晋以来的那种百家合谱的修谱体例被以宗族或家谱为对象的修谱体例所取代，官府中掌管考定监理之责的图谱之宫、谱牒之局亦随之而俱废。

其次，宋代及其以后的族谱，已不提"家之婚姻"的依据。随着旧的士家大族的没落和科举取士的发展，士、庶界跟日益模糊，"家之婚姻，必由谱系"的状况亦随之而改变。

第三、宋代及其以后的族谱，以"敬宗睦族"、"尊祖收族"为宗旨，记载内容亦以宗族内部之事为主，诸如世系图表、谱系本纪、恩荣宦迹、忠臣孝子、家规族训、祠堂族产、坟茔墓志，等等，这是修谱史上的一个重大转折。这类族谱的形成和发展，极大地强化了宗族内部的向心力和凝聚力，同时也促进了族权的形成和发展。现存的族谱，主要是明清以来编修的这种类型的族谱。

《中华族谱集成》首批推出一百册，十六开精装双栏影印本，每册约九百页，共收录族谱（含统谱、房谱、支谱、家乘等）九十三种。

前两册，收录了明代凌迪知编修的古今《万姓统谱》。其后是李、王、张、刘、陈五个大姓之族谱选辑。其中，李氏族谱一十七种，分装二十册；王氏族谱二十种，分装二十册；张氏族谱二十二种，分装二十册；刘氏族谱二十种，分装一十八册；陈氏族谱一十四种，分装二十册。就修谱时代而言，收录的九十三种族谱中，有明代编修的四种，清代编修的五十二种，民国年间编修的三十八种。就地域分布而言，收录的九十三种族谱，囊括了河北、山西、陕西、甘肃、山东、河南、湖北、湖南、四川、江西、安徽、江苏、浙江、福建、广东、广西、云南等省。根据历次人口普查资料，将姓氏按所占人口比例大小依次排列，李、王、张、刘、陈，名列前五位。所以，《中华族谱集成》首批就推出了这五个大姓。

李、王、张、刘、陈五姓，是我国人口众多、分布极广、历史悠久的大姓，编纂出版这五个大姓的族谱，对于研究这五个大姓的起源、迁徙、分布、盛衰的历史，对于研究中原文化的传播以及各地区之间的经济文化交流的历史，具有十分重要的意义。清末吴汝纶于同治年间撰写了一部《深州风土记》，该书创立人谱一篇，专门记载各姓氏来自何处，何年迁入，何姓不宗，各明源流；族中名人，择要记之；各姓盛衰，历历在目。人谱篇的创立引起了方志学界的高度重视。方志学家瞿宣颖在他编撰的《方志考稿》（1930年铅印本）中，对吴汝纶的创举，给予了极高的评价。他说："征之于古则秦代之徙民实蜀、实咸阳、开五岭，此以政治压迫而迁徙者也。王莽之乱，开辟地江南之渐；建安之乱，洛都转致空虚；永嘉之乱，士族相携南渡；此以戎马之变而迁徙者也。至于饥馑之徙民，更不绝书矣。验之于迹，则江南巨族，多托始于赵宋；湘蜀大姓，多启业于清初；黔滇人士，多衍之于流宦。故欲推知近代史迹，即私家谱牒而了然，不待他求矣。核而言之，人民里贯是政治社会制度所从出也。其迁徙之迹，又文化升降所从显也。自汉以来，历世久远，苟能举诸疆宗巨族，溯其渊源，踪其分合盛虚往，久暂，斯治史者之一伟绩，足令舌曹深明历来社会组织之进化情状，且布露吾民族精神与世共见也。惜乎昔之治方志者，多忽视谱牒为无从重轻，而家谱又密不可见，散不可纪。汝纶独以卓然远到之识，创人谱一例，网罗散佚，详而不冗，可以垂为法式。其所举安平崔氏。自汉至五代千有余年，斯实北方文化史中心问题矣。"

翟宣颖从人口迁徙与文化传播的相互关系阐述了研究姓氏起源、迁徙、分合、盛衰的重大意义。正如翟氏所说，如若把自汉以来，北方疆宗巨室迁徙、分合、盛衰的历史与文化传播升降的关系搞清楚，那将是历史研究的一大伟绩。这也正是编纂《中华族谱集成》的用意所在。

明清以来编修的族谱，其内容极为丰富，大致说来主要有：谱序、谱论、恩荣录、遗像及像赞、姓族源流、先世考、世系图表、世系考辨、家传、仕宦录、科第录、著述录、艺文志、祠宇志、家墓志、族规家法、五服图、族产、派语、领谱号，等等，这些记载比较真实地反映了历史面貌。时代精神和社会风尚，是研究社会历史的资料来源。梁启超对族谱的史料价值评价很高。他在《中国近三百年学术史》中写道："族姓之谱，……实重要史料之一。例如欲考族制组织法，欲考各时代各地方婚姻、平均年龄、平均寿数，欲考父母两系遗传，欲考男女产生比例，欲考出生率与死亡率比较，……无数问题，恐除族谱家谱外，更无他途可以得资料。我国乡乡家家皆有谱，实可谓史界瑰宝，将来有国立大学图书馆，能尽集天下之家谱，俾学者分科研究，实不朽之盛业也。"

著名史学家顾颉刚指出："我国的历史资料，浩如烟海。但尚有二个金矿未曾开发。一为方志，一为族谱。"（转引自朱士嘉《中国地方志综录》序）对于身居异国他乡的海外炎黄子孙来说。族谱是把他们与祖国联接起来的桥梁和纽带，是他们"寻根谒祖"、"认祖归宗"的凭据。诺贝尔奖获得者、著名美籍华人学者李远哲博士，万里迢迢来寻故地，几经周折，最后还是凭借族谱的记载，在明代思想家李贽的故乡——南安县格桥村，找到了自己的"根"。世居新加坡的郭子仪后裔郭明星先生，在山西省社会科学院家谱资料研究中心查到自己始迁祖的名字时，高兴地跳了起来。

综上所述不难看出，《中华族谱集成》的问世，确实是我国学术界的一件盛事，它为我国的文献宝库又增添了一部大型补白史籍。《中华族谱集成》以《古今万姓统谱》打头，意在统帅全书。《古今万姓统谱》是明万历年间工部员外郎凌迪知编修的。其时，统谱已相当流行。《古今万姓统谱》乃是汇总统谱的统谱，凌迪知在自序中写道：

"余读眉山苏氏族谱引，感而辑姓谱云。……苏氏自谓观吾谱者，油然而生孝弟之心焉。夫天下，家积也。谱可联家矣，则联天下为一家者，盖以天下之姓谱。"

又曰："……岂知万干一木，万派一源也。考之《世谱》曰，五帝三王，无非出于黄帝之后，黄帝二十五子，而得姓者十四，德同者姓同，德异者姓异。则知凡有生者，皆一人之身所分也，……知此，则联天下为一家，反掌耳，故观吾之姓谱者，孝弟之心或亦可以油然而生矣，此余辑谱意也。"

由此可见，凌迪知编修《古今万姓统谱》的宗旨，就是要联天下为一家的。这种说法，虽然古已有之，但把天下万姓用世系形式说明皆出自黄帝一人之身，并把这种观点普及于千家万户，几乎是家喻户晓，无人不知，则是同《古今万姓统谱》的编修和刊行分不开的。正因为《古今万姓统谱》产生了广泛而深远的影响，所以它极大地增强了中华民族的向心力和凝聚力。

《中华族谱集成》在编纂过程中，山西省社会科学院的领导和图书馆有关部门，巴蜀书社的领导和有关方面，都给予了极大的支持和帮助，在此一并致以衷心的感谢。

由于我们是首次编纂大型的族谱集成，没有先例可资借鉴，加之水平有限，时间仓促，不妥和疏漏之处，恳请海内外大方之家批评指正。

与武新立、林万青合作

于 1995 年 10 月

忻州《新路连氏族谱》序

忻州《新路连氏族谱》是一部具有鲜明时代特征和开拓创新精神的新型族谱，很值得重视，特别引人注目的是以下几点：

第一，该谱以略古详今、存实求真，力求展现连氏族人的贡献为宗旨，这样就在谋篇布局方面彻底摆脱了旧式修谱框架的束缚，从而为探索新的修谱体例迈出了可喜的一步，这是十分难能可贵的。

第二，该谱以可知为断，史实为凭，因而具有很高的可信度。该谱从元至正三年连氏由平阳府洪洞县徙居太原府阳曲县写起，又以为连氏家族带来崇高威望和灭顶之灾的连玉公为一世祖，编制新路连氏世系表，整个谱系都是斑斑可考，代代可数，一目了然的。该谱关于迁徙的记载，是以新路连氏二世祖连整徙居河北省柏乡记起，并依据文献记载和调查资料编制了包括"世次"、"姓名"、"迁居地"、"当今联系人和联系电话"等栏目的"迁徙表"，这对于联络徙居各地的连氏宗人将发挥不可估量的巨大作用。

第三，该谱单立《人物篇》，按照规定标准，将所收录的人物分别编入《简表》、《简介》和《传略》中。这些规定标准，坚持了男女平等的原则，完全是着眼和服务于当代的，因而集中体现了当代的社会思想和行为准则，对于教育和鞭策子孙后代是大有益处的。

拜读《新路连氏族谱》，收益甚多，秉笔直书，是以为序。

2000 年 12 月 16 日

于太原

《尹村张氏宗谱》序

平遥县志办副主任张中伟编修的《尹村张氏宗谱》分为"尹村张氏源

流"、"宗族祠堂"、"族规家风"、"世系图考"、"古迹坟茔"、"族氏人物"、"轶事传说"、"大事记"八个部分，记述尹村张氏家族的基本情况，以修志体例来编修家谱，这是编修新式家谱的一种大胆尝试，很有开创性，很值得注意。

据 1990 年第四次人口普查统计，平遥县有 429 个姓。其中，姓王的有 33449 人，居第一位；姓张的有 32664 人，居第二位。平遥尹村的张氏，同历史上的张仲有无血缘联系，因缺乏资料已无法考究了。但平遥尹村的得名却同张仲的好友尹吉甫有关。尹吉甫是西周宣王时的大臣，原本姓兮，名甲，字吉甫，亦称兮伯吉甫（甲父），后因食封于尹（山西隰县东北），遂为尹姓。宣王即位的第五年，即公元前 823 年，派尹吉甫讨伐猃狁。尹吉甫开头打了败仗，便率军队退至中都邑即山西平遥，增城筑台，训练军队，提高作战能力。他所筑的城，史称"尹吉甫点将台"，至今犹存。尹吉甫的军队在这里经过严格的训练和整顿以后，又对猃狁的情况作了调查研究，在知己知彼的条件下同，终于大败猃狁，周宣王给他记了大功。《诗经·小雅·六月》云：

吉甫燕喜，既多受祉，来归自镐，我行永久；

饮御诸友，包鳖脍鲤，侯谁在矣，张仲孝友。

这里"吉甫"，就是指西周宣王时的大臣尹吉甫。《诗经》所写的正是尹吉甫得胜还朝受到宣王嘉奖后，从周都镐京（陕西咸阳）回到驻地中都邑（山西平遥）同好友欢晏时的情景。"侯谁在矣，张仲孝友。"这里虽未说明张仲是哪里人，但肯定距中都邑（平遥）不会很远。尹吉甫自从讨伐猃狁获胜以后，就一直驻守在中都邑，直至谢世。尹吉甫谢世后，就埋葬在这里。他的墓冢坐北朝南，至今犹存。

《诗经》记载的周宣王时尹吉甫的好友张仲，是见于文献记载的最早的张氏先民。因此，编修尹村张氏家谱具有特殊的重要意义。有感于此，遂信笔直书，是以为序。

2004 年 4 月 1 日

《翟氏家谱》序

　　平定张庄镇土岭头村四修《翟氏家谱》，由翟玉午（贵元）、翟义杰、翟永峰倡修，翟玉午任主编，翟志远任领导组主任委员，翟保成等十人为顾问，在第三次续修家谱的基础上，发动族人广泛参与，历时十年编修而成，列名的参修者达六十四人之多，其中有九名女士。这次修谱，为采集资料、弄清世系，做到了行万里路，耗万元资，访问百村千户，参阅了大量资料。该谱包括：谱序、画像、姓氏来源、先世考、世系图表、世系考辨、仕宦录、科第录、著述录、艺文录、宗祠志、冢墓志、五服图、字辈、留言等，内容十分丰富。更为可贵的是，该谱通过外出调查，记载了张庄镇土岭头村以外、迁居平定县其他村镇乃至迁居昔阳、阳泉、盂县、和顺、河北井陉等地的翟姓族人世系，资料十分难得，极端珍贵。可以说，该谱是源于平定张庄镇土岭头村翟氏的一部统宗世谱。

　　据1990年第四次人口普查统计，平定县有358姓。其中，姓翟的有6350人，居第十三位。据《元和姓纂》、《国语》等史籍记载，黄帝的后裔中，有一支居住在北方翟地者，建立了翟国，他们在翟国繁衍生息，世代相传。到了春秋时期，翟国被晋国所灭，原翟国人遂在晋地落籍定居，为不忘其所出，便以原国名为姓，是为翟姓。其后，翟姓又辗转播迁于江南各地。平定翟姓，当是最早定居于晋地的翟姓中的一支，是黄帝的后裔，翟姓的正宗。该谱以可知之世为断，以史实为凭。从宋代迁居平定张庄镇土岭头村的始祖翟玲记起，整个谱系，斑斑可考，代代可数，一目了然，具有很高的可信度。该谱以略古详今、存真务实，力求展现翟氏族人的贡献为宗旨，在谋篇布局方面彻底摆脱了旧的修谱框架束缚，将男女平等的原则，贯穿于修谱的全过程，为探索新的修谱体例，迈出了可喜的一步。

　　在历史上，翟姓家族是一个人才辈出的显姓。西汉时有丞相翟方进、弘农太守翟义、廷尉翟公；隋代有农民起义军领袖翟让；唐代有画家翟琰；宋代有武功大夫翟进、古董鉴赏收藏家翟敦仁、副宰相翟汝文；明代有兵部尚书翟鹏；清代有内阁中书翟均廉、学者翟灏等名人。翟姓堂号有：博古堂、南阳堂。博古堂号，系出自宋代古董鉴赏收藏家翟敦仁，传说他酷爱收藏古物，成为宋代最有名的收藏家，后世家人为怀念他，遂以博古为堂号。

翟姓在平定是具有很大影响的一个显姓，是迁居昔阳、阳泉、盂县、和顺、河北井陉等地翟姓的源头所在地。因此，编修平定翟氏家谱，对于联络迁居外地的翟姓族人，将发挥不可估量的巨大作用。有感于此，信笔直书，是以为序。

2005 年 4 月 25 日

《天下说裴》序

毛泽东主席说："裴氏家族千年荣显，是历史上最有名的家族。"

裴金龙、裴忠利主编的《天下说裴》一书，为解读毛泽东主席的这个精辟论断，提供了具体而翔实的珍贵资料，为"天下说裴"提供了极大的方便。

《天下说裴》，分为"家世源流"、"文化现象"、"历史名人"、"综论评述"、"赞裴诗词"五个部分，从不同的侧面和层次，展现了裴氏家族的巨大成就与辉煌业绩。全书纲目清晰，层次分明；内容丰富，资料翔实；图文并茂，语言流畅，是一部引导"天下说裴"、雅俗共赏的文史读物。

河东裴氏，起源于闻喜裴柏，自东汉裴晔任并州刺史、度辽将军，开始显贵。裴晔有二子，长子裴羲，任桓帝时尚书令，封开国公；次子裴茂，字巨光，灵帝时历郡守、尚书，率诸将平定李傕之乱有功，封阳吉平侯。裴茂有四子：徽、潜、辑、绾。其后分房立眷，各领风骚，经过播迁和演变，形成了定著五房的格局：一曰西眷裴，二曰洗马裴，三曰南来吴裴，四曰中眷裴，五曰东眷裴。尽管世远族分，但都源于裴柏，故有"天下无二裴"之说。

魏晋南北朝时期，正是裴氏家族定著五房的形成和确立时期，同时也是裴氏家族人才辈出、建功立业的时期。诸如，裴潜之子裴秀，不仅官至黄门侍郎、散骑常侍，而且还是我国古代杰出的地图学家，他提出的制图六体说，一直沿用到明朝末年。裴秀子裴頠，字逸民，颇有其父之遗风，不仅官至国子祭酒、尚书侍中，而且还是西晋时反对玄学的代表人物，他的《崇有论》，对玄学进行了系统的批判，在中国思想史上占有十分重要的地位。其长子裴嵩，官至黄门中侍郎；次子裴该，被招为驸马，授散骑常侍。又如，裴松之，字世期，生于世宦之家，祖父裴昧，光禄大夫；父亲裴珪，官员外郎。裴松之本人自幼好学，博览典籍，二十岁便任殿中将军。东晋孝武帝太元年间，朝廷招社会名流议政，裴松之以才当选，颇得同仁赏识，后拜员外散骑侍郎。刘裕代晋称帝，更国号为宋，是为宋武帝。传到宋文帝刘义隆时，很器重裴松之，特诏令他为《三国志》作注。裴松之悉心搜寻，补缺漏，条异同，正谬误，论得失，历时三载，书成。注文超过《三国志》正文三倍，裴松之被尊为史学大家，成为史学史上史注体例的开创者。其子裴骃，继承家学，在史注体例的基础上，又创立了以荟萃众说为特点的集解、集注形式，撰《史记集解》八十卷，成为名垂青史的传世之作。其曾孙裴子野，亦以文著称，是我国历史上著名的史学家。再如，裴佗父子，以文学才华，扬名天下。裴佗五举秀才，再举孝廉，以秀才高第拜中书博士，迁赵郡太守。他为政有方，政绩显赫，后以病弃官还乡。裴佗生前遗令，死后不要朝廷赠谥，不受他人礼物。其后诸子均遵照执行。裴佗有四子：让之、诹之、谳之、谒之，他们都秉承父志，各有作为。魏晋南北朝时期，是裴氏家族群星灿烂、人才辈出的时期。公卿将相，比肩而立；文史成就，名垂青史。

隋唐时期，旧的世家大族犹如江河日下，先后衰败了下来。唯独裴氏家族依然放射着灿烂的光辉，进入了它的全盛时期。在隋代，裴政是一位杰出的法学家。他的高祖裴寿孙跟随宋武帝刘裕南下，迁居安徽寿县，后仕梁，官至卢江太守；他的祖父裴邃，戍守边关，忠心仕梁，战功显赫，不事二主，是驰骋疆场的英雄；他的父亲裴之礼，仕梁，官黄门侍郎、少府卿。裴政一生经历梁、北周、隋三个王朝，他以擅长政事、勇于攻战，又明典故，晓刑法，善断案，有政绩，受到三朝帝王的赏识。隋文帝时，他主持编修的《开皇律》是我国历史上第一部完整意义上的刑律，具有划时代的意义。裴矩，是隋朝杰出的外交家，在通西域方面作出了重大贡献。入唐后，裴矩又为联络西突厥出谋献策，取得了预期效果。唐太宗继位后，被任为吏部尚书。他撰写的《西域图记》价值极高。原书虽已失传，但从《隋书·西域传》中还能找到它的影子。裴寂，隋大业年间任齐州司户参军、晋阳宫副监时，即与李渊、李世民父子友善，李渊父子起兵后，他运筹帷幄，为李唐王朝的建立和巩固立下了赫赫战功，唐高祖封他为司空、魏国公，又迁尚书员外郎。太宗继位，又加封裴寂 1500 户。有唐一代，裴氏家族的宰相就有 17 人之多，被欧阳修列为唐朝宰相世系表之首姓。以定著五房计，西眷裴有：裴寂、裴矩；洗马裴有：裴谈、裴炎；南来吴裴有：裴耀卿、裴行本、裴坦；中眷裴有：裴光庭、裴遵庆、裴枢、裴贽；东眷裴有：裴居道、裴休、裴澈、裴垍、裴冕、裴度。

从东汉时裴羲任尚书令始至唐哀帝时裴枢为宰相止，这一期间裴氏家族先后出宰相 59 人，中书侍郎 14 人，尚书 55 人，侍郎 44 人，常侍 11 人，御史 10 人，使 25 人，刺史 211 人，太守 77 人，大将军 59 人。其中封爵为公者，89 人；为侯者，33 人；为伯者，11 人；为子者，18 人；为男者，13 人。有谥号者，总计 59 人。值得注意的是，裴氏家族中这批灿烂的群星，很多人都是通过科举考试进入仕途的，也就是说，他们是凭借自己的才华和能力，进入仕途的。《裴氏世谱》记载，有进士 68 人，举人 65 人，就是最好的诠释。正因为裴氏家族中人，主要是通过科举考试、凭借自己的才华和能力进入仕途的，所以，在旧的世家大族急骤衰败的唐代，裴氏家族依然放射出了灿烂的光辉。这样一个世家大族的发展历程，是很值得研究与总结的。裴氏后裔裴金龙、裴忠利主编《天下说裴》，荟萃裴氏资料和研究成果，具有十分重要的意义。有感于此，欣然接受挚友曹振武的委托，并同振武兄商量，由我执笔，信笔直书，是以为序。

2005 年 7 月 20 日

于太原

《中华邹氏族谱》序

《中华邹氏族谱》从 1992 年起步，至今已历时 15 年。自 2001 年成立《中华邹氏族谱》编委会和编辑部以来，修谱工作得到了 15 个省、市、自治区和台湾地区广大邹氏族人的积极参与和大力支持，形成了海峡两岸邹氏族人联合起来共同编修的动人局面，这是许多人始料不及的，致使原先设计的《中华邹氏族谱》发展成了一部特大型的统宗世谱。这样一来，编修族谱的过程就成了海峡两岸邹氏族人建立联系、拉近距离，增进血浓于水的向心力和凝聚力的过程，其意义远远超出了编修族谱的范围。目前，第一卷即将付梓，第二卷正作最后审定，第三卷亦在编修和运作之中，一部海峡两岸邹氏族人合修的特大型《中华邹氏族谱》即将展现在世人面前。对此，我表示最衷心的祝贺和最崇高的敬意！

邹氏自开族立姓以来，一直在百家姓中处于显著地位。北宋《百家姓》邹氏排名第 35 位。清康熙《御制百家姓》，邹氏排名第 19 位。即使在今天，在前一百个姓氏中，邹姓仍居第 67 位。在历史发展的长河中，邹姓家族乃是人才辈出、光耀千秋、业绩显赫、扬名天下的名门望族。早在战国时，邹忌就曾以鼓琴游说齐威王，被任为相国，封于下邳（今江苏郊县西南），称成侯，他劝说威王奖励群臣吏民进谏，修订法律，选得力大臣坚守四境，从而使齐的国力大大加强。齐国临淄（今属山东）人邹衍，是我国历史上著名的哲学家，他的"五德终始"说，在我国历史上产生了巨大而深远的影响，他曾游历魏、燕、赵等国，备受各诸侯的"尊礼"。秦汉时，从山东迁至范阳的一支邹氏家族，发展成了当地望族，其后邹氏族人遂以"范阳"为堂号。范阳的治所就在今河北定兴县西南固城镇一带。后来，范阳邹氏逐渐南迁，至河南邹坊，繁衍成为一大聚落。汉代有名人邹廷，任襄阳（今属湖北）令，在当地安家落户。西晋时，有新野（今属河南）人邹湛，以才学知名，官至国子祭酒、少府，其子孙有一支徙居衡州（今湖南衡阳）。至东晋时，原襄阳邹廷后裔中有一支徙居雍州（治所在今陕西西安市西北）。东晋十六国时，由于战乱，中原士族大举南迁，邹氏家族随之渡江，定居于今江苏、浙江、安徽、江西一些地方。唐初，陈政、陈元光父子奉命入闽，其中亦有中原邹姓将佐随之前往，后来就在福建安家落户。据《十国春秋》载，光州固始（今属河南）人邹盘、邹勇夫于唐末从王审知入闽。又唐德宗贞元末年，邹垣自今安徽当涂卜居江西南昌新吴驾山，至唐懿宗咸通五年因避乱举家入闽，其后子孙繁衍，分居邵武等县。南宋时，泰州（今属福建）人邹应龙，庆元进士，南宋理宗嘉熙初期，官参知政事，其子孙散居闽、粤各地。在广东者，邹氏主要分布于梅州、大埔、五华、蕉岭、兴宁等地，亦有自广东迁至广西平乐者。现在台湾地区邹姓族人及侨居新加坡等国的邹姓华侨，很多都是从广东、福建辗转迁徙过去的。元末，邹氏名人有红巾军将领邹普胜。明代，邹氏名人有学者邹守益，名儒邹亮，有以敢言著称的名臣邹元标。清代有科学家邹伯奇，他精通天文历算，所著《格术补》是一部相当完整的几何光学著作。近代和现代，邹氏名人更是如雷贯耳，妇孺皆知。比如，民主革命烈士邹容，著名新闻记者、政论家、出版家邹韬奋，等等。

在整个邹氏家族发展史上，这些永垂不朽的闪光名字和催人奋进的辉煌业绩，不仅是邹氏家族的骄傲，而且是整个中华民族的骄傲。邹氏家族是对中华文化和中华文明做出了重大贡献的家族。海峡两岸邹氏族人联合起来共同编修这样一部特大型族谱，具有十分重要的意义。有感于此，信笔直书，是以为序。

2005 年 11 月 28 日

于太原

译著《中国宗谱》序

《中国宗谱》是周芳玲、阎明广两位同志编译日本学者多贺秋五郎《宗谱之研究》研究篇的译著，现在由中国社会出版社出版发行了，我十五年以来的夙愿终于得以实现，所以特别高兴。兹将事情的由来略述如下，是以为序。

早在 1960 年，日本东洋文库就出版发行了学者多贺秋五郎的《宗谱之研究》资料篇。该书分解说、目录、资料三部分，重点介绍了日本东洋文库所收藏的 1510 部中国族谱，并将从世界各地收集到的 2935 部中国族谱，编制了目录索引，加以简介。其后，多贺秋五郎又于 1981 年出版了《宗谱之研究》研究篇。从此，多贺秋五郎以收集和研究中国谱牒扬名天下。1988 年，中方曾邀请多贺秋五郎先生参加首届中国谱牒学研究会，他因年老体弱未能成行。1991 年 3 月，我赴美考察时，在哥伦比亚大学东亚图书馆曾经浏览过此书，此书给我留下了十分深刻的印象。回国后，我就千方百计地购买此书。1992 年，日本好友东北大学细谷良夫教授在日本购得一本多贺秋五郎《宗谱之研究》研究篇，随即邮寄给我。当我得到此书后，就请我院专攻日语的周芳玲同志将此书的目录以及各章要点译成中文进行阅读。从此，我产生了请周芳玲同志编译此书的想法。无奈的是，因周芳玲同志另有科研任务缠身，只好暂时作罢。其后，周芳玲同志争取到了赴日本留学的机会。在她出国之前，我特意叮嘱她到日本后一定要同多贺秋五郎或其家属取得联系，办妥编译出版《宗谱之研究》研究篇的相关事宜，回来后准备编译此书。2005 年编辑出版《谱牒学论丛》时，周芳玲同志想编译多贺秋五郎的《宗谱之研究》研究篇，又从我手中借去此书。后来，周芳玲同志告诉我，已编译完毕，中国社会出版社已经答应出版。我喜出望外，十五年来迫切希望看到的多贺秋五郎《宗谱之研究》研究篇的中译本，终于有希望出版了。

记得 20 世纪 80 年代初，我在研究中国古代经济史过程中，有幸结识了日本学者寺田隆信先生，他赠送我一本日文版《山西商人研究》。当时我是山西省社会科学研究所历史研究室的负责人，所以就让历史研究室的张正明和阎守诚译成中文，于 1986 年由山西人民出版社出版，由于该书是党的十一届三中全会后出版的第一部研究山西商人的专著，所以有力地推动了关于山西商人研究的深入发展。同样，周芳玲等同志编译的多贺秋五郎的《宗谱之研究》研究篇，也是党的十一届三中全会以后出版的第一部研究中国谱牒学史的专著，我相信同样会有力地推动中国谱牒学史研究的深入发展。

2007 年 7 月日

于太原

太原《崖头张氏族谱》序

参天之木，自有其根，环山之水，必有其源。寻根溯源，敬祖睦宗，是中华民族的优良传统。近期，我有幸拜读了由张宪平、张春政主编的太原西山《崖头张氏族谱》，受益匪浅，感受颇多。该谱从明初记起，截至2008年12月31日，共27世。该谱以张成为一世祖，对居住在古交崖头、娄烦盐市崖、万柏林周家山等30多个村的张成后裔繁衍生息情况作了全面系统的记载。该谱完全是"以血缘为凭"、"以可知为断"编修的，是一部斑斑可考、代代可数、可信度极高的族谱。该谱分为八个部分：第一部分为概述，第二部分为世系，第三部分为人物简介，第四部分为神轴碑记，第五部分为家训、格言，第六部分为风俗、习惯，第七部分为艺文，第八部分为大事记。附录部分选录了与张氏家族相关的一些资料。该谱谋篇布局，别具匠心；视野开阔，收罗宏富；内容丰富，层次分明。综观该谱的结构和分类，完全突破了旧式修谱体例的束缚，是用志书体例编修的一部新式家谱，很有开创性，特别值得关注。编修族谱，缅怀先人，报本追源，激励后人，再创辉煌，是为序。

2009 年 2 月 26 日

于太原

盂县柏石《崔氏族谱》序

崔达道先生是盂县大名鼎鼎的摄影家，成果累累，成就非凡，我对他十分钦佩！今年9月10日，他亲自登门，将他主编的盂县柏石《崔氏族谱》书稿递给我，让我过目，并要我为其写序，我难以谢绝，只好从命。10月27日，崔先生又将柏石《崔氏族谱》清样，送给我，使我有幸仔细拜读了全书，兹将我的阅读随笔，梳理成文，是以为序。

盂县柏石《崔氏族谱》，从炎帝神农氏说起，一直记到柏石崔氏第二十六代，上下数千年，涉及内容，极其广泛，但该谱却以人物形象为切入点，将几千的文明史，通过一系列的人物形象，展现在读者面前。这是崔达道先生作为一个摄影家，主编柏石《崔氏族谱》的成功创举。

　　例如，该谱通过炎帝神农氏、姜太公、崔季子，三个鲜活的人物形象，具体而生动地点出了崔氏的由来和起源。

　　在中华姓氏发展史上，最早出现的是源于炎帝的姓氏。相传炎帝号神农氏，是我国上古时代农业的发明者、创立者，是姜姓部落的始祖，生于姜水，长于姜水，故以"姜"为姓。《新唐书·宰相世系表》云："姜姓本炎帝，生于姜水，因以为姓。其后子孙变易他姓。"姜姓是我国最古老的姓氏之一，相传少典娶有蛟氏女，游华阳，感神龙而生炎帝。《帝王世纪》云："神农氏，姜姓也。母曰任姒，有蛟氏女，登为少典妃，游华阳，有神龙首，感生炎帝。人身牛首，长于姜水。有圣德，以火德王，故号炎帝。""人身牛首"表明，炎帝所在的姜姓部落是以牛为图腾的，而牛又与农耕紧密相连，这与炎帝教民耕作的记载是完全一致的。在姓氏发展演变的历史长河中，炎帝的姜姓又演变出了许多其他姓氏。崔氏就是其中之一。

　　崔氏，出自西周时姜姓齐国。齐国是周武王分封的重要诸侯国之一，建都于营丘，开国君主是吕尚。吕尚本姓姜，因其先祖被封于吕（今河南南阳），从其所封故称吕尚。吕尚的儿子名伋，是齐国的第二代国君，周成王时为朝廷重臣，康王时为顾命大臣，死后谥曰丁公。丁公的嫡子叫季子，本应继承君位，但却让位给弟弟叔乙，而自己则食采于崔邑（今山东章丘市西北），后以邑为氏，是为崔氏。《新唐书·宰相世系表》云："崔氏出自姜姓。齐丁公伋嫡子季子让国叔乙，食采于崔，遂为崔氏。"

　　柏石《崔氏族谱》第二十世以后，从第二十一世起，数以千计的人物都配有照片，鲜活生动，形象逼真，构成了该谱的突出特点。不仅如此，所有的照片，全都有文字说明（包括传略、小传、简介、说明等），工作量之大，是可想而知的。如若没有丰富的摄影经验和长期的搜集积累，没有耐心细致的工作态度和坚忍不拔的奋斗精神，是根本不可能完成的。崔达道主编工作之艰辛，付出之巨大，是一目了然的。

在中华姓氏发展史上，崔氏家族是一个人才辈出、誉满天下的名门望族。魏晋至隋唐时期，是崔氏家族发展史上的巅峰时期。西晋时，特别讲究按照士族门第，排列姓氏。当时崔氏就被列为"崔、卢、王、谢"之首。唐初编修《氏族志》时，崔氏仍被列为第一。唐太宗看了十分生气，遂下令将李氏改为第一，把崔氏降为第三。唐太宗虽然可以把崔氏降为第三，但却改变不了崔氏家族人才济济的现实。有唐一代，据《新唐书》记载，崔氏家族，定著十房，官居宰相者，多达二十三人。崔氏后人，往往以此为自豪。有的崔氏族人在追溯自己的远祖时，甚至将自己的先世联结在唐代某个郡望或某个宰相名下，有的甚至记入族谱，传留后世，借以抬高自己和家族的身价。过去在编修家谱过程中，勉强联结、攀附高门的现象，是屡见不鲜的，即或是大名鼎鼎的达官显贵、文人学士，也在所难免。但盂县柏石《崔氏族谱》在追溯其远祖时，则没有将自己的先祖勉强联结在某个望族或某个名房门下，而是严格按照"以血缘为凭，以可知为断"的修谱原则，将历史上崔氏家族最辉煌的魏晋至隋唐时期，忍痛割爱，略而不记。这是该谱主编坚持原则、不流俗套的正确决策。

盂县柏石《崔氏族谱》，是根据保存完整的碑记、云布及文献资料，从元朝至正元年记起的。按照这些记载，盂县柏石崔氏先祖伯瑢公，于元朝至正元年由大同府怀仁县杏花里，迁往盂县梁家寨大崔家庄，安家落户，繁衍生息。有鉴于此，盂县柏石《崔氏族谱》遂将先祖伯瑢公尊为一世祖。其后，六世祖万荣公又于明弘治四年从梁家寨大崔家庄，迁至中社村（小磨底）大槐树下。到了明末，十四世祖进财公又于崇祯元年从中社村（小磨底）大槐树下，迁至柏石定居，延续至今。从定居梁家寨大崔家庄的一世祖伯瑢公，到定居柏石的第二十六世孙，都是枝相连、气相通、血脉相贯的一个大家族。整个迁徙过程，记述完备，世系清晰；斑斑可考，代代可数；资料翔实，证据确凿，特别令人信服。所以盂县柏石《崔氏族谱》，乃是一部可信度极高的族谱。

特别值得注意是，以照片记人、以照片记事、以照片记迁徙、以照片记变化、所有栏目都有照片、各类照片贯穿整个族谱，构成了柏石《崔氏族谱》的最大特色。爱看照片是人的天性。从头到尾贯穿照片的族谱，特别引人注目。如若从头到尾翻阅一遍这些别具匠心的照片，大体上即可掌握《崔氏族谱》的基本内容。如若仔细欣赏和品味，《崔氏族谱》就会把您带入抚今追昔、新旧对比、遐想不已的胜境。盂县柏石《崔氏族谱》，是一部雅俗共赏、妇孺喜爱、可读性极强的族谱，是一部对崔氏族人进行传统教育的生动教材。

2012 年 11 月 4 日

于太原

《丹阳吉氏》序

吉氏是一个源远流长、历史悠久的姓氏。据《元和姓纂》和《古今姓氏书辩证》记载，西周卿士尹吉甫之后，以"吉"字为氏，是为吉氏。清光绪吉廷椿等修《丹阳吉氏宗谱》载，丹阳吉氏就是以"吉"字为氏的尹吉甫之后。值得庆幸的是，1991 年 3 月，我到哥伦比亚大学东亚图书馆参观访问时，曾经亲眼看到过《丹阳吉氏宗谱》。该谱共 16 卷，吉廷椿等修，封面题《云阳吉氏家乘》。该馆编目员汪爱地先生用流利的汉语介绍了该馆的历史和现状。

他说："哥伦比亚大学东亚图书馆的前身是 1901 年设立的丁龙中文讲座。此事的由来是哥伦比亚大学校长罗氏曾写了一封信给当时美国驻清廷公使康格，希望能在美国设立一个中国图书馆，建议康格公使把他的意见转给中国政府。一年以后，慈禧太后赠送了一套《古今图书集成》给哥伦比亚大学作为礼物，此即该馆中文藏书之起源。其后，通过征集和购置，中文藏书大幅度上升。据 1981 年统计，该馆中文书籍已达 21.5 万余册，近年来又大批购置，目前已经超过 30 万册，其中以方志和族谱为最多。方志有 1600 余部，1700 多册，是美国收藏中国方志第四个最多的单位（美国国会图书馆最多，哈佛大学燕京图书馆第二，芝加哥大学远东图书馆第三）。该馆收藏中国族谱共 1050 种。最早的是宋代刊本，明代刊本亦有相当数量，清代刊本居多。"由于时间关系，未能全部翻阅，深感遗憾。由于《丹阳吉氏宗谱》与尹吉甫、与山西直接相关，所以引起了我的注意。

尹吉甫，西周宣王时大臣，原本姓兮，名甲，字吉甫，亦称兮伯吉甫（甲父）。后因食封于尹（山西隰县东北），遂为尹姓。宣王即位的第五年，即公元前823年，派尹吉甫讨伐猃狁（即秦汉时的匈奴）。尹吉甫讨伐猃狁时，一开头就连吃败仗。随后，尹吉甫便率军退至中都邑，即山西平遥，修筑城台（史称"尹吉甫点将台"），加强防备，训练军队，提高战斗力。其后，尹吉甫以中都邑为大本营，对猃狁情况进行调查研究，在知己知彼的情况下，终于大败猃狁。周宣王十分高兴，给尹吉甫记了大功。《诗经·小雅·六月》云：

吉甫燕喜，既多受祉，来归自镐，我行永久；

饮御诸友，包鳖脍鲤，侯谁在矣，张仲孝友。

"吉甫"，就是指西周宣王时的卿士尹吉甫。《诗经》所写的正是尹吉甫得胜还朝受到宣王嘉奖后，从周都镐京（陕西咸阳）回到驻地中都邑（山西平遥）同好友欢宴时的情景。"侯谁在矣，张仲孝友。"这里虽未说明张仲是哪里人，但肯定距中都邑（平遥）不会很远。尹吉甫自从讨伐猃狁获胜以后，就一直驻守在中都邑，直至谢世。尹吉甫谢世后，就埋葬在这里。他的墓冢坐北朝南，至今犹存。

清光绪八年《平遥县志》载："吉甫受命北伐猃狁，次师于此，增城筑台，教士讲武，以御戎寇，遂没于斯。"此即平遥县城太和门外"周卿士尹吉甫墓"之由来。关于尹吉甫增城筑台的记载，既是山西古代筑城的具体记载，也是我国上古时代筑城的典型范例。值得注意的是，中国的城乃是中国文化的一种独有景观。古代中国的城不仅数量很多，而且规格、类别也很多。大城，城周长达五十里，建筑十分宏伟；小城，城周不满五里。大小相间，星罗棋布，构成了中国城的突出特点。难怪意大利旅行家马可·波罗来到中国后，为中国城之多、规格类别之多，感到惊奇。现存的平遥县城，是明洪武三年修建的，城周6.4公里，在山西县城之中是比较大的一座。明代的城不仅用方块夯土筑成，而且还用砖石加固，城墙上的建筑物全部是用砖瓦修成的。现存的平遥古城正是这类建筑的典型代表，所以联合国教科文组织评价平遥古城是"中国汉民族城市在明清时期的杰出范例"。

丹阳吉氏家族，在获悉他们开宗立姓始祖在山西平遥有这么多的珍贵遗迹后，定会对山西平遥十分向往，定会回山西平遥来寻根谒祖，是为序。

2013 年 1 月

于太原

《中华唐氏通谱·总卷》序

唐成标任编委会主任，由唐为人、唐德绵、唐经棣、唐树科等主撰的《中华唐氏通谱·总卷》，经过五年的艰苦奋斗，终于脱稿了。该谱样稿共三册、九篇、二百余万字。九篇的题目分别是：源流郡望、迁衍分布、世系简录、名人家族、古代人物、现代人物、文献辑录、艺文精粹、文物古迹。拜读样稿给我的总体印象是：该通谱谋篇布局，囊括全国；纲目设置，贯通古今；横分门类，纵叙源流；由远及近，略古详今；纲举目张，层次分明；内容丰富，资料翔实。通过全方位、多层次的记述，将唐氏概貌以及在中国历史上的重要地位，活生生地展现在了世人面前，特别令人钦佩！正如唐成标主任所说："这是全球唐氏宗亲屹立世界民族之林的广告词和宣言书，是唐氏子孙后裔寻根问祖和联络宗亲的示意图，是唐氏列祖先贤的光荣榜，是广大兄弟姐妹的加油站。"

该谱依据史籍文献记载，追根溯源，理出了中华唐氏大都出自姬姓唐氏和祁姓唐氏。而姬姓唐氏和祁姓唐氏，又都出自帝喾。帝喾元妃有邰氏女姜嫄所生子弃，又称后稷，即是姬姓唐氏之源；帝喾次妃陈锋氏女庆都所生子尧，又称放勋、唐尧，即为祁姓唐氏之源。帝喾乃是黄帝的嫡系裔孙，因而无论是姬姓的唐氏，还是祁姓的唐氏，都是黄帝的嫡系后裔。帝喾与姬姓唐氏和祁姓唐氏，乃是枝相连、气相投、血脉相贯的一家人。

接下来，该谱依据史籍文献记载和唐氏播迁分布状况，从整体上理出了中华唐氏迁衍和发展的轨迹。该谱通过"寻根问祖"，以血缘亲情为纽带，将姬姓唐氏和祁姓唐氏与遍布全国各地的始迁祖及其后裔，有机地联系了起来。血缘亲情就是贯穿《中华唐氏通谱·总卷》的一条主线，同时也是该谱最核心、最突出、最重要的内容。该谱的编修过程，就是"寻根问祖"、联接世系、拉近距离、增进感情、唤起血缘亲情的过程。而这个过程，完全是自觉自愿的、潜移默化的、入情入理的、最深层次的，可以说是润物无声、渗物无痕、耳濡目染、不知不觉的，因而是最具有号召力和感染力的。中华民族巨大的向心力和凝聚力正是建立在这个思想基础之上的，因而是忘不掉、割不断、批不倒的。这也就是中华儿女之所以能够逾越各种障碍，相互沟通，团结合作，求同存异，共同为中华民族的伟大复兴努力奋斗最为深厚的思想基础。由此可见，编修《中华唐氏通谱·总卷》，具有十分重要的现实意义。唐文盛董事长对《中华唐氏通谱·总卷》的慷慨资助，是他远见卓识的表现，他的这一善举，不仅受到唐氏族人的忠心拥护和爱戴，而且还将流传后世，赢得海内外中华儿女的尊敬和赞扬。

唐氏自开族立姓以来，在历史发展的长河中对中华文明和中华文化的形成和发展做出了名垂青史的重大贡献。《中华唐氏通谱·总卷》具体记载了自帝喾、后稷、唐尧及其以下历代先贤和他们的辉煌业绩，特别令人鼓舞，特别催人奋进，是资政、育人的好教材。

拜读样稿，受益匪浅，感受颇多，秉笔直书，是以为序。

2013 年 7 月 15 日

于太原

平遥《段村张氏族谱》序

平遥古城始建于西周时期，"宣王中兴"名将尹吉甫修筑的"点将台"，至今犹存。平遥古城还是尹吉甫与其好友张仲聚会的地方，而张仲则是张氏历史上见于文献记载的第一个名人，从此平遥又与张氏结下了不解之缘。段村是平遥的一个古老村落，传说因段干木子孙居住而得名。段干木，姓段干，名木，战国时人，学于子夏，居于魏，不仕，以贤士闻名天下。其子段隐如改复姓"段干"为"段"，因官迁居该村，是为段村。为与运城安邑段村相区别，亦称下段村。另外，据《段村张氏族谱·附录二·段村人文资源》记载，段村村名始见于现今平遥保存的唐朝垂拱元年段雍墓志铭。该墓志铭全称为《大唐骁骑尉段府君墓志铭并序》。该墓志铭载："君讳雍，字德亮，其先雁门干木（段干木）之后也。因官流派，迁（洒）为兹焉。"接下来记述了先祖情况和本人履历，其后又云，五十有一，终于私第，垂拱元年十二月二十五日，"窆（埋葬）于段村东二里平原礼也"。这一段记载，特别珍贵，特别有价值，因为这段记载清清楚楚地说明该墓的主人姓段，讳雍，而不是姓段，讳雅。此碑已全文收入胡聘之主编的《山右石刻丛编》，但《山右石刻丛编》却将"君讳雍"，书写为"君讳雅"了，显然是收录笔误。好在《山右石刻丛编》在《大唐骁骑尉段府君墓志铭并序》全称之前，还收录了《段雍墓志》碑名以及碑的高宽尺寸、行数、字数，并说明该碑今存平遥县（见《山右石刻丛编》山西人民出版社1988年版，第一册卷四，第33页）。另外，《唐代墓志汇编》（上海古籍出版社1992年版，上册第740至741页）亦收录了该墓志铭，但却仅只书有包含大唐官衔的全称：《大唐骁骑尉段府君墓志铭并序》，而没有收录《段雍墓志》碑名、简介，更未说明该碑今存何地，所收碑文又与《山右石刻丛编》完全相同，亦将"君讳雍"，书写为"君讳雅"，这就更难让人发现"君讳雅"是收录之误了。总而言之，平遥段村不论是传说得名，还是见于碑刻的记载，都与名士段干木有关，其历史之悠久，是不言而喻的。而现在居住在这个古老村落中的张氏，据《段村张氏族谱》记载，则是明朝初年才从陕西榆林迁入的。

族谱亦称家谱，现存的族谱，主要是北宋以来民间编修的，是以特殊形式记载一姓世系和人物事迹的历史图籍。由于一世祖的起点、地域、记载范围等不同，又有通谱、统宗世谱、族谱、宗谱、房谱、支谱等称谓。以开宗立姓始祖为一世祖的大型通谱、统宗世谱，在明代中叶相当盛行，有的通谱为了说明自己家族历史悠久、名垂青史，往往自觉或不自觉地把自己的先祖挂在某个历史名人家族之下，致使血缘世系遭到严重扭曲和破坏，这种现象，受到许多谱学大家的批评。所以进入清代以后，以始迁祖为一世祖、"以血缘为凭"、"以可知为断"并标有地名的族谱，广泛流行开来。新修的平遥《段村张氏族谱》，就属于这种类型的族谱。

平遥《段村张氏族谱》，张骅总编，张法伟主编，历经两届编纂委员会，由多人执笔编修而成的。该谱共十四章，另有序跋、附录和后记。拜读后给我的总体印象是：纲举目张，层次分明；由远及近，以近为主；视野开阔，搜罗宏富。内容丰富，资料翔实，是该谱的明显优势。从图谱世系和谱牒构成来看，这是一部源流清晰，血脉相贯，图谱规范，世系完整，斑斑可考，代代可数，要目齐全，可信度很高的族谱。当然，由于该谱从初稿落成到正式付印，经历了十多年，如果从主编1984年萌发修谱意识、收集资料算起，长达三十多年。在此期间又多次变化、多人参与，有些章节和附录，前后重复，再加上兼容并蓄，许多与修谱无关紧要的资料、图片以及未经考证、核实的史料，也搜罗了进来，致使资料赘积、杂乱，成为突出弊端。对此，主编已有清醒认识。主编告诉我，他将对该谱，去粗取精，删繁就简，整合纲目，突出重点，压缩篇幅，简化文字，修改成一部便于资政、育人的简明读本，并要我为修改后的简明读本写个序。这一决策，非常必要，针对性极强，十分难能可贵，所以特将我拜读后的全部感受，如实秉笔直书，供其参考，并以此为序。

2015 年 6 月 20 日

河北武邑《清凉店村啜氏家谱》序

河北武邑《清凉店村啜氏家谱》由啜大鹏主编，分为：卷一谱考，卷二清凉店村分支《世系谱》，卷三家族精神文化，卷四友人艺文恭展，卷五人生导向、名言警句选，共五部分，书末有后记。综观该谱，给我的突出印象是：搜罗宏富，体裁多样；内容具体，资料翔实；情感真挚，引人入胜。该谱客观地记叙了编修清凉店啜氏家谱的由来、过程、世系传承、家族文化、书信往来、师生友情、诞辰祝寿、婚丧嫁娶、亲友聚会以及目前关于啜氏的各种传说、记载、研究、聚会活动、家谱编修等各个方面的情况。可以说，该谱是目前有关啜氏各种资料，包括网上资料、先祖画像、祠堂家庙、楹联图表、做人准则、名言警句的大汇总，为族人了解当今啜氏、认识当今啜氏、研究当今啜氏，编修当今啜氏各自的房谱、支谱，等等，提供了极其丰富的资料和可供参考的相关论述和书籍。可以说，搜罗宏富、惠及族人，是该谱最大的特点和最显著的优势，很值得关注，是以为序。

2015 年 9 月 14 日

附：

写给啜大鹏编修啜氏家谱的信

大鹏：

你好，送来资料已阅，我想就拜读啜雨和啜殿信编修的两部《啜氏家谱》谈点随想。啜雨和啜殿信先生都对啜姓研究下了很大功夫，取得了丰硕成果，我很钦佩！只要继续努力，定可大功告成！

啜雨先生在东于联谊会上的发言中说：“最早出现在宋朝的啜佶、啜讹的后人也存在，啜姓哪支哪派，需要我们认真调查研究。”这段讲话很客观，很实在。早在明朝以前，确有啜姓存在。据《中华大词典》（中华书局 1978 年版）记载，啜氏是宋朝党项族首领啜佶之后，啜佶降宋后，任检校司徒、怀化将军，党项族首领啜佶即为啜姓始祖。另据《姓氏考略》记载，啜氏乃是宋朝兴州刺史折惟昌所部啜讹之后。这是有文献记载的关于啜姓之起源。有关啜姓的这些情况，暂时可以不去研究，因为这同朱元璋后裔改姓为啜，并无多大关系。从建文帝之子朱文奎改名啜秉初有关记载来看，凡属啜秉初的后裔，都是由朱姓改为啜姓的族人。这一史实，长期以来口耳相传，尽管各地相传的具体细节有所不同，但从总体上来看，都是十分可信的。在现有的明代史籍中，根本找不到任何关于朱姓改为啜姓的记载。因此，编修一部由朱姓改为啜姓的族谱，凝聚分居各地的啜姓族人，是十分必要的。啜雨和啜殿信编修的《啜氏家谱》已经奠定了很好的基础。这种类型的族谱，在明清时期早已有过。例如，《横峰张氏族谱》，就是这种类型的族谱，可供编修比较完善的《啜氏家谱》参考。关于家谱中如何记载女性问题，可参考《清城西沟张氏族谱·凡例》及相关部分。

《横峰张氏宗谱》张宗铎等修，民国四年笃亲堂铅印本，原装二十八册。横峰张氏是明清时期桐城望族之一，原本姓胡，元明鼎革之际，胡长乙于明洪武二年由饶州徙居桐西横峰，编户受田时，寄籍清河张氏户下，更姓为张。该谱以长乙公为一世祖，长乙原名太，字长乙，号校圃。在追溯其渊源时，仍以胡姓为本，记述其先人业绩。清雍正二年，长乙公十世孙立选，首次修谱。该谱以长乙的五世孙八人，分作八大房，各房之下又分若干支。其后又先后五次重修，民国时刻印。编修该谱，就是旨在联络长乙公更胡姓为张姓后徙居各地之后裔（《中华族谱集成》张姓卷第十三册）。

另外，在历史上，为了避免灾难而改姓的情况也是常有的。例如，福建王审知的后代就是如此。王审知死后，其子孙骨肉相残，再加上李仿、连重遇、朱文进的陆续屠杀，王审知之子延翰世系、延钧世系、延羲世系，都成为一片空白。只有延政世系，留下了传世记载。在王氏遭受连重遇、朱文进大屠杀期间，幸存者纷纷出逃，改姓避难。有的改姓曰游，自认国亡家破，皇室子孙犹如游鱼一般，游来游去，居无定所。有的改姓曰沈，沈与审谐音，表示是王审知的后代，子子孙孙不忘其祖。有的改姓曰叶，意思说他们犹如树叶飘零，不知所止。在东南沿海，特别是福建和台湾的游、沈、叶三姓，有相当一部分就是由王氏子孙改姓而来的。这就是这些地方所流行的"王、游、沈、叶是一家"之说的由来。游姓，有的演变为"尤"，游与尤同音。在台湾嘉义、花莲，就设有"王、游、尤、沈宗亲会"（见《缅晗集》第 125 页一文）。

2015 年 9 月 1 日

于太原

第二节 新修史志序言及评论选

《洪洞大槐树移民》序

"问我始祖来何处？山西洪洞大槐树。"这是很多姓氏追溯他们始祖时的简明回答。黄有泉、高胜恩、楚刃合写的《洪洞大槐树移民》一书，对这个问题进行了系统的探讨，力图勾画出明初移民的轮廓，阐明明初移民的始末、方式、特点、得失及其历史地位，眉目清晰，内容充实，很值得一读。

山西是中华民族的发祥地之一。早在一百八十万年以前，我们的祖先就劳动、生息、繁衍在这块黄土地上了。"尧都平阳"、"舜都蒲坂"、"禹都安邑"，都在山西。后稷教民稼穑于稷山，嫘祖养蚕于夏县等传说，亦在山西。从远古至明初，在山西这块热土上，我们的祖先辗转迁徙，相当频繁，但对后世影响较大，人们记忆犹新的还要数明初移民。

明洪武、永乐年间，朝廷曾多次从太原、平阳几府及潞、泽、辽、汾等州，移民到滁和、北平、山东、河南、保安等地。洪洞广济寺大槐树下，为移民荟萃之所。明廷在此设局驻员，办理手续，颁发凭照川资，父老乡亲在此相聚话别，挥泪送行。行者不复还，古槐依然在。所以古槐便成为离别的纪念，故乡的象征。安土从来重远迁，古槐不时勾起移民后裔眷恋故乡之幽情。正如一首七绝所云：

移民往事溯明初，故老相传记载疏。

何物当年凭感触，大槐永系梓乡居。

一首七律又云：

明代移民自此行，古槐遗迹感情生。

昔闻故国称乔木，今到名区驻柳营。

瓜瓞绵延怀故里，梓桑恭敬忆杨城。

树人原是百年计，迁地仍良远播声。

山西洪洞大槐树以明初移民，闻名天下，妇孺皆知。飘洋过海、移居异国他乡的海外赤子，更加关注。研究明初移民既是一个影响很大、意义深远的课题，又是一个涉及千家万户、很难驾驭的课题。黄、高、楚三位作者勇于承担这样一个研究课题，十分难得。当然，在研究过程中，由于条件限制，不免存在某些不妥或失误，这是完全可以理解的。众所周知，万事开头难。作者既已投入了这一课题的研究，我相信随着时间的推移和研究的深入，他们一定会拿出一些更加丰硕的研究成果来，以飨读者。

1993 年 10 月

于太原

《郭氏史略》序

李吉、马志超的《郭氏史略》一书，是在七年来省社科院家谱资料研究中心关于郭氏和郭子仪研究的基础上编写而成的，是一部系统阐述郭氏之由来、播迁以及在中国历史上的地位和影响的专著，很值得一读。

郭氏研究是继太原王氏之后，家谱资料研究中心为海外侨胞寻根谒祖进行咨询服务的又一个重要课题。这个研究课题始于 1991 年。其时，"中心"收藏有郭氏族谱 23 种，总计 133 册，11089 页。根据族谱和文献记载，"中心"的研究人员又进行了实地考察，经过一年多的努力，终于理出了汾阳王郭子仪的世系源流以及在山西的活动概况和遗物、遗迹。1992 年 12 月，"中心"向新加坡有关方面通报了查证情况。新加坡郭氏宗亲会会长郭明星、秘书长郭祖荫获悉后，专程到山西省社会科学院家谱资料研究中了解、查证情况。当郭明星在缩微阅读复印机上看到他先世的迁徙世系时，高兴地跳了起来，并说："你们的资料太过硬、太珍贵了，真棒！"郭明星和郭祖荫还亲自到汾阳县对明万历年间修建的汾阳王庙的遗址进行了考察和访问，并捧走一块明代的汾阳王庙砖以作纪念。1993 年春，我们与汾阳县合作，录制了《汾阳与汾阳王》录像带，随后将查证资料和录像带寄给新加坡郭氏公会。新加坡郭氏公会又将这些资料与录像带转给海外郭氏审阅，最后他们共同议定于 1993 年 12 月 17 日至 20 日，在新加坡召开世界郭氏宗亲团体联谊会，特邀家谱资料研究中心牵头组团赴会，向与会代表报告查证情况。查证报告引起了各个代表团的高度重视。最后，会议商定，1994 年 10 月，以世界郭氏宗亲团体联谊会的名义，组织世界各国的郭氏宗亲团体代表回山西汾阳寻根谒祖。1994 年秋，为迎接世界各国郭氏宗亲团体的到来，我们将三年间关于郭子仪的研究成果和重要资料，梳理成《汾阳王郭子仪谱传》一书。该书中有三件珍品对他们吸引力最大。这三件珍，第一件是故宫南薰殿珍藏的"唐郭子仪像"。这幅郭子仪像是唐代宗赐绘、凌烟阁所藏之故物，传至清代为南薰殿珍藏。海外郭氏宗亲团体都没有见到过如此庄重威严的汾阳王郭子仪的画像。第二件是汾阳王郭子仪的墨宝——《唐郭汾阳书诸葛亮后出师表》影印件。第三件是唐朝宰相杨绾为汾阳王妻霍国夫人王氏撰写的神道碑。这三件珍品，对海外郭氏宗亲团体来说都是第一次见到，因而倍感珍贵。台湾世界郭氏宗亲总会还用他们编纂的《环球郭氏宗谱》与之交换。《汾阳王郭子仪谱传》一书的出版发行，进一步增进了海外郭氏与山西的深厚感情。

今年是汾阳王郭子仪诞辰 1300 周年，我省将举办纪念郭子仪的国际学术研讨会。《郭氏史略》是家谱资料研究中心为这次国际学术研讨会提供的书稿。我相信这部书稿定会成为进一步增强家谱资料研究中心与世界各国专家、学者友好往来的桥梁。

张海瀛　武新立

于 1997 年 8 月 12 日

《南谷春秋》序

"范阳门第，南谷家声"，这是海内外邹应龙后裔祠堂、祖庙专用的传统楹联。"范阳"，邹氏郡望，是为门第楷模；"南谷"，是南宋理宗皇帝亲笔手书赐予邹应龙，表示朝廷对他优崇的独特用语，既是他生前的居住地名，又是他谢世后陵墓所在地名。"南谷家声"，就是邹应龙勤政爱民、清正廉洁、刚直不阿、是非分明的高尚品德以及力主抗金保国、洗雪国耻、独立自主的爱国精神。邹应龙的这些高尚品德和爱国精神，代表了中华文化的精华，在中华文化的发展史上占有十分重要的地位，是应当继承和发扬的优良传统。因此，编辑出版旨在研究与弘扬"南谷家声"的《南谷春秋》，既是海内外邹应龙后裔的共同心愿，同时也是继承和发扬中华文化精华的迫切需要。

编辑出版《南谷春秋》，对于接续海内外邹应龙后裔的家谱，也是十分必要的。接续家谱，当以血缘为凭，以可知为断。而以血缘为凭，就是要理清后裔与一世祖的世代传承关系。也就是说，海内外邹应龙后裔要编修自己的家谱，就必须理清自己与一世祖邹应龙的世代传承关系。只有这样，才能编修出枝相连、气相投、血脉相贯的邹应龙后裔家谱。这既是对先祖的尊重，也是维护与保持邹氏家族血缘关系世代相传所必须的慎重态度。

邹应龙，南宋福建泰宁人，生于孝宗乾道八年农历六月二十二日，卒于淳祐四年四月二十三日，享年七十有三。宋宁宗庆元二年进士，廷试第一，状元及第，擢秘书郎，出知南安军。召为正字，迁校书郎兼实录院检讨。嘉泰元年遭父丧，服阕，仍任校书郎，改著作郎兼资善堂直学士侍讲。开禧元年兼资善堂直讲，迁起居舍人兼玉牒检讨，韩侂胄秉政用兵开边，公与议不合，遂以龙图阁直学士出知赣州。开禧三年，韩侂胄诛，擢中书舍人兼太子左庶子。嘉定元年假户部尚书，使金，贺金主生辰，不卑不亢，大义凛然。嘉定九年进直焕章阁直学士，经略广西，知静安。嘉定十三年任敷文阁学士，荆湖南路安抚使，知潭州。理宗宝庆元年，除工部尚书兼同修国史实录院同修撰。九月入见，论金人利害，帝称善，迁刑部尚书。端平元年，除显谟阁学士，起知太平州。端平二年，召拜礼部尚书兼侍读学士。同年十一月元灭金后，元兵大举南下，理宗诏侍从、两省、台谏诸官各陈方略。公提出治国安邦十策，理宗纳之，并于嘉熙元年二月，拜端明殿学士，签书枢密院事，权参知政事。居职四月，匡赞忠勤，上方倚为相，但因史弥远专权，事多掣肘，遂去职还乡。上遣中使谕止，不听，乃授资政殿学士，知庆元府兼沿海制置使，亦不拜而归，时年六十六岁。公性乐山林，归家后得一丘曰南谷，理宗亲书"南谷"二字赐之，追维辅相之德，特加太子少保、光禄大夫、赐紫金鱼袋，封鲁国公，食邑三千九百户，追赠曾、祖、考三代，淳祐四年卒，讣闻，上为辍朝，赠少保太尉公，谥文清，葬原籍。其后，子孙散居闽、粤各地。在广东者，主要分布于梅州、大埔、五华、蕉岭、兴宁等地，亦有自广东迁至广西平乐者。现在台湾地区邹姓族人以及侨居新加坡等国的邹姓华侨，很多都是从广东迁徙过去的。因此，由中转集散地的集中代表——广州，牵头创办旨在研究与弘扬"南谷家声"的《南谷春秋》，定会得到海内外邹氏族人的积极响应和大力支持，也一定会取得巨大成功。

2007 年 6 月 25 日
于太原

忻州《双堡郜氏象贤门家事》随笔

　　经好友曹振武学兄介绍，我有幸拜读了忻州《双堡郜氏象贤门家事》，受益匪浅，感受甚多，兹择举几点，列述如下：

　　一，视野开阔，搜罗宏富。这是拜读忻州《双堡郜氏象贤门家事》（后简称《家事》）后，给我留下的最为深刻的印象。正如《前言》所说："《家事》以汇编资料为主，编写中不受'史、志、谱'体例的限制，图文并茂，多从侧面展示象贤门家族在各个历史时期的境况。"所以，做到了居高临下，视野开阔；广征博览，搜罗宏富；按类编排，层次分明。读后令人耳目一新。

　　二，追根溯源，有根有据。该书在开篇第一部分《家事概述》中，设有《溯源》一节，在记述郜姓起源时写道："郜姓源于周文王第十五子，受封于郜国（今山东成武东南）称郜侯，春秋时郜国被宋国吞并，郜侯后世子孙就以原来的国名为姓。"这段记述，在史籍中可以找到根据。《通志·氏族略》记载："周文王子封于郜，子孙以为氏"；记载姓氏起源的开山之作《世本》记载，郜姓是"文王子郜侯之后"；《名贤氏族言行类稿》记载："周文王第十一子封于郜，其地古济阴，后失国，以国为氏"。据此，郜姓源于周文王子，当无异议，然而是第十一子，不是第十五子，此处稍有出入。据后世学者考证，当初的郜国，包括南郜和北郜两部分，北郜在今山东成武东南，南郜则在北郜之南二里。这个地方汉高祖刘邦统一后，被置为郜成县，到了东汉，才并入成武县，其后一直沿续了下来。据明代凌迪知撰写的《万姓通谱》记载，春秋时，宋国有一个大夫，名叫郜延年（不是郜延）：汉代有郜衡仙；晋有郜玫，另按郑樵《通志》记载，晋有高昌长郜玫（这里两处记载都是郜玫，既不是郜玖，也不是郜珍）。《万姓通谱》记载，唐有郜贞钱；元有郜知章，乐平人，家世业儒，与司业王嗣能齐名，时称"王、郜"。《万姓通谱》还记载，明代有：郜安，永乐举人，曾任山东高密县学训导；郜惟忠，邓州人，宣德时曾任广东副使；郜献，字洪汉，福宁人，天顺间历任广德、顺德教谕；郜诱，盐城人，嘉靖中曾任诸城县训导；郜大经，字汝修，吴桥人，嘉靖丙辰进士，任山西参政；郜光先，山西长治人，嘉靖己未进士，历任都察院右副都御史；郜永春，直隶长垣人，嘉靖乙丑进士，历任御史。清代有画家郜琏，好游山水，五岳亲历其三，曾画芭蕉，传至日本，海外珍之；还有学者郜煜、郜坦等名人。

三，记述世系，以血缘为本。该谱对于世系的记载，以史实为凭，以可知为断，具有很高的权威性和可信度。该谱以明初迁居双堡的郜铎为一世祖记起，一直记到第二十世，斑斑可数，代代可考。从第十四世祖象贤公起，在《象贤门族人名录》中，对每个人的文化程度、工作单位、居住地址等，都作了记载，资料十分珍贵。该谱除以男性为主线记载郜氏历代世系外，还坚持以血缘为本对郜姓中出嫁的姑娘、外甥以及过继给他人并改为他姓的郜氏后裔，通过不同的栏目，对他们的情况，都作了具体记载。这里，集中体现了"以血缘为本"和"男女平等"的原则。因为按血缘关系来说，儿子和姑娘，对父母的血缘关系是一样的；孙子和外甥，对于祖父母和外祖父母的血缘远近，也是一样的。至于过继给他人并改为他姓的郜氏后裔，虽说已经改为他姓，但从血缘关系来说，他与郜氏家族乃是枝相连、气相通、血肉相连的一家人，这种血缘关系是永远改变不了的。《家事》如实加以记载，也是理所当然的。

四，第一手资料，弥足珍贵。据《后记》说，参与为编修《家事》搜集资料者，达六七十人之多。他们通过登门拜访、亲自撰写、口述回忆、整理录音等方式，征集了大量的第一手资料。其后，经过精选审核、按类编排，郜氏族人在各个领域、各条战线所取得的成就和所作的贡献乃至个人和家庭的联系电话、代表性的留影，都在《家事》所设的十多个栏目中，分别保存了下来。这批第一手的资料，是十分珍贵的。只要有一本《家事》在手，不仅可以了解郜氏家族的全部情况，而且还可以随时同他们取得联系。在《碑刻志文》中，作者对墓志铭还作了释文和注释，为后人特别是不懂古文的子孙了解先辈的业绩，提供了极大的方便。

总而言之，《双堡郜氏象贤门家事》不仅包括了家谱的主要内容，而且涵盖了郜氏家族各个方面的情况，可以说是郜氏家族的一部百科全书。

2008 年 5 月
于太原

评新修《侯马市志》

新修《侯马市志》，主编赵建国，副主编邵子义、赵广奎、赵香琴，长城出版社 2005 年 12 月出版发行。该志开篇为序言、凡例、概述和大事记，正文分为 32 编，书末为附录、限外辑要和修志始末，另有彩色照片 96 页，各类表格 32 种，全书共 170 余万字，规模宏伟，气势非凡。本书，图文并茂，装帧典雅，特别引人注目。

侯马古称 "新田"，公元前 585 年晋景公迁都于此，在其后的二百年间，新田作为晋国的首都，一直是政治、经济和文化的中心。在这块古老而神奇的土地上，创造了春秋时代名垂青史的晋国文明。从晋国定都侯马至今，已有 2590 年的悠久历史了。就是说，侯马作为一座古城的历史，要比赵简子于公元前 497 年所修建的古晋阳城还早九十年。到了现代，勤劳、勇敢的侯马人民在继承古代文明的基础上，在中国共产党的领导下，又创造了光辉灿烂的现代文明。新修《侯马市志》全面记载了上自远古下至 2003 年，侯马的自然和社会发展变化概况。整个志书谋篇布局，居高临下，视野开阔；横陈门类，纵述发展；横不缺项，纵不断线；由远及近，以近为主；厚今薄古，古为今用；内容丰富，资料翔实；层次分明，特点突出；横纳百科，纵贯古今，是新修市志中一朵光彩夺目的奇葩。该志不愧是历经二十多年，反复修订，数易其稿的佳作。

该志坚持以人为本的科学发展观，立足于建设工贸市、生态园林市的奋斗目标，全面而系统地记述了侯马的发展历程，对于新中国成立以来特别是党的十一届三中全会以来全市经济、政治、社会、文化以及人民生活等方面翻天覆地的巨大变化，记述得尤为详细、具体。特别突出的是，该志立足于发展社会主义商品经济的高度，科学地记述了侯马发展社会主义商品经济的历史过程。社会主义商品经济犹如一条红线，贯穿于侯马社会经济发展的各个方面及其始终，将全市城乡联结成了一个有机的整体，成功地体现了城市志的整体性。

新修《侯马市志》编章设置，别具匠心，特别值得关注，兹列举几点如下：

第一，第四编经济综述，简单扼要，客观真实。该编共四章，第一章经济体制变革，其中，第一节通过"土地私有制"、"土地改革"、"互助组"、"初级农业生产合作社"、"高级农业生产合作社"、"人民公社化"、"家庭联产承包责任制"，几个部分记述了农村体制变革；第二节通过"手工业社会主义改造"、"私营工商业社会主义改造"、"公有制为主体的多种所有制发展"、"公有制企业管理体制的改革"，几个部分记述了工商业体制变革。既客观真实，符合实际；又简明扼要，过程清晰。第二章，通过自 1949 年以来的大量数据，具体而有力地说明了侯马城乡经济发展状况，特别令人信服。第三章，客观地记述了农业生产结构状况和工业生产结构状况。第四章，通过自 1949 年以来的大量数据，具体记载了侯马城乡居民收入逐年增长和生活水平逐步提高的历史过程。通篇概述，文字不多，说服力很强。

第二，关于商贸编的设置，发展战略明确，具体措施得力。由于侯马地处交通要道，自古以来就是商贾云集的旱码头。早在民国年间，每月的初一、初四、初七，都是定日集市，上市客流量大多在万人以上。1978年重新开放集市以后，改为每月农历的初五、十五、二十五日，为上市日，集贸市场逐渐繁荣，1979年集市成交额高达272万多元。

侯马市委、市政府从侯马是"旱码头"这一历史特点出发，早在1985年，就建起了当时山西省最大的新田综合批发市场，并于同年5月和10月，连续举办了两次规模空前的物资交流大会，极大地扩大了侯马的影响。1987年，市委、市政府又制订了"以贸易为龙头，以贸促农，以贸促工，贸工农全面发展"的发展战略，并通过多种渠道筹措资金，多种形式建设市场。到2003年底，全市各类市场已发展到39个，其中专业批发市场28个，农贸市场11个，市场总占地多达86万平方米，建筑面积多达68万平方米，其中年成交额达亿元以上的"亚欧桥汽车摩托车市场"、"环球鞋帽大世界"、"新田综合批发市场"、"五交化家电家具批发市场"、"糖酒副食批发市场"、"新港服装批发城"，都是山西乃至华北地区的大型专业市场或综合批发市场。经营品种达1.5万余种，市场年成交额达30亿元，完成税费2400万元。民营经营户达到5000余家，从业人员达30000余人。市场辐射十几个省市及周边上百个县区。2001年5月，首次举办晋国新田文化研讨会、服装展示会和月季花节，并获得了巨大成功。《侯马市志》关于侯马商贸的记述，内容丰富，特点突出，别开生面，独具特色，生动地体现了侯马市委、市政府的发展战略和得力措施。

第三，"晋都新田文化"编的设置，突出体现了"重视古代，古为今用"的思想。该志对于古代侯马的记述，给予了高度重视。除概述、大事记以及相关章节中对于古都新田进行记述或介绍外，还单列一编，专门加以记述。这一编分为四章：第一章晋都新田，对新田、新田文化、历史事件以及自景公起十三公世秩谱，分别作了记述；第二章，对晋都新田遗址的调查和发掘作了记述；第三章，对晋都新田文化研究情况作了记述；第四章，就反映晋国和新田历史悠久、影响深远的历史典故作了记述。通过这些记述，就烘托出了侯马作为晋国的政治、经济和文化中心所占有的极其重要的历史地位。

重视侯马的古代，并不是为了发思古之幽情，而是为了通过挖掘和弘扬侯马"春秋古都"的文化资源，为发展侯马特别是为发展侯马的商业贸易和旅游经济服务。"晋都新田文化编"，通过大量具体事实的记载，诸如关于举办"侯马新田春秋古都文化节"的记载、关于打造侯马"春秋古都"品牌的记载，等等，生动地体现了"古为今用"的思想。随着时间的推移和侯马"春秋古都"声誉的不断传播，丰厚的文化底蕴必将为侯马带来更大的经济效益和社会效益。

2006 年 8 月

于太原

评《晋商文化旅游区志》

侯文正主编的《晋商文化旅游区志》，由山西人民出版社于 2005 年 10 月出版发行。这是一部别开生面的地方志，是一部著述性与资料性相结合的佳作。全书分为十七卷，共一百二十余万字，有彩色照片二百三十多张，可谓是规模宏伟、装帧典雅、图文并茂、引人入胜。翻阅一下景区、景点的彩照，即可将晋商文化景区的全貌，印入脑海；如若致细欣赏，就会把您带入文化底蕴极其深厚的晋商胜境，特别耐人寻味。与晋中相邻周边景区与景点的彩照，又为游人选择到邻近景点旅游提供了极大的方便。

该书卷一为总述，卷二至卷十七为分门别类的记述。从总体上看，卷一的总述与卷二至卷十七分门别类的记述，实际上就是著述性与资料性的结合和统一。

卷一总述，采用史书体例，从宏观上对晋商文化旅游区分四个部分，进行了综合分析和简要介绍。

第一部分，首先说明晋商文化旅游区的范围及主要内容。该旅游区的范围包括：晋中市政府所在的榆次区和与之毗邻的由东北向西南顺次延展的太谷县、祁县、平遥县、灵石县，属于晋中辖区的西翼。该旅游区的主要景观和文化载体，是六座晋商大院和两条明清商业街。

接着，对六座晋商大院分别进行了简明扼要、特点鲜明的介绍。这六座晋商大院是：常家庄园、曹家大院（三多堂博物馆）、乔家大院（祁县民俗博物馆）、渠家大院（晋商文化博物馆）、王家大院（中国民居艺术博物馆）、日昇昌票号（中国票号博物馆）。接下来，又对两条明清商业街作了介绍：一条是列入世界文化遗产名录的平遥古城明清商业街，日昇昌票号就坐落在这条街上；另一条是列入中国历史文化名城的祁县明清商业街，著名的乔家大院、渠家大院，都坐落在这条街上。

通过这一部分的综合介绍，旅游者就可从宏观上对晋商文化旅游区有一个全面和概括的了解。

第二部分，对晋商文化旅游区的文化底蕴及主要特色进行了阐述和介绍。作者指出，一座座宏伟豪华的大院所蕴涵的独特而深厚的晋商文化，是该旅游区的独特价值所在和魅力所在，从而构成了该旅游区的首要特色；利用晋商文化旅游区内各个景区和景点的豪宅及商业街建筑，举办有关晋商的各种专题展览或博物馆，是该旅游区的又一重大特色；独树一帜的晋商文化与传统文化交相辉映、人文景观与自然景观互联互补，构成了该旅游区的第三个特色。该旅游区的这三大特色，进一步充实了晋商文化的内容，丰富了景区和景点的观览对象，对旅游者很自然地会形成巨大的吸引力和诱惑力，使他们非看不可、非看完不罢甘休。

第三部分，阐明了晋商文化旅游区的灵魂——以晋商精神为核心的晋商文化。晋商精神，就是称雄商界五百年的创业精神、开拓精神和诚信精神。这种精神，贯穿于晋商大院以及各种专题展览和各个博物馆的陈列之中。既有激动人心的故事，也有平凡琐碎的经营活动。旅游者通过参观许许多多具体的人和事，都会被这种精神所感染和触动，这就是晋商文化旅游区给旅游者留下深刻印象和获得人们称道的原因所在。

第四部分，阐述了晋商文化旅游区的开发过程及其主要特点。晋商文化旅游区的开发始于 1985 年祁县乔家大院筹建民俗博物馆，到 90 年代，又先后开发了祁县渠家大院、平遥日昇昌票号、太谷曹家大院以及灵石王家大院；进入 21 世纪，又开发了榆次常家庄园、平遥明清商业街和祁县明清商业街。至此，一个规模宏伟的晋商文化旅游区，宣告完全建成。晋商文化旅游区的开发和建设，具有三大特点：一是开发与保护相结合，寓开发于保护之中，或者说是坚持了保护性开发的原则；二是开发与研究相结合，不断挖掘晋商文化的内涵，从而不断提升晋商文化旅游区的品位；三是开发促销与举办大型文化活动相结合，借助现代传媒，不断扩大晋商的影响，使晋商文化走向全国，走向世界。

从以上四部分不难看出，该书卷一的总述并不是"寓评于记，不发议论；寓理于事，让事实说话"的志书体例，而是以导游员身份出现的，以历史事件或历史人物为中心的，以记述过去为重点的，以时为序，以时类事，纵述历史的史书体例。可以说，该书卷一总述是采用史书体例写成的，因此，著述性就构成了总述部分的基本特点。

卷二至卷十七，从总体上看，都是采用以客观记述为主的志书体例编写的。疆域、沿革等自然现象和经济、文化等社会现象，都是其记述的范围；从各卷内容来看，贵在详细，偏于横剖，横分门类，以类系事，纵述史实，纵横结合。

例如，卷二晋中市概况，其中，第一章是自然环境与社会状况，第二章是地方名产，第三章是民俗风情，第四章是旅游产业；又如，卷三榆次常家庄园，其中，第一章是庄园概貌，第二章是精品观赏，第三章是专题展览，第四章是家族源流，第五章是商海沉浮，第六章是旅游活动和服务设施；再如，卷四太谷曹家三多堂大院，其中，第一章是宅院概貌，第二章是精品观赏，第三章是专题展览，第四章是家族源流，第五章是商业兴衰。所有这些章节，都是采用"寓评于记，不发议论；寓理于事，让事实说话"的志书体例记述的。接下来关于几个大院的记述，也都如此。卷九平遥明清商业街，其中，第一章是街市概貌，第二章是名老字号遗址，第三章是博物馆，第四章是购物食宿；卷十祁县晋商老街，其中，第一章是祁县古城概况，第二章是晋商老街建筑，第三章是名老字号遗址，第四章是博物馆，第五章是商街名吃，这些章节，也都是采用志书体例客观地进行记述的。

综上所述，卷一总述与卷二至卷十七为分门别类记述的结合，就是著述性与资料性的结合和统一。用这种办法编写的旅游区志，非常有利于旅游者迅速了解旅游区的全局，掌握旅游区的文化内涵以及该旅游区的主要特点和突出优势，从而使旅游区志更好地发挥其导游作用。由此看来，侯文正主编的《晋商文化旅游区志》，用史书体例撰写总述，用志书体例编纂分卷，使著述性与资料性的结合和统一，不失为编写旅游区志的一种成功尝试。

2006 年 11 月

于太原

评续修《曲沃县志》

2007 年续修《曲沃县志》，由孙继耀任主编，张凤兰、孙永和、李水河任副主编，长城出版社于 2007 年 5 月出版发行。这是继 1991 年新修《曲沃县志》县志后，又一部突出曲沃县深厚文化底蕴的续修县志。全书十二卷，一百余万字，有彩色照片二十多页。可谓是规模宏伟、装帧典雅。图文并茂、引人入胜。翻阅一下别具特色的彩照，即可将曲沃县的全貌，印入脑海；如若致细欣赏，就会把您带入文化底蕴极其深厚的晋文化胜境。该志把晋文化放在了十分突出的地位，具体记载了近几年来考古发掘和晋文化研究的最新成果，这是特别值得注意的。

首部新修《曲沃县志》，于 1991 年由海潮出版社出版发行，主编吉长安，副主编韩春华，下设总述、建置、自然环境、人口、经济体制变革、农业、工业、烟草、交通、城乡建设、商业、财税、金融、经济行政管理、党派社团、政权政协、教育、科技、司法、民政、人事、军事、文化、卫生、民情风俗、人物等二十六编，末尾有大事记、附录、限外辑要，记事至 1988 年。该书 1993 年获全国新方志优秀成果二等奖，同年获全省修志优秀成果一等奖，其时我是山西省评审委员会的评委，《曲沃县志》给我留下了极其深刻而美好的印象。所以当我拿到2007 年版的《曲沃县志》时，感到特别眼熟，仔细端详，封面题字，原来还是彭真委员长1990年题写的。

2007版《曲沃县志》卷首为总述和大事记，卷一至卷二为建置、环境、人口及基础设施。其后，卷三至卷五分别按第一产业、第二产业、第三产业的划分进行记述，卷十一为晋文化，这几卷都是很有特色的。

卷首总述，从宏观上对曲沃县的全貌及其悠久的历史和深厚的文化底蕴进行了简要介绍，接下来，对上自周穆王，下迄2005年的大事，进行了记述。这样从一开始就突出了曲沃县的基本特点。

从第三卷至第五卷，分别按第一产业、第二产业、第三产业的划分进行记述，这是很有开拓创新精神的。不过，该志重点记述的1989年至2005年期间，曲沃县同其他县市一样，在许多方面依然没有完全摆脱计划经济的束缚，第三产业刚刚兴起，所以独立记载起来，仍有许多困难，至于三个产业分别应该包括哪些具体内容，编章节目应该如何设置，都是有待研究的问题。

卷十一将晋文化立为单独的一卷，详细记述近年来考古发掘及其研究的最新成果，这是非常必要的。这一卷的设立，体现了县委、县政府"文化立县"的战略部署，揭开了研究与弘扬曲沃深厚文化底蕴的序幕。本卷分两编，第一编记述商以前文化遗存，第二编记述周代晋国文化遗存，该编为记述重点，下设五章。第一章，晋国历史概要，早期都城，重大事件，均立为专节；第二章，调查与发掘，接下来又将曲村——天马遗址，列为第三章，重点加以记述；第四章为其他遗址；第五章，晋文化研究，下设两节，第一节为相关文献和目录，第二节为专题综合研究。有关晋文化研究的著述很多，这里选择两篇论文，一篇是北京大学考古文博学院邹衡教授撰写的《论早期晋都》，另一篇是北京大学考古研究中心李伯谦教授撰写的《晋侯墓地发掘与研究》。这两篇论文确实具有很强代表性与极高的权威性，特别令人信服。末了，又将孙永和、张庆奎撰写的《古曲沃地域考析》，附于其后，这样的安排，是相当妥当的。

近年来的考古发掘和最新研究成果表明，晋昭侯封其叔父成师于曲沃，就在今曲沃；庄伯反晋、曲沃武公代翼，都发生在今曲沃；晋献公强晋，也是以曲沃为中心展开的；曲沃还是晋国宗庙社稷所在地，国君的登基大典、封赏功臣、行兵打仗、处决叛逆等重大事件，都是在宗庙社稷所在地——曲沃举行的；晋文公的摄政大典、勤王攘夷、联秦抗楚等大事，也都是在宗庙社稷所在地——曲沃举行的。可以说，从公元前678年武公代翼定都曲沃，到公元前585年景公迁都新田，曲沃一直是晋国政治活动的中心，是晋国文明和强盛的集中代表。

晋国原本是一个姬姓诸侯国。晋昭侯封其叔父成师于曲沃，人称"曲沃桓叔"。曲沃桓叔上任后，便积极经营自己的封地——曲沃，经过几代人的经营，传到曲沃武公时，终于取代了晋公室，这就是晋国历史上著名的"曲沃代翼"。"曲沃代翼"彻底打破了自西周以来所奉行的嫡长子继承君位的宗法制度，成为晋国君位继承史上的一个重大转折点。而这一个重大的转折点，就将晋国六百多年的历史划分为两个大不相同的时期，曲沃武公以前的十几个君主，都不过是地小国弱的"偏侯"，而从曲沃武公开始，晋国就发生了巨大而深刻的变化。尽管曲沃武公在他即位的第二年便离开了人间，但他的儿子诡诸即晋献公，却是一个才华出众、举措施不凡的君主。晋献公从"曲沃代翼"事件中认识到，当初晋昭侯封桓叔于曲沃，最后导致了杀身之祸，现在自己做了国君，同样感受到公室贵族对自己君位的威胁。从当时诸侯各国的形势来看，异姓士族在诸侯列国中虽然也屡屡弑君，但却都不能自立为君。与此相反，那些能够自立为国君者，都是同姓的公族。于是晋献公就得出了这样的结论：只有起用异姓贵族来剪除其亲近的同姓公族，才能保证自己君位的巩固。于是晋献公便起用异姓大夫士蔿，诛灭公族势力。在晋献公的授意和支持下，经过大夫士蔿的周密策划、软硬兼施，终于消灭了所有的公族，使晋国成为一个没有公族的国家。而晋献公以后的几代国君，又都继续推行了国无公族的制度。而这一族制度的推行，不仅解除了公族对君主的威胁，同时也解除了公族对异姓大夫的压制，从而为异姓势力的兴起创造了极为宽松的环境。晋献公先后起用士蔿、里克、郭偃、赵凤、毕万里等异姓卿族治理国家，一方面为起用治国安邦的能人提供了广阔的平台，另一方面又极大地扩大了晋国统治集团的社会基础。这样，晋国从晋献公时代起便迅速强大起来，而晋国崛起与鼎盛的百年基业，就是晋献公时代奠定的，晋文公的霸业也是在这一基础上建立起来的。可以说，以曲沃为政治中心的时期，就是晋国由崛起而走向鼎盛的时期，曲沃所代表的正是晋国的文明和昌盛。

2007 年 11 月
于太原

评《贾村志》

《贾村志》，陈长记主编，贾生金为特邀编审兼彩版设计，长城出版社 2007 年 10 月出版发行，全书 40 余万字，彩图 600 余张。印制精美，装帧典雅，图文并茂，引人入胜。翻阅一下别具特色的彩照，即可将全村概貌及每户一幅的全家福，映入眼帘。鲜活、幽雅、和谐、吉祥的全家福，构成了该志最为引人注目的特色。

纵观《贾村志》的篇目，是严格按照编修方志的要求和框架谋篇布局、设置篇目的；章节排列，层次分明；横排书写，自古迄今；纵横交错，以横为主；由远及近，以近为主，成功地体现了志书应有的属性。该志下设：建置沿革、自然环境、居民今昔、经济述略、传统农业、水利林牧、村办工业、交通邮电、商业服务、党派群团、村政村务、良风美德、教学育人、卫生体育、文化艺术、谚语方言、风俗民情、人物春秋等 18 章，末尾有大事记略、附录、修志始末。记事上起远古，下至 2005 年。全书结构谨严、纲举目张，内容具体、资料翔实，文字简练，语言流畅，具体记述了贾村的发展变化，是一部"存史资治，教化育人"的乡土教材。

该志在全面记述过程中，注意突出本村特色。例如，第三章居民今昔部分，记载本村姓氏云："据老年人讲，在本村原西门洞内墙碑上，载有贾姓，碑失。"说明这里很早就有贾姓居住。在姑射山仙洞沟，清嘉庆八年"重修神居古洞碑记"中亦有贾村贾林捐钱的记载，其后裔徙居何处，记载不详。现在贾村的贾姓，则是 1943 年从乔李镇迁来的，共四户。其后，又记载了从晚清至 1949 年，迁居本村的各个姓氏，并选取 1964 和

2006 两年为代表，对全村的户数，按姓氏列表统计。全村的姓氏构成、户数变化，一目了然。在常住人口部分，又对其年龄结构、性别结构、文化结构、民族结构、职业结构以及健康状况，用图表进行了统计，将全村的人口状况和盘托了出来，很有价值。又如，第七章村办工业部分，关于粉坊的记载，从 20 世纪 30 年代难民张廷堂从河北迁到本村首办粉坊记起，具体描述了整个生产过程，生动地再现了驴拉石磨时代的生产情景。接下来又系统记述了 1983 年以来用电为动力后机械化的发展过程，自 1985 年起，粉条生产已成为全村的支柱产业，到 1994 年粉条产量占到总收入的一半。再如，第十一章村政村务部分，通过街道建设、住宅建设、学校建设、引水工程、电力建设以及村务公开、财务监督等记载，生动地记述了本村的发展变化。总而言之，该志在记述贾村的发展变化、突出本村特色方面，是相当成功的。

从贾村的文化底蕴来说，该志还有进一步挖掘的空间。正如该志第一章第三节所载："这里最早的宗族为'贾'。贾得乡一带相传为西周方国'贾'之地，或云为晋文公狐偃子贾陀（他）食邑"，这是符合历史实际的，应当展开记述。因为这里是中华贾姓的发祥地，是海内外贾姓族人特别关注的"圣地"，同时也是这里与海内外贾姓族人建立联系、扩大开放、引进外资、打造名牌的一条极其重要的渠道，是值得大书特书的。贾氏起源有二：

其一，出自姬姓，为贾伯之后。《新唐书·宰相世系表》载："贾氏出自姬姓。唐叔虞少子公明，康王封之于贾，号为贾伯，河东临汾有贾乡，即其地也。为晋所灭，以国为氏。"此即贾氏之起源。其具体过程是，西周成王谢世后，其子即位是为康王。周康王封唐叔虞少子公明于贾地（今临汾贾乡），号为贾伯，建贾国。在晋国内战期间，贾国还参加了晋国军讨伐曲沃武公的斗争。其后，贾国被晋国所灭，原贾国的子孙被遣散各地，他们以原国号为姓，是为贾姓。

其二，出自狐偃之后。春秋时，贾国被晋灭亡后，到了晋襄公时，把原来的贾地赏给了辅佐晋文公完成霸业的狐偃（晋文公的舅舅）之子狐射为封邑，狐射字季他，所以又称贾季、贾他。晋襄公时，先是以贾季为中军元帅，让赵盾作他的副手。当时晋国的太傅阳处父是赵盾的父亲赵衰提拔起来的，对赵氏出于感恩，便在襄公面前说赵盾的好话，致使晋襄公改用赵盾为中军元帅，兼掌国政，而让贾季做赵盾的副手。职位的这一颠倒，使贾季恨透了阳处父。晋襄公去世后，晋国上层在立襄公的哪个弟弟为君之事上发生了争斗，贾季因处于副手地位，为避祸逃往翟国。贾季的子孙以原国名氏，是为贾氏，这是起源于贾地的又一支贾氏。翟国后来又被晋国所灭，这样贾季之子孙便随着翟国的灭亡与翟人一起被融合为晋人。晋国便成了贾季后裔生息繁衍的基地。

以上两支贾氏，尽管渊源不同，但他们都起源于山西临汾贾乡，后来，这两支渊源不同的贾姓，在山西这块发祥地上，相互交往、相互融合，在长期的历史发展过程中就形成了起源于山西的贾氏正宗。由此可见，临汾贾乡就是贾姓开宗立姓的发祥地和大本营，先秦时代，贾姓就是以临汾贾乡为中心，逐步向外播迁和发展的。

《左传》记载了这样一个故事，鲁襄公二十五年，郑国军队进犯陈国，攻破了陈国都城（今河南淮阳），陈侯扶着太子偃师出逃，在危难中遇到了司马桓子，要求坐司马桓子的车，被拒绝。接着又碰上大夫贾获正用车拉着他的母亲和妻子逃难，贾获目睹陈侯和太子十分危急的状况，当即把车子主动让给陈侯和太子，自己与妻子扶着他的老母出逃，最后终于幸免于难。这位有仁有义的陈国人贾获，就是贾氏由山西迁徙到河南陈国的代表人物。后来，河南贾氏经过若干年的繁衍生息，衍生出了许多支派。西汉政论家、文学家贾谊，就是河南洛阳支派的杰出代表。

贾谊，西汉河南洛阳人，他通诗书，善文章，被荐于文帝，任博士，迁太中大夫。他屡次上疏，陈述治国安民之道，他奏请改正朔，易服色，定官名，兴礼乐，令列侯就国。后因受到大臣排挤，被贬为长沙太傅，后为梁怀王太傅。他在诗书、文章方面造诣很高，与司马相如并称为当时的文章家。他的《过秦论》、《陈政事疏》、《治安策》等都是不朽的历史名著。后人把社会秩序安宁称作"治安"，即由他的《治安策》而来。贾姓的"治安堂"名，亦由此而来。其子贾璠，为尚书中兵郎。其孙贾嘉，为宜春太守，好学，世其家。贾谊的五世孙贾光，西汉时做过常山太守，汉宣帝时从洛阳迁居到扶风平陵（今陕西咸阳西北），从此成为陕西扶风平陵人。贾谊的八世孙贾徽，曾跟随西汉末年的学问家刘歆学习《春秋左传》、《国语》和《周礼》，接着又向另外两位学者学习《古文尚书》和《诗经毛传》，成为在经学方很有成就的一位学者。贾谊的九世孙贾逵，继承家学，成为东汉时的经学大家。

东晋南朝时期，定居河东的贾氏家族，又以家传谱学闻名于世。据《新唐书·柳冲传》记载，东晋孝武帝太元年间，河东贾弼撰《姓氏簿状》，南朝宋王弘凭借此书"日对千客，可不犯一人讳"。后来，贾弼将其谱学传授给他的儿子贾匪之；贾匪之又传给他的儿子贾希镜，贾希镜继承家学，撰《氏族要状》十五篇；贾希镜将家学又传给他的儿子贾执；贾执撰《姓氏英贤》一百篇，又撰《百家谱》、《百家谱钞》；贾执又将家传谱学传给他的孙子贾冠，贾冠继承家学时已进入隋朝，贾冠又撰《梁国亲皇太子亲传》四篇。从贾弼经贾匪之、贾希镜、贾执到贾冠，从东晋南朝到隋朝，鼎革凡六次，历时二百多年，家传谱学，历久不衰，在中国谱学史上留下了浓墨重彩的一笔。

然而不论是徙居河南洛阳的贾氏家族，还是徙居陕西以及国内外其他地方的贾氏家族，也还是定居河东的贾氏家族，追根溯源，他们的祖根都在临汾贾乡。临汾贾乡作为"贾"姓的发祥地，在长期的历史发展过程中，不可能没有贾姓先辈的遗迹。如若贾村没有，周围十公里以内十一个带"贾"字的村子中也应当有。"贾"姓发祥地的遗迹，对于贾姓后裔特别是徙居海外的贾姓后裔来说，具有很大的吸引力和号召力。贾村完全可以利用这一有利条件，借以进一步扩大对外的经济文化交流，加快建设小康社会的步伐。

2008 年 9 月

于太原

附录　来信及《会议纪要》

来信一

太原市人民政府、王茂林市长：

我们缅甸太原王氏家族会谨以同宗的亲挚情谊向您问好！并致以崇高的敬意！

我们想要了解我王氏开族始祖的历史沿革，请您协助征集历史资料。我们缅甸太原王氏家族会在缅创立至今已有七十多年，会员达数千人，原籍包括闽、粤、滇等各省市，现在虽然多数已成为当地公民，但仍是王氏的后裔，都是炎黄的子孙，我们没有忘记祖先，我们的会所供奉王氏始祖——王子乔公的塑像，每年农历九月十二日为始祖诞辰纪念日，我们举行王氏宗亲联欢宴会，一连三天，热烈庆祝。

根据史料记载，王氏始祖是距今 2557 年前周灵王的太子晋（子乔），周灵王原姓姬，他的儿孙在避乱中改姬姓为王姓。我们希望知道始祖王子乔的诞生日子（新加坡王氏宗亲会也供奉始祖王子乔，但诞辰纪念日为农历八月十二日）以及王子乔的生平经历。由于年代久远，现有的材料有些是属于传说，而不是确实的史实。

我们缅甸的王氏后裔大多是福建人，是五代时闽王王审知（862—925）的后代，王审知是从河南固始县来到福建的。我们希望知道王氏祖先传布的概况。

太原是我王氏宗族的发祥地，我们希望今后有条件时能赴太原寻根谒祖。现在，我们请您惠赐协助，转达有关部门，提供王氏开族立姓及传布情况的历史资料，如有始祖王子乔塑像的图片，更加欢迎。来件请以航空挂号信寄交本会，或由中国驻缅甸大使馆转交均可。

　　盼即回信。

　　　　谨致

族亲敬礼！

缅甸太原王氏家族会

1985 年 6 月 1 日

仰光

来信二①

国务院侨办、全国侨联：

　　你们好！

　　泰国王氏宗亲总会，通过一家旅行社，询问我社想了解他们王氏祖祠在何地，以便组织宗亲会团到祖祠祭祖。据他们找的资料，他们的祖祠一称在太原一带，一称在南京，有的说不是在这两地。因此，望贵处协助查询。获悉后，请急告我社，以便使他们尽快组团去。

　　又悉，若他们获他们的祖祠确切地点，王氏宗亲会理事长王捷枝先生，将亲自带团去。望协助查询。

　　谢谢！

　　　　顺致

　　　　安好

泰国王氏宗亲总会

1986 年 5 月 21 日

---

①本信多有蹊跷，但原文如此。全文引自《第二届地方文献国际学术研讨会论文集》，国家图书馆出版社 2009 年 12 月版，第 293 页。

会议纪要一
《海外太原王氏联谊筹备会会议纪要》

公元 1992 年 8 月 8 日至 8 月 10 日,海外太原王氏联谊筹备会,在中国山西太原的晋祠举行。这次会议是由山西太原的"海外太原王氏联谊后援会"和泰国王氏宗亲总会共同发起,并征求了新加坡太原王氏公会等海外王氏社团的意见,由海外太原王氏联谊后援会具体承办的。

一

近年来,海外王氏后裔,不断来山西太原寻根问祖,特别是东南亚一带的王氏社团,曾多次来人、来函,探寻王氏开族立姓的历史渊源,并向中国政府及山西省、太原市的有关部门提出要求,希望就此提供帮助。应海外王氏的要求,山西、太原有关方面特组织专家、学者进行了专门考察,证明太原确系海内外王氏的发祥地。鉴于此情况,为了广泛联系海外王氏族人宗谊,为给海外王氏同胞回家乡寻根祭祖、恳亲访友、商贸洽谈、经济合作、旅游参观等提供活动场所和其他良好的服务,山西太原特成立了海外太原王氏联谊后援会,并从省、市有关方面筹集资金 100 余万元(人民币),在太原风景秀丽的国内规模最大的帝王家庙——晋祠内,筹建太原王氏系姓始祖王子乔公的祠堂。由于"子乔祠"的建设及将来落成庆典等,皆是涉及王氏宗族之大事,理应征询海外王氏族人的意见,故而举行了这次海外太原王氏联谊筹备会,同时为以后后援会和海外各王氏社团的联系和合作奠定一个良好的基础。

二

这次会议,曾向泰国、新加坡、菲律宾、马来西亚、印度尼西亚、缅甸、越南等国家和台湾、香港等地区的 30 多个(位)王氏社团组织及王氏名流发出邀请函。由于 6 月中旬发函,8 月初开会,期间隔过短,一些海外王氏社团和王氏个人可能难以安排时间,加之其他事务羁身等原因,不可能全部赴会乃意料中之事。其中,新加坡太原王氏公会因适逢新加坡国庆庆典活动,不能派团,会长王金祥先生特来函致意;菲律宾太原王氏宗亲总会因筹办今年10月纪念活动,不能来人,特来函致贺,并邀请海外太原王氏联谊后援会派人参加他们的10月活动;新加坡开闽王氏总会、马来西亚槟城王氏太原堂、森美兰王氏公会、香港东莞王氏公会都来电祝贺大会顺利成功,并表示将对海外王氏联谊活动鼎力支持;新加坡东南亚教育研究中心主席、开闽王氏总会顾问王秀南先生来函,表示因年事已高歉难赴会……这些海外王氏社团和个人一致要求将会议成果告诉他们,并表示了明年参加联谊活动的意愿。各海外王氏社团及王氏名流,虽不能亲来赴会,但对本次会议的殷切期望和与会人士的心情是一样的。这里需要提到的是,泰国王氏宗亲总会理事长王捷枝先生,因身体原因不能亲自赴会,但总会派出了以先生名义为团长,包括三位副理事长和总干事等12名成员的代表团前来参会,总会还为子乔祠捐资150万元(泰铢)。首家独资承办太原一娘子关高速公路建设的香港王浩先生,在紧张进行公路投资事务的同时,不仅为筹备此次会议出谋出力,而且亲自赴会。王先生以个人名义为子乔祠和后援会捐资30万元(人民币)及中巴一辆,并表示还将从香港有关方面再筹资30万元(人民币)。此情此义,着实令人感奋。

山西太原方面,出席本次会议的有:山西省人大常委会主任、海外太原王氏联谊后援会名誉会长王庭栋先生;后援会顾问、太原市对外文化交流协会名誉会长赵振亮先生;后援会会长、山西省人民政府外事办公室主任景新汉先生;后援会常务副会长、太原市对外文化交流协会会长李雁红先生;后援会副会长、山西省人民政府乔务办公室主任康瑜先生;后援会副会长、山西省文物局局长张希舜先生;后援会秘书长、太原市对外文化交流协会常务副会长牛辉林先生以及后援会副秘书长王昌盛、郑益鑫、郑安洁、平连生、马志先生等。山西省人民政府省长助理郝思恭先生,出席会议并讲了话。

三

会议期间,山西省省长王森浩,山西省副省长吴达才,山西省省长助理郝思恭，中共山西省委宣传部副部长申存良，太原市市长孟立正，中共太原市委常务副书记吴慧琴（女），中共太原市委常务副书记赵振亮，中共太原市委常委、宣传部长李雁红，太原市副市长王昕（女）等，接见了出席会议的中外来宾并进行了座谈。省、市领导对会议的召开表示祝贺，希望更多的海外朋友来山西太原做客，进行文化、科技交流和经济贸易合作。

四

本次会议取得了以下六个方面的具体成果：

一、实地考察了"子乔祠"的建设情况。会议认为子乔祠设立在晋祠内意义深远，而且其建筑模式和风格及设计布局完全符合中国的传统文化要求，会议对工程的进展表示满意。

二、讨论了"子乔像"的设计方案。会议认为出于尊重历史的考虑，子乔祠内，子乔公的塑像以年轻形象为好，既合符历史的真实，又有百代绵延、青春勃发的气势。

三、讨论了"子乔祠"竣工后的有关事宜。今年10月，"子乔祠"竣工时，海外太原王氏联谊后援会将为此举行一定规模的竣工典礼。届时海外王氏社团组织可派代表参加。

四、会议议定，凡在"子乔祠"兴建过程中捐资出力的海内外团体和个人，将在祠内树碑铭文，以示纪念。凡是为家乡山西和太原的经济文化发展做出贡献的海外王氏团体和个人，也将在祠内为其树碑立传。

五、会议初步议定，1993年5月，将在太原举行大规模的海外太原王氏联谊活动。其主要内容有三：（1）在子乔祠举行祭祖庆典仪式；（2）进行贸易与经济洽谈；（3）开展中外民间文化交流。届时将邀请全世界范围内的海外王氏社团组织和人士前来参会。

六、会议期间，还就经济合作、贸易往来、科技文化交流等事宜进行了磋商。

七、会议对刚刚成立不久的海外太原王氏联谊后援会的工作表示满意。会议认为，海外太原王氏联谊后援会是祖国和家乡同海外王氏各社团组织和王氏族人联系的纽带和桥梁，在今后同世界各地的经济、文化、科技交往中将发挥其独特的重要作用。

五

海外太原王氏联谊筹备会的成功举行，标志着山西太原同海外王氏族人的友谊和联系，已经发展到一个新阶段，上了一个新台阶。会议相信，随着后援会与海外王氏社团、人士的联系进一步加强和多方合作，我们一定能够为人类的进步与社会的发展做出新的贡献。

1992 年 8 月 9 日

于太原

会议纪要二

《太原'93 世界王氏恳亲联谊暨经贸洽谈会会议纪要》

（大会主席团第二次会议一九九三年六月七日通过）

太原'93 世界王氏恳亲联谊暨经贸洽谈会，1993 年 6 月 6 日至 6 月 8 日，在中国山西太原举行。这次大会由山西太原的"海外太原王氏联谊后援会"（以下简称后援会）和泰国王氏宗亲总会、马来西亚槟城王氏太原堂、新加坡太原王氏公会、菲律宾太原王氏宗亲总会共同发起，后援会具体承办。在参会人员的共同努力下，在山西省人民政府、太原市人民政府的大力帮助下，会议取得了圆满成功。

一

近些年来，海外王氏后裔，特别是东南亚一带的王氏社团，不断来山西太原寻根问祖，探寻王氏开族立姓的历史渊源，希望山西省太原市的有关部门就此提供帮助。应海外王氏的要求，山西太原有关方面特组织专家、学者进行了专门考察，证明太原确实系海内外王氏的发祥地。为了广泛联系海外王氏族人宗谊，为给海外王氏同胞回乡寻根谒祖、恳亲访友、经济合作、文化交流、观光旅游等提供必要条件和良好服务，山西太原于1992年6月成立了后援会，承担海外王氏来太原联谊的有关事宜。首先着手在国内历史最久、规模最大的帝王家祠——太原晋祠内，重修为明代重臣王琼所建的晋溪书院，筹建太原王氏系姓始祖王子乔公祠堂——"子乔祠"。1992年8月8日至10日，后援会与泰国王氏宗亲总会共同发起，召开了海外太原王氏联谊筹备会，商讨了兴建子乔祠的有关事宜。初步议定，1993年6月6日至8日，在子乔祠落成典礼的同时，举行"太原'93世界王氏恳亲联谊暨经贸洽谈会"。为了筹备好这次大会，后援会编写了《太原王氏源流》、《太原王氏历史名人传》，拍摄了电视专题片《太原王氏》，并先后派出了顾问赵振亮，常务副会长李雁红，副会长张希舜为首的三个出访团分别访问了泰国、新加坡、马来西亚、菲律宾等国家和地区的王氏社团，并向泰国、新加坡、菲律宾、马来西亚、印度尼西亚、缅甸等国家和台湾、香港等地区的20多个王氏社团组织及王氏名流发出邀请函，邀集海外王氏华人来太原参加这次盛会，并得到他们的一致赞同。在海内外各界的共同努力下，我们成功地举行了"太原'93世界王氏恳亲联谊暨经贸洽谈会"。

二

出席这次盛会的有海内外各界人士400余人。泰国、新加坡、马来西亚、缅甸五个国家12个王氏社团的203人出席了会议。其中，王济达先生率泰国王氏宗亲总会29人，王赐荣先生率菲律宾太原王氏宗亲总会59人，王金祥先生率新加坡王公会及琼崖王氏祠28人，王福金先生率马来西亚槟城王氏太原堂、王福荣先生率马来西亚雪隆王氏公会、王振祥先生率马来亚威省王氏太原堂、王春山先生率马来西亚武吉淡汶王氏太原堂、王亚土先生率马来西亚吡叻王氏太原堂、王玖先生率马来西亚森美兰王氏公会、王耀松先生率马来西亚雪兰莪吉旦王氏公会共75人，王良华先生率缅甸仰光太原王氏家族会6人。

山西省、太原市及有关部门的领导出席了本次会议。

全国人大常委会副委员长王光英向大会发来了贺信，祝贺会议的召开。

6月6日上午在太原晋祠新落成的"晋溪书院"、"子乔祠"举行了隆重的庆典仪式和祭祖活动。

6月7日、8日进行了经贸洽谈会，海外王氏社团与山西太原的200多家厂商参加了洽谈活动。

会议期间，中共山西省委书记、省政协主席王茂林，省长胡富国，省人大主任卢功勋，中共太原市市委书记王云龙，市长张泽宇等省、市领导接见了海外王氏社团的全体来宾，进行了亲切的座谈，并合影留念。

会议组织海外来宾游览了晋祠、永祚寺，参观了太原城市建设前景展览和农村新貌，还观看了省、市文艺团体表演的代表三晋乡土特色的文艺节目。

在晋溪书院、子乔祠的兴建过程中，后援会向社会各界筹措人民币200余万元。为资助子乔祠的兴建，泰国王氏宗亲总会捐款人民币30万元。在这次会议上，新加坡、菲律宾、马来西亚、缅甸等国的王氏社团又竞相为子乔祠建设捐款。计，新加坡太原王氏公会捐30万元；菲律宾太原王氏宗亲总会捐30万元；马来西亚槟城王氏太原堂会捐10万元；马来西亚雪隆王氏公会捐1.6万元马币；缅甸仰光太原王氏家族会捐3.4万元；马来西亚威省王氏太原堂、马来西亚威南武吉淡汶太原堂各捐2万元；马来西亚吡叻王氏太原堂捐3500元马币；马来西亚雪兰莪吉旦王氏公会捐1万元。后援会向海外王氏社团颁发了捐款证书，对兴建子乔祠捐资出力的海内外社团、个人和社会各界将在祠内树碑铭文。

三

大会议定：

（一）世界王氏恳亲联谊活动，每隔一年（或两年）举办一届，每隔一届（四年）在祖地太原举行一次。经常性的在太原恳亲谒祖活动由后援会提供服务。

（二）原则上同意菲律宾王氏宗亲总会提出的建议，成立"世界王氏恳亲联谊会"。有关具体事宜由后援会负责联络、协商。

（三）1994 年的世界王氏恳亲联谊活动在菲律宾或泰国举办。

四

与会代表一致认为，"太原'93 世界王氏恳亲联谊暨经贸洽谈会"的成功举行，是会世界太原王氏联谊史上的一大盛事，进一步加强了世界王氏族人的联系，增强了友谊和了解。标志着中国、山西、太原同海外王氏族人及广大海外华人、华侨的友谊和联系，发展到了一个新阶段。会议相信，通过这项活动更加广泛、深入地开展，将会进一步联系海内外华人、华侨的情意，加强相互之间的交流与合作，共同为家乡山西和祖地太原的繁荣昌盛做出更大的努力。